契约要狠 幸福才稳

——律师精解婚恋维权100问

毕汝才　成墨　编著

人民日报出版社

图书在版编目（CIP）数据

契约要狠　幸福才稳：律师精解婚恋维权100问 / 毕汝才，成墨编著. —北京：人民日报出版社，2011.11

ISBN 978-7-5115-0722-8

Ⅰ. ①契…　Ⅱ. ①毕…　②成…　Ⅲ. ①婚姻法－中国－问题解答　Ⅳ. ①D923.905

中国版本图书馆CIP数据核字（2011）第238163号

书　　名：契约要狠　幸福才稳——律师精解婚恋维权100问
作　　者：毕汝才　成　墨

出 版 人：董　伟
责任编辑：童　瑜
封面设计：李尘工作室

出版发行：人民日报出版社
社　　址：北京金台西路2号
邮政编码：100733
发行热线：（010）65369527 65369512 65369509 65369510
邮购热线：（010）65369530
编辑热线：（010）65369533
网　　址：www.peopledailypress.com
经　　销：新华书店
印　　刷：环球印刷（北京）有限公司

开　　本：889mm×1194mm　1/32
字　　数：276千
印　　张：11.5
印　　次：2011年12月第1版　2011年12月第1次印刷

书　　号：ISBN 978-7-5115-0722-8
定　　价：29.80元

目录

第一篇 律师教你恋爱维权

第二篇 律师教你婚姻维权

第三篇 律师教你离婚维权

第一篇

律师教你恋爱维权

1. 恋人共同创业也要约法三章吗？

案情回放

杜若兰和王志刚在大学时是一对让人十分羡慕的亲密恋人。大学毕业后，杜若兰很顺利地受聘于一家外企做高级白领，收入自然也相当可观。可作为杜若兰男友的王志刚却在求职中几经受挫，始终未能找到令自己满意的工作。

怎么办？王志刚屡屡失败的求职经历，杜若兰是看在眼里，急在心里。于是，经过深思熟虑之后两人决定：共同创业。杜若兰用自己在外企工作的工资来投资创业，王志刚则全权负责公司的管理与运营。

在刚开始创业时，公司常常是入不敷出，可谓举步维艰。好在有杜若兰每月工资的陆续投入，在两个人的统筹安排下，公司勉强能够应付日常的开支。这是段同甘共苦的日子，杜若兰与王志刚的感情也随着公司一天一天的发展而日益升温。杜若兰在这种幸福中默默地期待着王志刚创业成功、手持钻戒向她求婚的那一刻。

基于对男友的信任和爱，基于对自己感情的执著，每当公司需要经营成本投入时，杜若兰都会毫不犹豫地将自己的积蓄拿给王志刚用于周转，但却从来都不曾让王志刚给自己写个欠条或者公司分红协议什么的。她总认为：反正两人最终是要结婚的，他的就是我的，我的就是他的，没必要分得那么清，否则会伤感情的。

经过两人两年的努力，公司开始盈利，经济实力逐步强大。王志刚也开始变得更加的繁忙，每当杜若兰打电话给他时，他不是在见客户就是在开会，总是很匆忙地挂断她的电话。起初杜若兰并没介意，虽然公司是在她的投资下才开起来的，可她大部分时间都在上班，几乎无暇顾及公司的事情，她很理解男友创业的艰辛和不易。然而，时间久了，随着两人沟通的减少，杜若兰不禁开始担心起来：两人的感情会不会也这样慢慢变淡？

尽管杜若兰每到休息日都会尽量地陪在王志刚身边，尽管她总是尽自己的所能满足王志刚的要求，但她担心的事情最终还是发生了。在一次周末聚餐时，王志刚意外地向她提出了分手，这让她很难接受。她认为他们两人的感情基础很牢固，她为王志刚付出了自己全部的爱，她真的不愿意就此分手。她觉得他们之间的问题就在于疏于沟通，只要自己多与男友的接触就一定能够挽回这份感情。

可作为一个女孩子，杜若兰不想开口去求王志刚不要分手，她开不了这个口。沉思片刻后，杜若兰对王志刚说："分手的话，你得还我投入公司的资金 30 万元。"其实杜若兰不想分手，她只是想以此为难王志刚，让他打消分手的念头，和自己重归于好。可令杜若兰大感意外的是，王志刚立马给她写了一个借条："本人王志刚陆续向杜若兰借款叁拾万元整，于两年内还清。"

王志刚的态度让杜若兰有点儿吃不消，她真的很舍不得这段刻骨铭心的初恋。于是她放下了矜持，紧紧地拉住了王志刚的手，用近乎哀求的语气求王志刚不要和自己分手，她会尽最大努力来支持王志刚的事业，用心来经营双方的感情。

然而，王志刚似乎并不为之所动，甚至没有一丝愧疚的直接拒绝了杜若兰，这让杜若兰感到很是伤心。她没想到自己一直以来的付出和忍让换来的却是男友如此的薄情寡义，自己付出了这么多年的青春、感情和金钱却换来了如此的结局，杜若兰心有不甘啊！

分手后的她并未走出这段感情，反而对王志刚由爱生恨。在数次的彻夜难眠中，她想到自己当初和王志刚商定的是共同创业，虽然自己并未出什么力，但公司的运营靠的却是自己的投资，理应有自己的一半啊！

于是，半年后，在听说王志刚要与一位有权有势的新欢步入婚姻的殿堂时，彻底失望的杜若兰向法院起诉了王志刚，要求法院判决：王志刚返还自己当初的投资款30万元，并分王志刚公司自开办之日起红利的一半给自己。

法院判决

法院在审理后认为，杜若兰只有王志刚写给她的一张30万元的借条，并无关于开办公司之后的利润分成协议及其他书面约定材料，公司股东只有王志刚自己，没有证据表明杜若兰是公司的股东；而王志刚也只承认是借杜若兰的钱开办的公司。因此，法院最终判决：驳回杜若兰的诉讼请求。

律师说法

认定公司为共同所有，关键要有双方协议或在工商局登记股东中有双方的名字。

《中华人民共和国婚姻法》（以下简称《婚姻法》）规定，在没有夫妻双方协议的情况下，婚后财产为共同财产；然而，《婚姻法》没有相应的法律去规范恋爱期间的财产关系，也就是说《婚姻法》没有关于恋爱期间的财产关系规定；如果没有协议约定，恋爱期间所得的财产，在谁的名下就是谁的。可见，恋爱关系不是法律关系，法律不干涉、不保护恋爱关系，所以恋爱中的人一定要明白：恋爱不同于婚姻，更不同于家庭。

本案中，杜若兰的经历对于正处于恋爱中的朋友来说，无疑是一个很好的警示：在恋爱中也要有法律意识，尤其是在涉及财产利益的问题上，一定要学会保护自己的权益。在恋人共同创业时，一定要约法三章，用白纸黑字的形式明确各自的权利义务。

也许读者会觉得，在爱情中谈法律，签订财产或利润分成协议太过冰冷，会伤感情。其实不然，提前约法三章不但不会伤害恋爱双方的感情，反而是对爱情的一种保护。面临财产权利问题，要及时咨询律师、全面了解签订协议的作用，理性的签订恋爱期间共同创业的收益与分配协议，明确各自的权利与义务内容，才是对爱情、对恋人、对自己真正的负责，才能够真正且有效地维护自身的合法权益。

俗话说，亲兄弟明算账，恋人关系也应如此。就算夫妻还有离婚的时候，何况恋人呢？所以，希望每个人都能够把事情事先想到最坏、做到最好。

本案中，杜若兰的诉讼请求还存在矛盾的地方，即，如果其 30 万元属于投资款，那么就不能收回，只能要求分红；如果属于借款就不能要求分红，只能要求偿还借款，而借条上的还款期限还没有到。因此，法院驳回了其诉讼请求。

2. 恋人共同购置的房产要不要写上两个人的名字？

案情回放

李玉姗和唐文俊相恋三年后决定结婚，考虑到两人家中居住空间都不大，于是两人共同出资 16 万元作为首付，购买了一套 56 万元的新房做婚房。因为唐文俊平时工作比较忙，所有的购房手续都是由李玉姗一人办理的。两人决定等新房钥匙一拿到手就去登记结婚。

半年后，李玉姗如期拿到了新房的钥匙，正当她兴致勃勃地筹划着装修婚房之际，唐文俊却突然提出了分手。这给了李玉姗当头一棒，让她有点儿措手不及。

原来，唐文俊的妈妈总是看不上李玉姗，对她常常是横挑鼻子竖挑眼的，这让一直是个孝子的唐文俊很是头疼。他总是小心翼翼地维护着妈妈和恋人的关系，这使得还没结婚的他就对婚后的生活充满了恐惧。虽然李玉姗总是想方设法地讨未来婆婆的欢心，可唐文俊的妈妈却软硬不吃，压根儿就不把李玉姗放在眼里。

面对未来婆婆的不喜欢，李玉姗总是在想：精诚所至，金石为开。只要我真心地对她好，总有一天她会接受我的。所以，李玉姗也就没太把这个放在心上。但她却没想到，唐文俊的妈妈居然在想方设法地拆散他们。

就在他们合资买房后不久，唐文俊的妈妈就费尽周折地找到了与唐文俊青梅竹马一起长大的李晓云，并刻意地制造机会让两人接触。而唐文俊与李玉姗的约会却总是被唐文俊的母亲有意无意地打断或耽误。随着时间的推移，唐文俊因为与李玉姗缺乏沟通而产生了隔阂，却在频繁的接触中爱上了李晓云，并最终向李玉姗提出了分手。

面对自己设计好的装修婚房的图纸，李玉姗欲哭无泪，就在她还没反应过来之际，唐文俊又提出要把这套两人合买的房子出售变现，这让李玉姗很是不能接受，就断然回绝了唐文俊的要求。

可让李玉姗倍感意外的是，这天她趁休息之际去新房查看，却撞见了贸然闯进来的三个人。有一个年轻男子带着一对夫妻看房，并且年轻男子还有自己的房门钥匙，这是怎么回事呢？原来，唐文俊在卖房变现的想法遭到李玉姗的反对后，就瞒着李玉姗把房子放到中介公司挂牌销售，还把自己的那套钥匙放在了中介那里，以方便买家随时看房。

面对唐文俊的做法，李玉姗很是气愤，本来念及多年的感情，已经想通准备好聚好散的她，最终改变了主意：坚决不卖房子。并且告诉中介与看房人说：这是自己的房子，唐文俊没有权利卖房，即使卖了也属于无效合同，最终还是要作废的。

原来，在办理购房手续和签购房合同时，由于唐文俊工作忙没时间到场，想想反正将来也是两人共同使用的，所以李玉姗就用自己的身份证和名字买了房子。当李玉姗拿着自己当初的购房合同到中介公司印证了这一切后，再也没有哪家中介公司能够受理唐文俊的卖房请求了。无奈之下，唐文俊委托律师将李玉姗起诉到了法院，请求法院判决：房屋产权归自己和李玉姗共同所有。

法院判决

法院在审理后认为，购房合同上很清楚地写着李玉姗的名字，是白纸黑字的书面证据。而唐文俊根本拿不出自己也为购房出过资的有力证据，所以无法证明这个房子是他和李玉姗共同出资购买的，最终法院驳回了唐文俊的诉讼请求。

律师说法

认定固定资产，如房产，为个人所有还是共有，关键是要看购房合同里或者房产证上是一个人的名字还是两个人的名字。

本案中所涉及的房产在购房合同上只有李玉姗一个人的签名，且李玉姗不承认唐文俊有出资行为，而唐文俊又拿不出任何证据证明自己的出资。那么，按照谁主张谁举证的原则，唐文俊没法证明自己为房屋共有的主张，自然得不到法律的支持。

恋爱中的朋友一定要以此为戒，在与恋人共同购置房产时一定要在购房合同里写上两个人的名字，在进行房产登记时，注明是两个人共同所有，才能够切实地保护自己的合法权益。

另外，按我国现行的法律规定，共有财产一般分为两种：一种是共同共有，即共有人对共有财产共同享受权利和承担义务且不分份额，这种共有多存在于具有特殊关系的人之间，比如夫妻、家庭等；另一种是按份共有，即共有人对共有财产按各自享有的份额享受权利和承担义务。

通常，在分割双方共有的财产时，法院会先判断双方共有关系的类别，如果是共同共有就平均分配，如果是按份共有就按份分割。本案中，如果唐文俊能够证明是共有房产，在没有约定共有比例的情况下，应该属于按份共有。只可惜，唐文俊什么都证明不了，也就什么权利都不能得到。

3. 恋人之间金钱往来如何巧留证据?

案情回放

纪晓勇与李晓燕在一次朋友聚会中相识，纪晓勇被李晓燕的美貌所吸引，顿时心生爱慕之情，心想：要是自己能有这么一位美若天仙的女朋友该多好啊！可怎么才能把她追到手呢？纪晓勇在主动的交谈中记下了李晓燕的联系方式，聚会结束后便对其展开了猛烈的追求。

纪晓勇是每天一束玫瑰花，一天几个问候短信，可李晓燕对此似乎无动于衷。这让纪晓勇很是苦恼，他对李晓燕是发自内心的喜欢啊！所以，他一直坚持着自己的追求。终于，李晓燕似乎被纪晓勇的诚心感动了，在一个周末的下午，她爽快地答应了纪晓勇的约会。纪晓勇长长地舒了一口气，这么多天来的坚持总算是没有白费啊！

在随后的接触中，纪晓勇对李晓燕是百般呵护，有求必应，能有这样一个大美女陪在身边，纪晓勇已经很知足了。在一次约会中，李晓燕眉头紧锁，显得很不开心。这让纪晓勇很是着急，在纪晓勇的再三追问下，李晓燕对他说，自己的父亲李天成最近做生意遇到了点困难，资金有点儿周转不开，急需用钱，可她却没什么积蓄，根本帮不上父亲的忙，为此她很是烦闷。

纪晓勇当时正在追求李晓燕期间，一听说自己未来的老丈人生意遇到了困难，马上意识到这是自己表现的一个好机会，于是他立马对李晓燕表态说："我当是什么事呢！原来是这样啊！没事的，晓燕，你不用着急，这些年来我虽说没挣多少钱，但平时的工资除了日常开销外也攒了5万块呢，你若是不嫌少就拿去给你爸周转用。"

李晓燕听了纪晓勇的话，紧锁的眉头一下子舒展开来，她急切地问道："真的吗？晓勇，真的可以吗？"纪晓勇笑着说："当然可以了。"李晓燕说："好吧！就当是我借你的，等我爸周转开了，我立马还你。"纪晓勇则不以为然地说："没事的，不着急。反正我存着也没什么用，就先给你爸用吧。"李晓燕听了很是开心，就直接打电话给自己的父亲李天成，并要了李天成的银行账号。随后，纪晓勇就去银行从自己的银行卡里汇了5万块钱过去给李天成。

李晓燕的美貌使得她的身边总有众多的追求者，随着时间的流逝，李晓燕开始以各种借口拒绝纪晓勇的约会。直到一年后的一天，纪晓勇在大街上撞见李晓燕挎着别的男人的胳膊逛街，他才明白：自己已经被李晓燕给甩了。

李晓燕也明确地向他提出了分手，纪晓勇在分手之际想到了曾经借给李晓燕父亲李天成的5万元钱。于是要求李晓燕归还，李晓燕却推说这与她无关，让他直接找父亲李天成要钱。而李天成却说是纪晓勇主动汇钱给自己的，是赠与自己而不是自己管他借的，所以不愿意还这5万元钱。这让纪晓勇很是生气，他想利用法律的武器维护自己的权益，于是他找到了律师咨询。

律师告诉纪晓勇说，他是直接从自己的银行卡中打款给李晓燕的父亲李天成的，所以，如果想通过法律途径要回自己的钱就不能起诉李晓燕，而应该直接起诉李天成。但是，由于纪晓勇只有给李天成5万元的汇款单据却没有借条，他们之间到底是赠与关系还是借贷关系。法律上有不同的观点。

也就是说，不能够确保在没有借条的情况下只凭据汇款单据就百分百地判定纪晓勇和李天成之间存在债权债务关系。因此，为了万无一失，纪晓勇要想顺利地打赢官司，就必须要找到一份证明该汇款属于借款的佐证。

律师的话让纪晓勇烦恼不已，难道就这样算了吗？那 5 万块可是自己辛辛苦苦攒下来的血汗钱啊！冥思苦想中纪晓勇忽然记起，自己在汇款给李天成前曾经发过短信给他确认卡号的，不知道当时的短信还在不在？

值得庆幸的是纪晓勇在开始跟李晓燕频繁的约会后就没怎么再发过短信，所以手机里的短信并没有删除。他找到了自己当初发给李天成的短信："李叔叔您好，我是晓勇，晓燕今天把您的卡号给我了，我想跟您核对一下，明天好把 5 万元借款汇给您。您的卡号是 xxxxx xxxx xxxxx xxxxx 用户名是李天成，对吧？"而李天成则回复说："嗯，对的！谢谢晓勇了。等我周转开了会尽快还给你的。"

短信上所记录的日期正好是汇款单据记录日期的前一天，这让纪晓勇如释重负。随后，纪晓勇便委托律师把李天成起诉到了法院，要求李天成归还借款 5 万元整。为了使短信证据得到法院最大可能支持的需要，起诉书上李天成的联系方式也留的是李天成收发短信的那个手机号。

法院判决

法院在审理后认为，李天成与纪晓勇的短信内容以及纪晓勇所持有的汇款单据足以证明李天成与纪晓勇之间属于借贷关系，故判决：李天成于判决生效之日起十日内归还纪晓勇借款五万元。

律师说法

本案中，认定为借款关系的关键证据是汇款凭证，手机短信也起到了佐证的重要作用。

恋爱期间，男女双方之间的金钱往来较为普遍。特别是相互之间的借款，这在恋人之间最为常见。但是因为相互之间的感情深厚，还有对于恋人的过分信任，就会导致大多数人在借款给恋人或恋人的亲戚朋友时不好意思开口让其打借条，总觉得这样做的话会让对方怀疑自己把钱看得太重，或自己对对方不够信任，结果就会导致双方的感情出现裂痕，最终伤害两个人之间的感情。

因此，恋人之间的借贷，几乎没有谁会要求对方打欠条，有时甚至不好意思把给付的性质讲明白或说清楚（是借贷还是赠与），结果一旦分手就会发生财产纠纷。

所以，为了保护自身的权益，恋爱中的人一定要在与恋人有金钱往来时学会巧留证据。也许你会为了面子和感情而不要求对方打借条或写下书面协议，但你可以在给对方汇款前打电话确认（并且录音），也可以发邮件或短信确认并核对一下，以保全证据。本案中，纪晓勇的做法值得肯定和读者学习借鉴。

4. 恋爱同居关系受法律保护吗?

案情回放

25 岁的李宏伟是一名来京打工的外地务工人员，2010 年的一天，在朋友的介绍下，结识了同为外来务工人员的打工妹——27 岁的王静。在随后的接触中双方都觉得挺合适的，于是就确定了恋爱关系。为了节省开支，也为了解决相思之苦，两个月后两人就住在了一起，过起了同居生活。生活中两人不分彼此，谁有钱就花谁的，倒也相安无事、其乐融融。

可是，随着日子一天天地过去，李宏伟的收入越来越高，外出应酬也多了起来。这让王静不禁开始担心：日子久了，李宏伟会不会嫌弃自己？会不会另寻新欢？毕竟自己比李宏伟还大两岁啊！为此，王静便催促李宏伟跟自己一块去领结婚证，可李宏伟总觉得自己现在要事业没事业，要钱没钱，不想这么早就成家，还想再奋斗两年。

这让王静的内心充满了不安，于是她就到处跟人宣扬自己是李宏伟的合法妻子，并且还时不时地跑到李宏伟的单位去表现，晚上趁李宏伟睡着时还偷偷查看他的手机通话记录和短信往来，发现点儿蛛丝马迹，王静就会疑神疑鬼，怀疑李宏伟背着自己有外遇，动不动就会冲李宏伟发脾气。刚开始时，李宏伟还会耐心地给予解释，并宽慰王静几句。

然而，王静始终还是不能够对李宏伟放心，特别是在李宏伟有业务应酬时，她甚至会跟踪李宏伟，有时候李宏伟正在与女客户谈判时，王静就会突然冒出来把人家痛骂一顿，这让李宏伟很是没有面子，为此还丢了几个大单子。气急败坏的李宏伟向王静提出了分手，可王静却死不同意，她认为自己猜得没错，就是李宏伟嫌弃自己了。于是就又跑到李宏伟的单位去大闹了一场，李宏伟为此还受到了领导的批评。

一气之下，李宏伟干脆住到了办公室，不再回那个“家”。可王静却不依不饶，总会时不时地出现在他与别人的约会场所，打扰他的生活与工作。无奈，李宏伟找机会专门约了王静面谈，他想心平气和地和王静分手。“分手吧！既然爱得这么辛苦，不如干脆分手的好！你不觉得这样很累吗？”李宏伟劝王静说。“不！我不要分手，如果我以前的所作所为给你造成了伤害的话，我向你道歉。我改还不成吗？我是真的离不开你啊！”王静哭泣着说。

“静静，我不想伤害你，可咱们现在真的不合适了，希望你今后能够自信一点儿，你一定能够找到属于自己的幸福的！”说完，李宏伟站起身就走了。随后他又转过身对王静说：“对了，房租我已经交到这个月月底了，明天我去收拾我的东西，收拾完后我会把钥匙给你的。”王静没再说话，只是掩面而泣。

第二天，李宏伟来到了他与王静共同的住所，王静没在。他在收拾自己东西的过程中发现自己的存折不翼而飞了，那上面存有他这几年来在北京打工的血汗钱，共计 10 万元，而存折的密码王静是知道的。于是，李宏伟立马打电话给王静，王静说这是分手费，她已经取了。听了王静的话，李宏伟气恼不已，于是便委托律师向法院起诉了王静，请求法院判决：解除自己与王静的同居关系，王静返还自己 10 万元的存款。

王静则辩称自己和李宏伟是恋爱关系，且双方在一起同居生活，两人在经济上不分你我，财产应该属于共有财产，对于李宏伟的存款自己也有处分权。10 万元中至少应该有 5 万元是属于自己的。

法院判决

法院在审理后认为，李宏伟与王静属于同居关系，是不受法律保护的。法院仅能处理双方同居期间的财产问题。因为这十万元一直是以李宏伟的个人名义存的，应该视为李宏伟的个人财产。故判决：王静于判决生效后十日内归还李宏伟存款十万元，诉讼费由王静承担。

律师说法

本案的焦点问题是同居期间取得的财产归属问题。法律上的认定，原则上是财产在谁的名下，财产就是谁的。

本案中，王静认为自己与李宏伟一起同居生活，是事实婚姻，因此两人在同居期间的财产应视为共同财产。而实际上，根据民政部发布实施的《婚姻登记管理条例》的有关规定：自 1994 年 2 月 1 日起，没有配偶的男女，虽然符合结婚条件，但未经结婚登记而以夫妻名义同居生活的，不受法律保护。在各类因同居而产生的纠纷中，如果仅仅要求解除同居关系，法院是不会受理的。因为王静与李宏伟之间只存在同居关系，所以各自的私人财物应视为个人私有财产。另外，本案还可能涉嫌盗窃犯罪问题。

根据《最高人民法院关于审理盗窃案件具体应用法律若干问题的解释》的司法解释，偷拿自己家的财物或者近亲属的财物，一般不按犯罪处理。但按照《中华人民共和国刑事诉讼法》

的规定，近亲属一般是指夫、妻、父、母、子、女、同胞兄弟姊妹，而同居的男女双方则不属于近亲属。所以，本案中王静虽与李宏伟系同居关系，但毕竟不是夫妻，也没有血缘关系。如果王静拒不退还李宏伟 10 万元的话，李宏伟可以盗窃罪向公安机关报警而要求追究王静的刑事责任。

因此，同居男女一定要谨慎地对待各自的财物，因为同居关系不受法律保护。未婚同居者最好能够签署财产协议，以便能够在同居生活中正确地处理恋爱中的财产关系，明晰恋爱期间财产归属与所有权问题。如果没有签订协议，最好能够在发生纠纷时提供有效的证据，以避免因财物而引发违法犯罪事件或纠纷。

5. 恋爱同居期间不慎怀孕该怎么办？

案情回放

戴小丽和袁小溪是中学同学，又是大学同学，毕业后两人凑巧又进了同一家公司，自然而然也就成了无话不谈的闺密。

这天，两个人在逛街的时候，袁小溪神秘地告诉戴小丽说最近有人在追求她，戴小丽问她是谁？袁小溪就让她猜，可她猜了半天也没猜到，追求袁小溪的人居然是自己的暗恋对象左浩。虽说戴小丽和袁小溪一直都很要好，但家境殷实的戴小丽在单亲家庭的袁小溪面前总有一种优越感，当她听说自己心仪的对象在追求袁小溪时，心里产生了一种莫名的失落。

袁小溪在左浩猛烈的追求中投降了，不久左浩就住到了袁小溪的住处，两人开始了同居生活。两情相悦的浪漫生活让两个人都陶醉其中，然而，袁小溪却突然接到了母亲来京看望她的电话。为了不惹母亲生气，袁小溪让左浩暂住到了朋友家。

母亲来京后关切地问起了女儿的个人问题，袁小溪则一脸幸福地告诉母亲：自己已经有男朋友了，他叫左浩，人特好，长得也帅。母亲提醒女儿：太帅的男人靠不住，自己就是一个很好的例子。切不可过于相信一个男人。沉浸在幸福中的袁小溪哪里听得进去母亲的劝告，不过她还是听从了母亲的安排——晚上让母亲见见左浩，也好让她放心。

在袁小溪看来，她跟左浩的关系已经到了谈婚论嫁的地步。然而，当袁小溪向左浩提出见母亲的请求时，却被左浩严词拒绝了。左浩觉得两人交往的时间还不够长，没必要扯上父母。这让袁小溪很是生气，无奈的她只好告诉母亲：左浩出差了。

陪了女儿十几天的袁母始终没能够见到女儿的如意郎君，只好打道回府。临走时，母亲嘱咐袁小溪，如果觉得合适就赶紧把婚结了。袁小溪高兴地让母亲放心。

母亲走后，左浩又顺其自然地搬进了袁小溪的家中，可浪漫过后的平淡生活却让左浩觉得索然无味。更令他没想到的是，袁小溪居然意外地怀孕了，这让左浩有点儿措手不及。他想让袁小溪把孩子做掉，可袁小溪不想做。左浩说："我现在什么也没有，拿什么娶你啊？"袁小溪痴情地告诉左浩："我什么都不要，只要你真心实意地对我好。"左浩无言以对，只好说先把结婚证领了。

可正当袁小溪等着跟左浩回老家领结婚证时，戴小丽来向她辞别了，说公司要派自己去南京开拓市场。更令袁小溪没想到的是，左浩居然主动向公司申请去南京发展。这让袁小溪很难接受，而左浩却安慰她说："你不要担心，我去那边是为了有更好的发展，好养活你们娘俩。等我在那边安顿好了，就跟你一起回老家领证，然后我们一起去南京发展。"左浩的甜言蜜语再一次把袁小溪给哄住了，就这样，左浩去了南京，袁小溪却一直没有等到左浩跟她领结婚证，反而等来了左浩要跟她分手的消息。

接到左浩要求分手的电话后，袁小溪一气之下挺着大肚子跑到南京并找到了左浩，让她没想到的是，自己的闺中密友戴小丽居然就是左浩的现任女友，委屈与愤怒一下子涌上了袁小溪的心头。她号啕大哭，哪里还会顾及自己已有 7 个月的身孕，长途的跋涉和气愤使她动了胎气，在迫不得已的情况下，她到医院做了引产手术。

引产手术后，袁小溪休息康复后，因不满左浩对自己的抛弃和戴小丽对自己的背叛，为了给自己讨回公道，袁小溪向法院提起诉讼，要求左浩赔偿自己因引产而产生的医疗费用2万元和精神损失费一万元。

在法庭上，袁小溪认为，左浩使她怀孕，又在她怀孕期间抛弃了她，使她承受了严重的精神痛苦和心理负担，应当支付精神赔偿，并承担自己因引产而导致的各项经济损失共计2万余元。而左浩则辩称，他虽然与袁小溪有过恋爱关系，并同居过，但却不能够确定袁小溪怀的孩子就一定是他的。

为了弄清楚事实，查明真相，法院当即委托医院在基因检测鉴定实验室进行了亲子鉴定。鉴定的结果为：引产胎儿与两人之间的亲子关系概率为99.99%。

法院判决

法院在审理后认为，袁小溪怀孕是她与左浩自愿发生性行为后产生的结果，所以，因为怀孕、引产等事项而花费的合理费用，应视为双方的共同债务，双方应当均摊。

因此，法院作出如下判决：左浩赔偿袁小溪因怀孕、引产而花费的合理费用的一半，共计一万元整。而对于袁小溪一万元的精神赔偿请求，因为于法无据，故法院不予支持。

律师说法

本案焦点是同居期间女方不慎怀孕而做引产所发生的医疗费等合理的花销算不算共同债务问题。

本案中，袁小溪在自愿与左浩发生性行为后导致了怀孕的后果，根据法律规定，对于因怀孕、引产而花费的医疗费等合理费用应视为双方的共同债务，应由双方共同负担。所以，对于因怀孕和引产而产生的费用应该由双方均摊。

这里所指的“合理费用”主要包括：因为怀孕和引产而聘请保姆的费用支出；引产后休息治疗期间的营养和各项交通费用；自怀孕到引产休息过程中的误工费。

袁小溪的遭遇给我们以深刻的警示，希望恋爱中的朋友要以此为戒。因为我国的法律不保护同居关系，所以，为了保全你的权益和健康，请你慎重同居，采取有效的避孕措施；如果你不慎在同居中怀孕，为了孩子和你的身体，请你尽快与男友登记结婚。如若你的男友不想负此责任，请你慎重决定是否保留腹中胎儿，以免给自己和孩子带来更大的伤害。

6. 私生子也受法律保护吗？

案情回放

范小娟的丈夫与儿子在一次车祸中不幸丧生，不堪忍受伤痛的她毅然卖掉了老家的房子跑到了北京闯荡。6 年来，她把自己的心完全地封闭了起来，使自己完全地投入到了工作当中，成为了别人眼中的工作狂，也为自己在北京打拼下了一个小天地。

然而，与宣文强的相遇再一次激起了她内心的涟漪，她紧闭的心房打开了，她义无反顾地爱上了他。范小娟并不在乎宣文强有家室，她根本就没想去破坏别人的家庭，她想要的只是这份爱情。更让她高兴的是，在与宣文强的缠绵中她怀孕了，能够再有一个孩子是她一直以来的心愿。

有了孩子，再加上宣文强时不时的陪伴，她已经很知足了。可纸里终究包不住火，他们的恋情还是被宣文强的妻子张艳丽察觉了。从此，宣文强再也不敢赴她的约会，她也没再去找宣文强。可令她没想到的是，宣文强的妻子张艳丽居然主动找到了她，甩给她一万块钱让她去把孩子给做了，看着张艳丽的趾高气扬，范小娟很是气愤。她对张艳丽说："你可以管住他，但你管不了我！孩子是我的，肚子也是我的，我想生就生，不管你的事！"

面对范小娟如此强硬的态度，张艳丽不知该如何是好，她真的不想让范小娟把孩子生下来，该怎么办呢？虽然费尽了周折，但张艳丽还是想方设法找到了范小娟母亲的电话，直接打电话找到了范小娟的母亲，让她好好管管自己的女儿，别再勾引别人的老公，怀别人的孩子。思想保守的范母在接到张艳丽的电话后很是生气，她没想到女儿会在北京做出这么让她丢脸的事，于是她立马赶到了北京女儿的家里。

面对母亲的到来，范小娟甚感意外。母亲一见到她就要拉着她上医院，听了母亲的解释后她才明白：原来张艳丽已经把电话打到了母亲那里。面对母亲的训斥，范小娟哭了，她坚决不肯跟母亲去医院，她要留下这个孩子。

她对母亲说："妈，七年前的意外让我失去了丈夫和儿子，面对如此大的打击，我把自己的心封闭了起来。现在，我好不容易才把自己的心结打开，我多想再要一个孩子，再做一次妈妈啊！为了这个孩子，我可以永远不再跟他见面，我只想把孩子生下来……您就让我把孩子生下来吧！"面对女儿的哭泣，范母很能够理解女儿的不易，最终她决定留下来照顾女儿，直到女儿把孩子顺利地生下来。

在范母的悉心照料下，范小娟生活得充实而知足，她果然信守承诺——没再去找宣文强。随着事情的平息，宣文强的妻子张艳丽也就没再来找过范小娟，就这样，一年后范小娟顺利地生下了自己的女儿冉冉。

有母亲在身边照顾，女儿冉冉生得很是健康，只是每当看到别人家的孩子有爸爸陪伴时，范小娟的心里便会生起一种莫名的酸楚，但也只能无奈地面对现实的残酷。

俗话说"天有不测风云，人有旦夕祸福"，一次意外事故让范小娟腿部残疾，不能再继续工作了。从此，一家人便失去了生活的来源，养育冉冉对于范小娟来说更是举步维艰。面对女儿的不幸遭遇，母亲怎能坐视，她提醒范小娟，可以向冉冉的父亲宣文强要抚养费，以顺利地把冉冉养大成人。

母亲的一席话提醒了梦中人，范小娟抱着孩子找到了宣文强，要求宣文强支付抚养费。令范小娟没想到的是，她不止受到了张艳丽的冷嘲热讽，还遭到了宣文强的拒绝。这让她忍无可忍，一纸诉状把宣文强告上了法院，请求法院判决：宣文强从冉冉出生之日起，每月支付抚养费 800 元，至冉冉 18 周岁时止。

宣文强在法庭中辩解：不能确定冉冉是否自己的骨肉，所以不予负担冉冉的抚养费。面对宣文强的说法，范小娟向法院提出了亲子鉴定的请求，鉴定的结果显示冉冉就是宣文强的血脉。面对这样的结果宣文强又提出异议：冉冉是私生子，自己不必对私生子付抚养费。

法院判决

法院在审理后认为，我国《婚姻法》规定：非婚生子女与婚生子女一样都是受法律保护的。故而判决：宣文强自冉冉出生之日起，每月支付冉冉抚养费八百元，至冉冉 18 周岁时止。

律师说法

本案焦点是私生子是否享有与婚生子同样的合法权利问题。

《婚姻法》中对于非婚生子女有着明确的保护，比如：

一、对非婚生子女不得歧视和危害；

二、非婚生子女的生父、生母都应当负担子女的生活费和教育费；

……

其实“非婚生子女”就是我们俗称的“私生子”或“私生

女”，也就是没有合法婚姻关系的男女所生的子女。

我国的法律是保护非婚生子女的权利的，只要能够通过法律途径确认其生父或生母，非婚生子女就能准正，享有婚生子女的权利义务。

明白了这些，我们就可以拿起法律的武器保护自己或朋友的合法权益。不过，范小娟的做法还是不值得提倡的，在这个社会现实中，不但范小娟一个人在抚养私生子过程中会遇到很多困难，而且私生子在生活与成长过程中更可能会受到方方面面的歧视。所以要尽可能给孩子一个完整的家，那就要尽量避免非婚受孕问题。

7. 私生子有继承权吗？

案情回放

1994年，父母双亡的纪常生独自一个人来到北京打拼，由于没有什么特长与技术，只能做一些业务员之类的工作。由于纪常生肯吃苦又踏实，经过一段时间后，倒也做得有声有色。1996年的一天，在一次意外车祸中，纪常生救下了被肇事逃逸者撞倒在地的一位老人，他及时地把老人送到了医院并用自己的钱为老人垫付了医药费。之后，他还经常去看望老人，直到老人出院。

在这个过程中，他结识了老人的女儿周语琴，周语琴对他的出手相助很是感激，觉得他是一个可以依靠的男人。就这样，随着两个人的花前月下，顺理成章地成为了一家人。结婚后，周语琴的父亲利用自己的关系把纪常生调入了周语琴的单位，纪常生也没有辜负老丈人的栽培，很快就做到了部门经理。

两年后，周语琴生下了儿子凯凯，为了更好地照顾家庭和儿子，周语琴在跟单位申请后得到了批准——回家做单位的兼职会计。就这样，在周语琴全心全意为家付出的过程中，儿子得到了很好的照顾。纪常生的事业也做得顺风顺水，10年后他成为了公司的副总。周语琴的父亲也在这个过程中因病去世了。周语琴跟纪常生的生活过得平静而幸福。

然而，一个同事的到来打破了这看似平静的一切。这天，同事小王过来给周语琴送财务资料，在聊天的过程中，小王好心地提醒周语琴：“周姐，你们家老纪好像在外面有人了。咱们单位的同事经常撞见他陪一个女的逛街。”听了小王的话，周语琴犹如五雷轰顶，很是气愤。

怪不得老纪最近经常“出差”呢？原来是去陪那个女的去了。小王则边安慰她边说：“周姐，大家都知道老纪是一个善良实在的人，你可千万别跟他闹，最好能够心平气和地解决这件事。否则，你可能就真的把他给推出去了。”听了小王的话，周语琴冷静了下来。

晚上，周语琴尽量心平气和问纪常生有没有这么一回事。纪常生说：“既然你都知道了，也就没必要瞒你了。她叫曹婕，是老李儿子的家教老师，那天我在老李家喝多了，是她把我送回来的。”“哦，原来是她？那你打算怎么办？跟我离婚吗？”周语琴声泪俱下，她没想到自己这么多年的付出居然换来了丈夫的背叛。

“不！我答应过你爸，要照顾你们娘俩一辈子的。”纪常生说。“你还好意思提爸？既然不离婚，那你就跟那个女人分手！”周语琴怎能允许丈夫有别的女人？“不行，我跟她是有感情的！”纪常生的回答让周语琴心里一惊，“什么？你跟她有感情？难道你跟我就没有感情吗？我们十多年的夫妻感情还比不过你们十几个月的感情吗？”

面对周语琴的质问，纪常生道出了自己内心的感受：“如果没有你，没有你爸，就不会有我的今天，所以在你面前我总会有种自卑感。只有在面对她的时候，我才会觉得自己像个男人。在这个世界上，她已经无亲无故了，我是她唯一可以依靠的人，怎么能轻易地离开她？况且，现在我俩也有了孩子。”

纪常生的话让周语琴气愤不已，“可我也需要你啊！咱们也有儿子啊！你让我们娘俩依靠谁啊？”面对周语琴的问话，纪常生无言以对，但他确实不愿意跟周语琴离婚。无奈之下，他只好答应周语琴跟曹婕一刀两断。

第二天晚上，纪常生来到了曹婕这里，还没等他开口说分手，曹婕反倒先开口让他跟周语琴离婚，这让他始料不及。他没想到口口声声说不在乎名分只为爱他的曹婕，如今也向他提出了离婚的要求。他当即就拒绝了曹婕，两个人就吵了起来，争吵中纪常生的手机忽然响了起来，于是他接了个电话就出去了。

曹婕在等待中度过了5天，眼看着临近月底，房东开始不断地催她交房租，儿子的奶粉也该买了，可纪常生一直没来。以前纪常生每隔一两天就会来看他们娘俩一次，从没隔过这么长时间。曹婕的心里犯起了嘀咕：难道就因为我想让他跟他老婆离婚他就不要我们娘俩了？那我们该怎么生活下去啊？

曹婕拼命地给纪常生打电话，可他的手机却始终无法接通。万般无奈之下，曹婕来到了纪常生的家里，遇到了周语琴。面对曹婕的到来，本以为纪常生在曹婕那里的周语琴一下子慌了。因为这6天以来，纪常生根本就没有回家，慌忙之下，两个人赶快报了警。

最后，警察在一条河里找到了纪常生的尸体。原来，那天正跟曹婕吵架的纪常生接到同事老李的电话让他一起喝酒，郁闷中的纪常生借酒消愁，喝得醉醺醺的，结果在回家的路上出了意外，不小心淹死在河中。

办完纪常生的后事，生活在困境中的曹婕提出由儿子乐乐继承纪常生的部分遗产，周语琴则不予理会，走投无路的曹婕只好委托律师将周语琴告上了法庭，请求法院判决：由乐乐按法定继承依法分割纪常生的遗产。

法院判决

在法庭上，周语琴拒不承认乐乐为纪常生之子。法庭通过DNA鉴定证实了乐乐与纪常生的父子血缘关系。面对这个事实，周语琴认为：乐乐是私生子，私生子没有继承权。

法院在审理后认为，非婚生子女与婚生子女一样享有继承权。因此判决：周语琴与纪常生所住房屋为周语琴的婚前财产，故不予分割。但纪常生与周语琴的共同存款为一百二十万元，属夫妻共同财产，其中六十万元归周语琴所有，剩下六十万元应由周语琴、周语琴与纪常生的儿子凯凯、曹婕与纪常生的儿子乐乐三人共同分配，因此判定：周语琴给付乐乐二十万元，由其母亲曹婕代为保管。

律师说法

非婚生子女与婚生子女具有平等的继承父母遗产的权利。

《婚姻法》第二十五条规定：非婚生子女应享有与婚生子女同等的权利，任何人不得加以危害和歧视。《婚姻法》还规定：非婚生子女与生父母间有相互继承遗产的权利。在继承问题上非婚生子女与婚生子女同属第一顺序继承人，其继承权是法定的，不可侵害的。

本案中乐乐虽是纪常生的私生子，但从血缘学角度讲，他确实是纪常生的亲生儿子，所以就属于纪常生遗产的法定继承人，和纪常生的婚生子女凯凯享有同等继承遗产的权利。但因同居关系不受我国婚姻法保护，故曹婕不享有继承纪常生遗产的权利。

8. 结婚仪式受法律保护吗?

案情回放

江浩南与章媛媛为北京郊区某村村民，2006 年在经人介绍相识后确立了恋爱关系。一年后，两人都对对方比较满意，就按照当地的习俗举办了结婚仪式，幸福地生活在了一起。结婚后没多久，章媛媛就怀孕了，这让江浩南兴奋不已，对章媛媛更是呵护有加。

然而，“天有不测风云，人有旦夕祸福”。这天，面临生产的章媛媛因感觉不适而被江浩南火急火燎的送进了当地的村卫生院。医生告诉江浩南，章媛媛是正常的妊娠反应，是要生了。听了医生的话，江浩南很是兴奋，马上打电话通知了自己的岳父岳母——章振跃和杨玉梅。老两口接到电话后很是高兴，决定第二天一早就去医院看望自己的女儿。

可就在第二天的凌晨时分，老两口却又接到了女婿江浩南的电话，告诉他们说女儿已经转到了镇医院，因生产时大出血而面临着生命危险。老两口一听到这个消息，立马起床打车赶到了镇医院，可让他们无法接受的是：他们却没能够看到女儿最后一眼。望着泣不成声的江浩南和襁褓中的外孙女，杨玉梅晕倒在地，章振跃一边承受着“白发人送黑发人”的巨大痛苦，一边料理着女儿的后事，还照顾着老伴。

一周后，一家人坐在一起听江浩南诉说了当时的情况。原来，在村卫生院住院后章媛媛当时并未生育，医生就给她打了催产针，可到了晚上依然没有什么动静，医生就下班回家了，医院里只留下了一名年轻的小护士。半夜时分，躺在病床上的章媛媛虚弱地告诉守在身边的丈夫江浩南：自己感觉肚子很痛。江浩南急忙喊来了小护士，可小护士连看也不看就不以为然地说，打催产针都会有点儿痛，这很正常。

似懂非懂的江浩南只好安慰妻子章媛媛很快就会过去的。一个小时后，小护士来查房，当她掀开被子一看就惊慌了——章媛媛大出血了，在小护士去跟医生打电话之际，江浩南作出了果断的决定——立马把妻子转到大医院去。到了镇医院后情况已经很危急了，医生问江浩南是保大人还是保孩子，江浩南说保大人，可最终还是没能够保住妻子的性命，章媛媛给江浩南留下了一个女儿就撒手人世了。

听了江浩南的叙述，老两口和江浩南都觉得章媛媛的死跟村卫生院的不负责任有着直接的关系，于是就决定走法律途径为章媛媛讨回公道。在接下来的日子里，江浩南一边要照顾刚刚出生的女儿，一边还要忙着打官司，所以根本就无暇顾及两位老人，几个月没去看过他们一次。

这让章振跃和杨玉梅不禁起了疑心：我们老两口就这么一个女儿，为了给他们江家生孩子就没了，难道他江浩南也就此不管我们了吗？女儿一走他就几个月都不来看望我们一次，今后怎么能指望他来给我们养老啊？

正当他们处于疑心与纠结之中时，江浩南来了。江浩南告诉他们说：自己已经为章媛媛的死讨回了说法，官司打赢了。并且法院还判定村卫生院赔偿了 30 万元。这个消息让承受丧女之痛的老两口略感安慰。

可让他们没想到的是，女婿江浩南却只给了他们两万元，这让他们很生气，而江浩南则认为“大家都是一家人，反正两位老人现在也不需要那么多钱，自己拿着也是一样”。可老两口却担心江浩南今后会另娶别人，那样就没人能够照顾他们的生活了。在多次向江浩南讨要未果的情况下，老两口把江浩南告上了法庭，要求与外孙女一起平均分割女儿的赔偿款 30 万元，请求法院判决：江浩南归还自己应得款项 18 万元。

而江浩南则认为，自己与章媛媛是夫妻关系，要分割也应该有属于自己的一份。

法院判决

法院在审理后认为：江浩南虽与章媛媛办理了结婚仪式，但并未到民政部门进行结婚登记并领取结婚证，属于同居关系。按照我国法律规定，1994 年后的同居关系不受法律保护。法院判决：由章振跃、杨玉梅和章媛媛之女共同分割章媛媛的赔偿款，考虑到章媛媛之女尚未成年，可适当多分，故判决江浩南归还章振跃、杨玉梅章媛媛的赔偿款十四万元，剩余的十四万元则由章媛媛之女继承。

律师说法

符合结婚条件的男女必须依法在婚姻登记机关登记才能成为合法夫妻。

《婚姻法》第八条规定：要求结婚的男女双方必须亲自到婚姻登记机关进行结婚登记。符合本法规定的，予以登记，发给结婚证。取得结婚证，即确立夫妻关系。未办理结婚登记的，应当补办登记。

本案中，江浩南与章媛媛并未按照《婚姻法》规定办理结婚登记手续，而只是在按照民间风俗举行了结婚仪式后就以夫妻相称同居生活在了一起。而 1994 年 2 月 1 日，我国的《婚姻登记管理条例》公布实施后，法律就不再承认因同居而产生的事实婚姻了。

所以，江浩南与章媛媛之间的关系只能按照同居关系来处理，不会受到法律的保护和承认。因此，江浩南并不属于章媛媛的法定继承人，章媛媛的法定第一顺序继承人只有章媛媛的孩子和父母三人，江浩南自然没有理由占有章媛媛的赔偿款。

9. 只登记没有办理结婚仪式合法吗？

案情回放

2001 年邓志强考上了北京的某大学，在大学四年里，邓志强与郭淼淼相识、相知并相爱，两人决定毕业后就结婚。可令邓志强没想到的是，毕业后没多久，郭淼淼便申请了出国留学，离开邓志强踏上了异国他乡的求学之路。而两个人的感情也因距离而最终导致分手。2005 年 1 月邓志强正式与郭淼淼分手，失去了梦中情人的他沉浸在失恋的痛苦之中无法自拔。

一个偶然的机会，正处于苦闷中的邓志强结识了温文尔雅的李丽丽。在逐步的交往中，邓志强被李丽丽的另外一种美所打动，逐渐地走出了心灵的阴霾。经过两年的恋爱交往之后，在双方家长的催促之下，两个人决定结婚。于是，两人在 2007 年 5 月 1 日去民政局办理了结婚登记手续领取了结婚证。

双方父母对此都特别的满意，他们计划着要在 2007 年十一期间为两个孩子举办结婚仪式，于是就为婚礼开始了热火朝天的筹备。

然而，就在邓志强和李丽丽欢天喜地地准备婚礼之际，邓志强却从同学的口中意外得知：郭淼淼回国了。这个消息一下子就触动了邓志强内心深处的那根神经，浓厚的初恋情节让他始终难以忘怀，郭淼淼回国的消息让他一下子又重新燃起了对初恋情人的深情爱意。当他得知郭淼淼想见他时，他毫不犹豫地答应了。

分手两年后的再次相遇让邓志强激动不已，他精心地打扮了自己后，随便找了个借口给李丽丽，然后就自顾自地出去了。在他的内心深处依然深爱着郭淼淼，对于当初郭淼淼无情地提出分手的恨意也随着郭淼淼的回国而烟消云散了。

此时的郭淼淼不仅学业有成，而且事业顺利，在邓志强的眼中显得更加的妩媚动人，恋爱时的甜蜜场景又一次浮现在了俩人的面前。郭淼淼说这两年来，她始终忘不了邓志强，她知道自己还爱着邓志强，所以在学业完成后她当即选择了回国发展，为的就是能够与邓志强再续前缘。郭淼淼的话深深地打动了邓志强，心中那股被压抑了两年之久的激情再度燃烧。面对郭淼淼的真情告白，邓志强彻底地投降了，他也深爱着郭淼淼啊！

郭淼淼的再次出现，完全打乱了邓志强的生活以及结婚的计划。从内心来讲，邓志强非常渴望自己能够和郭淼淼一起共度人生的美好时光。可是，该怎么对李丽丽说明这一切呢？李丽丽还完全蒙在鼓里啊！她又怎么能够承受这一切的打击呢？面对内心的纠结，邓志强很矛盾，但思前想后，邓志强还是义无反顾地做出了最终决定：向李丽丽说明这一切，并要求解除两人的婚约。

面对邓志强的坦白，李丽丽一时真的难以接受，可邓志强已经铁了心要娶郭淼淼，自己又能怎么办呢？面对李丽丽的失声痛哭，邓志强也充满了歉意，他诚恳地对李丽丽说："丽丽，对不起！事情发展到今天这一步，责任全在我。对于由此给你和你的家人带来的伤害和损失，我愿意承担一切的赔偿责任。"听了邓志强的话，李丽丽气愤地说："邓志强，你以为钱就可以解决问题吗？你对我的伤害，不是用金钱就可以弥补得了的。"

邓志强的悔婚在双方的家中引起了轩然大波，因为双方的分歧和意见相差比较大，根本没有办法通过协商解决问题。最终，邓志强向法院提起了离婚诉讼，请求法院判决两人离婚。面对邓志强的无情，李丽丽也提出了反诉，请求法院判决邓志强向自己赔礼道歉，并赔偿给自己造成的精神损失以及名誉和情感损失2万元，并偿还自己及家人在这场婚姻中因装修邓家为自己准备的婚房而发生的费用6万元。

庭审中，邓志强认为，双方虽然办理了结婚登记但是尚未办理结婚仪式，亲朋好友还没有喝他们的喜酒。因此，他们的婚姻尚未最终完成，这期间发生了感情纠纷应该依法解除婚姻关系；李丽丽则认为婚姻一经登记就具有法律效力，双方已经是夫妻关系了，不能随意离婚，如果离婚邓志强应该赔偿自己的所有损失。

法院判决

法院在庭审中告知双方，邓志强与李丽丽已经按照法律规定办理了婚姻登记手续并领取了结婚证。虽然他们并没有举行婚礼，也没有实质的夫妻关系，但在法律意义上，他们已经是受法律保护的合法夫妻了；同时法院认为李丽丽要求邓志强赔偿损失的要求于法无据，邓志强也不同意赔偿。

最后，经过双方律师的努力，在法院的主持下，双方达成了调解协议，双方解除婚姻关系；邓志强返还李丽丽装修费六万元。另外，邓志强也向李丽丽当场表达了诚恳的歉意。

律师说法

经依法结婚登记即成为夫妻，婚姻关系受法律保护，结婚仪式不是结婚的法定条件。

本案中，邓志强和李丽丽已经办理了结婚登记并领取了结婚证，完全符合《婚姻法》第八条的规定。按照法律规定，只要婚姻双方当事人符合合法婚姻的实质要件，自愿办理结婚登记，领取结婚证后就会成为合法夫妻，这跟两人办没办结婚仪式没有什么关系。邓志强与李丽丽虽然还没有举办传统的结婚仪式，但两人已经合法取得了结婚证，就应视为合法夫妻，享有夫妻关系所应有的一切权利和义务。

由此可见，夫妻关系是否合法并不以是否办理结婚仪式为转移，只要依法办理了结婚登记的夫妻就是合法夫妻，无论他们有没有办结婚仪式，都会受到法律的保护。

10. 结婚法定年龄是多少？

案情回放

蔡淑敏在丈夫去世后独自一人将儿子刘冬养大成人，十分的不易。儿子刘冬也很争气，技校毕业后很顺利地参加了工作。刚刚18周岁就开始给家里挣钱了，蔡淑敏的负担也没那么重了，她觉得自己的付出很是值得，她为自己的儿子骄傲。

两年后的一天，儿子刘冬带回了一个女孩，叫周小曼。周小曼的出现让这个原本和谐美满的家庭爆发了内战。原来，周小曼与刘冬同岁，并且就职于同一个公司，在日益增多的接触中，两个年轻人被彼此深深地吸引了，相互爱上了对方。

但令刘冬没想到的是，当母亲一听说周小曼是外地来京的打工妹时，一下子就变了脸，坚决反对他们两人的结合。这令刘冬与周小曼两人很是苦恼，难道就这样分手吗？不！在蔡淑敏强烈的反对下，两个年轻人的心反而越贴越紧了。

他们想，时间久了，接触多了，当蔡淑敏真正地了解了周小曼的为人和脾气秉性后，一定会喜欢上她并同意两人交往的。然而，固执的蔡淑敏却根本就不给两人机会。每当周小曼去登门拜访时，无一例外地都会被拒之门外。面对儿子刘冬的苦苦哀求，蔡淑敏依然故我，从不松口。

这种状况让两个人很是为难。这个时候，周小曼又接到了远在老家的父亲催促自己结婚的电话。因为身为姐姐的她如果不先结婚的话，小她一岁的妹妹就无法跟未来的妹夫确定结婚日期。这让周小曼与刘冬很是为难。两人冥思苦想后决定：先领了结婚证再说。

这天深夜，刘冬在母亲休息后一直等到凌晨一点，然后趁母亲熟睡之际偷出了家里的户口本。第二天一早，两人兴高采烈地跑到民政局去登记结婚，可打开户口本后他们才发现，户口本上刘冬的户口登记页不知道什么时候已经被蔡淑敏给撕掉了。顿时，两个人心生苦闷，这该如何是好呢？

刘冬回到家里，跟母亲吵了一架后就找朋友喝酒去了。朋友听说了刘冬的遭遇，跟刘冬建议说："既然这样，你们不如干脆把生米做成熟饭。"刘冬问："什么意思？"朋友说："你们可以先同居啊？到时候，老太太一看拗不过你们就会同意你们的事了。"听了朋友的话，刘冬觉得也不失是一个办法。如今的他也顾不了那么多了，只要母亲最终能同意就行。

可事情并未朝着刘冬的意愿发展。就在蔡淑敏得知儿子刘冬与周小曼居然背着她公然同居生活在一起时，蔡淑敏一气之下，提出要与刘冬断绝母子关系。从此之后，只要是刘冬的电话，蔡淑敏一概不接。有时候，刘冬想回家去看看母亲，可接待他的永远都是紧闭的家门，无论他怎么敲门，无论他怎么求母亲，蔡淑敏都跟没听见一样，从没有给他开过门。条件只有一个——与周小曼分手！

这让刘冬很是矛盾，面对自己深爱的两个女人，他哪一个都不想失去啊！在巨大的思想压力下，他病倒了。这让周小曼也十分痛苦，她不想自己深爱的人再郁闷下去，正当她决定"等刘冬身体稍好时就分手"之际，她的父亲却从老家赶到了北京。

面对两个年轻人如此的现状，不忍让孩子再受委屈的周老汉一气之下代理两个孩子把刘冬的母亲蔡淑敏告上了法庭。请求法院判决蔡淑敏不得干涉其婚姻自由，并要求判令蔡淑敏交出户口本协助刘冬、周小曼办理登记结婚手续。

蔡淑敏向法庭提供了刘冬的户口登记，并辩称自己并未干涉刘冬的婚姻自由，只是因为刘冬还未到结婚的法定年龄，所以暂不支持他结婚。

法院判决

法院在审理后认为，周小曼和刘冬有自由恋爱的权利，但刘冬刚满二十周岁，还未到我国法律规定的结婚年龄，故以证据不足为由，驳回了周老汉的诉讼请求。

律师说法

在我国，目前法律规定结婚年龄，男不得早于 22 周岁，女不得早于 20 周岁。

《婚姻法》第六条规定：结婚年龄，男不得早于二十二周岁，女不得早于二十周岁。晚婚晚育应予鼓励。本案中，虽然周小曼已经二十周岁，已到了法定的结婚年龄，刘冬也二十周岁了，但《婚姻法》规定男性不得早于二十二周岁，故刘冬还未到法定结婚年龄，所以不能就此断定蔡淑敏不允许刘冬与周小曼结婚的行为属于违法行为。

律师提醒：我国《婚姻法》规定了有效婚姻所必须具备的三个必要条件：一是双方完全自愿；二是必须达到法定的结婚年龄；三不是直系血亲及三代以内的旁系血亲和不属于医学上认为不宜结婚的疾病。自然人要想结婚就必须遵守上述各项规定，否则将会被认定为无效婚姻。需要指出的是所谓直系血亲是指父母与子女、祖父母外祖父母与孙子女和外孙子女的关系；三代以内的旁系血亲是指姑舅姨表兄弟姊妹关系和叔伯兄弟姊妹关系；所谓医学上认为不宜结婚的疾病目前没有明确的规定病种。

11. 事实婚姻和同居关系有什么区别？

案情回放

最近法院接到了两起相似的离婚诉讼：

（一）刘玉芳与李志勇生活在同一个小区，是从小玩到大的伙伴，双方的父母也是同一个厂里的同事，两人可谓青梅竹马、两小无猜。随着两人年龄的不断成长，在两人互相爱慕的交往过程中，双方的父母也都默认了他们的关系。1992 年，在他们两人都达到了结婚的法定年龄后，双方的父母欢天喜地地为他们俩张罗了一场无比隆重的婚礼。婚礼过后，他们两人便在大家的见证下以夫妻名义共同生活在了一起，但却一直没有到婚姻登记机关去办理结婚登记手续。

两年后，随着两人的儿子小强的出生，两人的婚姻生活显得更加的美满了。然而，正当大家广为羡慕他们两人的甜蜜生活时，两人的感情却出现了危机。原来，儿子小强出生后，因为双方老人的身体都不大好，刘玉芳便辞职待在了家里，一来能照顾儿子小强，二来也可照顾一下双方的老人。

这样一来，整个家庭的重担就都压在了李志勇一个人的身上。虽说双方老人都有退休工资，可一旦老人有个病痛什么的，家里就显得捉襟见肘，李志勇几乎无力承担。随着家庭经济的日益紧张，刘玉芳与李志勇之间也开始因为生活琐事而不断地发生争吵和纠纷，两人的感情被生活中的抱怨与不理解逐渐消磨着走向了崩溃的边缘。

2003年的一天，两人的矛盾再一次爆发了。争吵中李志勇被气坏了，他失去理智地狠狠给了刘玉芳一个耳光，刘玉芳被打后，一气之下跑回了娘家。之后的两年中，李志勇屡次去接刘玉芳回家，都遭到了刘玉芳的严词拒绝。考虑到两人的感情已经不复存在，这样耗下去也没什么意思。2005年，经过再三考虑后，李志勇向法院提起了离婚诉讼。

（二）25岁的赵江于2000年元旦之际结识了20岁的邓蕊，双方交往了一段时间后感觉彼此都比较合适就建立了恋爱关系。2001年年初，在双方家长的催促下，两人决定结婚。但由于双方在北京的工作都比较忙，两人的老家又都有点远，几乎抽不出共同时间回户口所在地去进行婚姻登记。想想反正你情我愿，办个结婚仪式也是一样的道理。于是，两人便请来了双方父母，并邀请亲朋好友，在周围人的共同见证下在北京的一个饭店内举办了结婚仪式。此后，两人便以夫妻的名义生活在了一起。因为总觉得两人的感情深，那一纸证书也没有太大的用处，所以两人就一直没有去进行婚姻登记。

结婚后，虽然他们一直没有采用什么避孕措施，但两年中邓蕊却始终没能够怀上孩子，不过对此赵江也并没有太过在意，他认为这是可遇不可求的事情，急不得。可邓蕊却不这么想，她总觉得赵江其实是很在意这件事的，她总怕赵江为此在外面找别人，所以不由自主的，邓蕊开始了对赵江的种种不信任。她会偷偷地翻看赵江的手机、会仔细地查看赵江的衣服，甚至还经常会打电话到赵江的公司查岗……

一开始，赵江还觉得这是邓蕊在乎自己的表现，所以并没太反感。可日子一长，每天除了工作外，还要想着办法来应对老婆的种种猜疑，赵江感觉自己活得太累了，他不想总是生活在妻子的怀疑中，真正的爱是建立在信任和尊重的基础之上的！赵江与邓蕊之间开始有了争吵，随着两个人争吵的不断频繁，赵江厌倦了，他实在不想再跟邓蕊继续这样生活下去了，于是，2005 年，赵江正式向法院提起了离婚诉讼。

法院判决

（一）法院鉴于李志勇与刘玉芳都坚决要求离婚，二人的感情确已破裂且二人已经分居两年，遂判决准予他们二人离婚。

（二）赵江在去法院立案时被告知，他与邓蕊之间不属于婚姻关系，而是同居关系。因为他们之间并不涉及子女抚养和财产分割的问题，这样的“离婚诉讼”相当于单纯地要求解除同居关系，所以法院不予受理。

律师说法

1994 年 2 月 1 日是认定事实婚姻的分水岭。

以上两则案例所涉及的问题，在一般人看来，似乎是一样的情况。2001 年 12 月 26 日我国颁布的《最高人民法院关于适用〈中华人民共和国婚姻法〉若干问题的解释一》（以下简称《婚姻法解释一》）第五条规定：“未按婚姻法第八条规定办理结婚登记而以夫妻名义共同生活的男女，起诉到人民法院要求离婚的，应当区别对待：

（一）1994 年 2 月 1 日民政部《婚姻登记管理条例》公布实施以前，男女双方已经符合结婚实质要件的，按事实婚姻处理。

（二）1994 年 2 月 1 日民政部《婚姻登记管理条例》公布实施以后，男女双方符合结婚实质要件的，人民法院应当告知其在案件受理前补办结婚登记；未补办结婚登记的，按解除同居关系处理。”

由此我们可以看出事实婚姻和同居关系的区别。对于1994年2月1日以前，符合结婚实质要件、以夫妻名义共同生活的男女，离婚或发生继承时应按事实婚姻来处理。而1994年2月1日以后以夫妻名义共同生活的男女，即使双方符合结婚实质要件，但如果没有办理结婚登记的话，就会被认定为同居关系。

按照这个规定，我们不难看出，第一个案件中的刘玉芳和李志勇之间属于法律承认的事实婚姻关系，所以法院在调节无效后判定二人离婚。而在第二个案件中，赵江和邓蕊之间属于同居关系，且二人之间又不存在子女抚养和财产分割问题，所以法院不予受理。

律师提醒：建议那些符合婚姻法结婚实质要件且举办过结婚仪式并已经以夫妻名义共同生活在一起而未办理结婚登记的男女，尽早去婚姻登记部门补办登记手续，以保证自己婚姻行为的合法化。同居关系的男女在补办结婚登记之后，其婚姻关系的效力是否可以追溯至男女双方均符合结婚的法定条件之时，法律规定不明确，理论上和司法实践中存在争议。

12. 法律承认事实婚姻吗？

案情回放

2010年，何妍在QQ聊天时认识了张林，在聊天的过程中，张林告诉何妍自己现年35岁，父母双亡，由于一直忙于事业，耽误了终身大事，所以至今还是单身。同样单身的何妍，今年也已经28岁了，大学毕业后就一直忙于工作，几乎没有时间去结识自己心仪的男士。这次与张林的相识，激起了何妍心中的涟漪，在互发照片并了解到张林在一家事业单位工作后，何妍被张林的高大帅气和事业有成深深地吸引了。于是，双方约好了见面的日子。

见面后，何妍更是被张林的谈吐风趣和出手大方而感动，从此，他们开始了频繁的约会。在逐渐的接触中，何妍深深地爱上了张林，于是两人在相恋三个月后就决定结婚，由于张林说自己的户口本刚巧给了老家的哥哥，他正在帮自己买房，所以两个人就在北京的某饭店举办了结婚仪式，召集亲朋好友一起畅饮了一番，却并未到婚姻登记部门领取结婚证。

婚后，正当何妍甜蜜地享受着婚姻带给自己的幸福之际，她却发现了张林的一个让她不能够理解的举动。张林总会背着她接一些电话，有时当电话打来，她就在旁边时，张林就会故意躲到洗手间去接。这让何妍很是生气，当她质问张林“夫妻之间有什么可隐瞒的？为什么还要背着自己接电话”时，张林总以这样或那样的借口搪塞过去。这让何妍很是纠结，到底他有什么事不想让自己知道呢？

这天晚上，当张林正在浴室洗澡时，他的手机又响起来了，何妍在喊了张林两声没反应后，便自作主张地按下了接听键。这时，电话里响起了一个小女孩的声音：“爸爸，你怎么这么久才接电话啊？难道你不想秀秀吗？”何妍以为是谁打错电话了，刚要说话，就听见小女孩在电话那头说：“妈妈，爸爸怎么不理我啊？你听……”紧接着电话里传来了一个女人的声音：“喂，张林，你在吗？听得见我们说话吗……”

何妍正听着，还没反应过来呢，手机猛地就被张林抢走了，张林慌乱地说了声“打错了”就把电话挂掉了。等他回过头来再看何妍时，何妍已经泪流满面了。张林面带愁容地说：“何妍，你听我解释……”还没等他说完，手机就又响了，张林只好先去洗手间接电话了，等他接完电话出来时，何妍已经不知去向。

原来，何妍去了好友那里，听完她的哭诉后，好友很是气不过。第二天一早，好友就去找张林兴师问罪了。何妍本以为张林只是对她隐瞒了婚史，只要他说清楚了，再跟自己道个歉，也就过去了。可当她听了好友从张林那里打探来的消息后，被彻底地激怒了。

原来，张林于2000年的时候在老家河北已经结过婚了，并且还有一个可爱的女儿。对于他跟何妍的婚姻，他从来都没有跟老家的妻子提起过。面对这样的状况，生气归生气，可还得生活啊！何妍考虑再三后决定：自己退一步算了，只要张林能够跟老家的妻子离婚，她可以既往不咎。

可张林却怎么也不肯答应跟老家的妻子离婚，他对何妍说：自己很爱何妍，虽说老家的婚姻是父母包办的，自己也不爱老家的妻子，但他却不能够提出离婚。因为老家的妻子一直在替他赡养父母，他不想因此让父母和老家的妻子伤心。

“什么？你不是说你父母都不在了吗？骗子！一个十足的大骗子！”张林的行为简直伤透了何妍的心，盛怒之下，何妍委托律师向法院提起诉讼，状告张林犯有重婚罪，并请求法院判决自己与张林离婚。

法院判决

法院在审理后认为，张林已有配偶并生有一子的情况下又与婚外异性以夫妻名义同居，属于重婚行为，已经严重违反了我国法律，构成了重婚罪。故判决张林有期徒刑一年。

同时法院认为，张林有配偶又与何妍举办结婚仪式并同居生活在了一起，并不符合结婚的实质要件，且二人并未办理结婚登记，故判决二人的婚姻无效。

律师说法

1994 年 2 月 1 日之后，只有在重婚罪的认定中才承认事实婚姻。

《婚姻法解释一》中明确规定：“未按婚姻法第八条规定办理结婚登记而以夫妻名义共同生活的男女，起诉到人民法院要求离婚的，应当区别对待。（一）1994 年 2 月 1 日民政部《婚姻登记管理条例》公布实施以前，男、女双方已经符合结婚的实质要件的，按事实婚姻处理。(二)1994 年 2 月 1 日民政部《婚姻登记管理条例》公布实施以后，男女双方符合结婚实质要件的，人民法院应当告知其在案件受理前补办结婚登记；未补办结婚登记的，按解除同居关系处理。”

根据这个规定，我们可以确定本案中张林与何妍的关系属于非法同居，并不能够按事实婚姻处理。可既然不是事实婚姻，却为什么又会判决张林犯有重婚罪呢？我国的法律到底承认不承认事实婚姻呢？

其实，对于事实婚姻，情况不同，我国法律的态度也不同。根据我国最新的法律规定，法律对待事实婚姻的态度可分为两种：1. 在民事诉讼中有条件的承认事实婚姻；2. 在认定重婚罪的刑事案件中，依然承认事实婚姻。

根据《婚姻法解释一》第五条的规定，我们可以确定，在离婚诉讼中，我国法律确实是有条件的承认事实婚姻的，其中规定了明确的时间限制。

而最高人民法院《关于〈婚姻登记管理条例〉施行后发生的以夫妻名义非法同居的重婚案件是否以重婚罪定罪处罚的批复》中则这样规定："新的《婚姻登记管理条例》（1994 年 1 月 12 日国务院批准，1994 年 2 月 1 日民政部发布）施行后，有配偶的人与他人以夫妻名义同居生活的，或者明知他人有配偶而与之以夫妻名义同居生活的，仍应按重婚罪定罪处罚。"从最高人民法院的这个司法批复中，我们可以肯定：判定重婚罪时，法律是承认事实婚姻的。

所以，本案中法院的判决完全是有法可依的。这也是我国法律对事实婚姻的态度。

13. 未到法定婚龄改户口办理登记结婚合法吗？

案情回放

在我国，早婚的现象时有发生，2008 年 3 月，法院就受理了两起早婚后的诉讼请求。

（一）2006 年年初，蔡依娜在媒人的介绍下，认识了临村的男青年陆文涛。由于双方父母都比较满意，看着两个孩子也没有什么异议，2007 年 1 月，两人就在双方父母的操办下举办了结婚仪式。但由于当时蔡依娜刚满 18 周岁，还未达到法定的结婚年龄，她就在父母的安排下通过关系更改了户口，并与陆文涛一起到婚姻登记机关办理了结婚证。

婚后，因为蔡依娜年龄尚小，再加上自己常年在家里被父母娇生惯养成习惯了，她根本就没有做好为人妻为人媳的准备，所以总是被婆婆训斥，说她太懒又不懂事。蔡依娜哪能受得了这个气？所以就免不了与婆婆之间的不断争吵。

陆文涛夹在母亲与妻子之间很是为难，刚结婚时的甜蜜被这日益激烈的争吵彻底地冲淡了，陆文涛开始在外面酗酒，甚至会经常地不回家。蔡依娜只能独自一个人整天面对着婆婆的横加指责，在日复一日的单调生活中，蔡依娜很是委屈却又无人诉说。

陆文涛的夜不归宿和酗酒行为导致了他们小夫妻俩之间也

开始频频的发生矛盾，本来她与陆文涛就没有多深的感情基础，随着矛盾的不断发生，他们越来越不信任对方，开始了不断地猜疑。2007 年 8 月，在一次大吵之后，伤心的蔡依娜一气之下跑回了娘家，之后就再也没有回过她与陆文涛的家。

在娘家居住的这段日子里，蔡依娜冷静地思考了自己的婚姻。她为自己当初听从父母之命而草率地与陆文涛结婚的行为深感后悔。为了早日让自己从抑郁中解脱出来，2008 年 3 月，经过深思熟虑之后，蔡依娜以自己还不到法定结婚年龄且和陆文涛感情不和、无法一起生活为由，向法院提起诉讼，请求法院判决她和陆文涛的婚姻无效。

（二）许凡在情窦初开的年龄认识了在她眼中魅力十足的周刚，她一下子就被周刚的风趣幽默给深深地吸引了。虽然还未到法定的结婚年龄，可在周刚父母的催促下，2003 年 5 月，许凡义无反顾地嫁给了周刚，在举办过结婚仪式后，许凡还偷改了户口，通过弄虚作假的方式骗取了结婚证。2004 年 2 月，周刚的父母以周刚的名义给夫妻俩购置了一套住房。

婚后的前两年，两个人尽情地享受着二人世界的欢乐与快活，可激情过后，一切都归于平淡。渐渐地，许凡发现周刚开始频繁地往外跑，有什么事时也不再带着自己了。特别是在许凡怀孕后，周刚更是三天两头地找借口出去，根本就不知道对许凡嘘寒问暖，更甭说悉心的照顾许凡了。

2007 年，随着儿子的出生，周刚对许凡的态度更加冷淡了，二人开始不断地为家庭的琐事吵闹，矛盾也跟着日益加剧，特别是在发现周刚手机中的暧昧短信时，许凡想到了离婚。面对许凡想离婚的想法，周刚开始对自己的行为有所收敛，因为一向无所事事的他，不想失去来自许凡网店收入的经济支持。可许凡的主意已经打定，2008 年 3 月，许凡以结婚时不到法定年龄及双方感情已经破裂为由正式向法院起诉，要求判决离婚，并分割夫妻共同财产2004年购置的房子一套。

法院判决

（一）法院在审理后认为，蔡依娜在2007年1月和陆文涛登记结婚时刚满18周岁，并未达到法定的结婚年龄，故依据我国《婚姻法》的有关规定，判决双方的婚姻无效。

（二）法院在审理后认为，许凡与周刚结婚已满五年，虽然许凡在结婚时刚满18周岁，但结婚两年后的2005年，许凡就已达到了法定结婚年龄，其二人的婚姻应属于有效婚姻。鉴于二人的感情确已破裂，故判决二人离婚；因2004年2月许凡尚未达到法定婚龄，此时二人尚不是夫妻关系。因此，周刚父母以周刚名义购置房产属于周刚个人婚前财产，驳回许凡要求分割房产的请求。

律师说法

未到法定结婚年龄，通过非法手段骗取结婚证婚姻权利难保障。

我国《婚姻法》规定：未到法定结婚年龄的，其婚姻无效。在第一个案件中，蔡依娜与陆文涛的婚姻被法院判决无效，为我国普遍存在的早婚陋习敲响了警钟。可见，未到法定婚龄改户口办理结婚登记是不合法的，其婚姻也是无效的。

但是，在《婚姻法解释一》中规定：当事人依据婚姻法的规定向法院申请宣告婚姻无效的，申请时，法定的无效婚姻情形已经消失的，人民法院不予支持。

也就是说，当事人在未达到法定的结婚年龄时结婚属于无效婚姻，但随着时间的推移，当双方已经达到最低的法定结婚年龄（男不得早于22周岁，女不得早于20周岁）时，婚姻法依旧会赋予其法律效力。在第二个案件中，虽然许凡与周刚结婚时刚满18周岁，但2005年许凡达到法定婚龄时，她与周刚的婚姻就会受法律保护。

由此可见，未到法定结婚年龄改户口进行婚姻登记的，在“离婚”时仍未达到最低的法定结婚年龄时属于无效婚姻，不受法律保护；而一旦当事人达到了法定婚龄且满足结婚的实质要件时，即使他们登记结婚的方式存在瑕疵，其婚姻依然会受到法律保护。

但是，在达到法定婚姻之前的“夫妻”间财产关系不受法律保护，只能按同居关系处理。因此，婚姻法律师再次提醒各位年轻的朋友，在结婚问题上一定要遵守婚姻法的规定，切不可操之过早，否则后患无穷。

14. 姨姑舅表兄妹能不能结婚？

案情回放

正在国外留学的王琼突然接到了父亲的好友李叔打来的电话，说父亲突发脑溢血住院了，让她赶紧回去一趟。这让从小与父亲相依为命的王琼很是担心，她赶紧请假飞回了北京。可王琼还是来晚了，未能见上父亲最后一面。自从母亲在自己15岁那年因病去世后，父亲就从未再娶，独自一人含辛茹苦地把自己养大成人，父亲的离世让王琼很是伤心。

这天，刚刚处理完父亲后事的王琼正在家中伤心地整理着父亲的遗物，却突然有人敲门，会是谁呢？王琼在疑惑中开了门，进来的是一个20岁上下的小伙子，他理直气壮地说自己是王琼父亲的儿子，要来依法分割王琼父亲的遗产。这让王琼感到丈二和尚摸不着头脑，这是怎么一回事呢？

来人名叫杨川，他告诉王琼说，自己的母亲杨玉梅与王琼的父亲王建中在两年前就已经登记结婚了，虽说自己的母亲在一年前就已经离世了，但从法律上来说，自己属于王建中的继子，理应具备继承权。杨川的话让王琼更加地糊涂了，不过她并当即没有发作，而是对杨川说："如果你说的话属实，该给你的自会给你。现在爸刚走，咱们先别说财产的事了，你先给他老人家上炷香，行个礼吧！"

可杨川却不理王琼这茬儿，他没好气地说："死都死了，上香还管什么用啊？”杨川的话一下子就激怒了王琼，王琼生气地说：“你说你是爸的继子，可爸住院期间你又跑哪里去了？你又怎么证明你是我父亲的继子呢？如果想要继承财产，请你走正常的法律程序！”说着就把杨川推出了家门，杨川在走时也撂下了话：“行，你等着，咱们法庭上见！”

杨川走后，王琼果然在父亲的遗物中找到了父亲与杨玉梅的结婚证，可父亲再婚为什么不告诉自己呢？带着疑问，王琼找到了父亲生前的挚友李叔，李叔告诉王琼说：“你父亲这一辈子不容易啊！这是他年轻时的一段往事，其实你父亲与杨玉梅在年轻的时候就相爱了，但他们的相爱却遭到了家里人的强烈反对，为了不让他们在一起，你父亲就被你爷爷强行送到了城里读书并工作，只是逢年过节的来看看他，从来都不让他回家。

后来，你父亲在城里认识了你妈，他们就相爱结婚了，之后就有了你。你父亲是真心爱你妈妈的，所以，你妈离世后，他就一直没有再婚。直到 3 年前你出国留学后，你父亲在来我家下棋的途中遇到了杨玉梅，他才知道，为了坚守对他的爱，杨玉梅这一辈子都没有结婚……”

“李叔，不对吧？如果杨阿姨没有结婚的话，那杨川是怎么回事啊？”王琼很是奇怪。

“哎！杨川是她收养的一个孤儿，本打算让杨川给自己养老送终的，却没想到养了个白眼狼。由于杨玉梅收养杨川时，杨川已经在社会上流浪多时，沾染了很多恶习，自从有了杨玉梅这个妈后，他不是惹是生非，就是管杨玉梅要钱吃喝。

后来，杨玉梅得了绝症，杨川就不知道跑哪里去了。后来，杨玉梅就遇到了你爸，为了弥补杨玉梅年轻时的遗憾，也为了让杨玉梅能够幸福地度过余生，你爸就跟杨玉梅一起去领了结婚证。去年，杨玉梅因绝症离世，没想到你爸现在也走了，哎！”李叔叹了口气。

“哦，是这样啊！可那个杨川如今要来分我爸的遗产了，按照法律规定，他是有继承权的，难道就这样把我爸的遗产分给他吗？”王琼有点不服气地问道。

“不会的，其实你爸与杨玉梅的婚姻是无效的！因为他们两个是表兄妹，所以当初才遭到了家里人的强烈反对。”李叔肯定地说道。

听了李叔的话，王琼长舒了一口气。不久之后，她就收到了法院的传票，杨川真的为了争夺遗产而把她给告了。王琼带着自己早已收集好的证据如期到庭。

法院判决

法院在审理后认为，王琼的父亲王建中与杨川的母亲杨玉梅是姑表兄妹关系，属于三代以内的旁系血亲，其婚姻关系违反了我国《婚姻法》中“直系血亲和三代以内的旁系血亲禁止结婚”的强制性法律规定，故法院判决二人的婚姻属无效婚姻，并驳回了杨川分割王建中遗产的诉讼请求。

律师说法

直系血亲之间与三代以内的旁系血亲之间结婚是无效的，只有形成抚养关系的继父母子女关系才有相互继承遗产的权利。

《婚姻法》第七条第一项规定：直系血亲和三代以内的旁系血亲关系，禁止结婚。由此可见，现实生活中，具有血缘关系的姨姑舅表兄妹或表姐弟是不能结婚的。那么，哪些是直系血亲？哪些血亲又是三代以内的旁系血亲呢？

所谓的直系血亲是指父母子女关系、祖父母外祖父母与孙子女和外孙子女之间的关系、曾祖母外曾祖母和曾孙子女外曾孙子女之间的关系；所谓三代以内的旁系血亲是指兄弟姊妹之间、姑舅姨表兄弟姊妹之间、叔伯兄弟姊妹之间、姑叔伯与侄子侄女之间及舅姨与外甥、外甥女之间的关系。

我国《婚姻法》第十条第二项还规定：有禁止结婚的亲属关系的婚姻属无效婚姻。也就是说，直系血亲之间以及三代以内的旁系血亲之间如果私自结婚或隐瞒其关系登记结婚，其婚姻关系都属于无效婚姻。

本案中，虽然王建中与杨玉梅去民政部门进行了婚姻登记并领取了结婚证，但因其行为违反了我国《婚姻法》禁止结婚的规定，所以他们之间的婚姻就是无效婚姻，所以杨川也就不属于王建中的继子，自然也就没有继承权，这是其一；其二，根据《婚姻法》第二十七条规定，继父或继母和受其抚养教育的继子女间的权利和义务，适用本法对父母子女关系的有关规定。

《中华人民共和国继承法》（以下简称《继承法》）第十条规定：遗产按照下列顺序继承，第一顺序：配偶、子女、父母。本法所说的子女，包括婚生子女、非婚生子女、养子女和有扶养关系的继子女。

本法所说的父母，包括生父母、养父母和有扶养关系的继父母。可见，只有继父母与继子女形成了抚养关系，继子女和继父母之间才能享有相互继承遗产的权利。

而本案中，王建中与杨玉梅结婚时，杨玉梅的养子杨川已经成年了，双方之间并不存在抚养关系。即便王建中与杨玉梅之间的婚姻有效，但因王建中与杨川之间没有形成抚养关系，杨川也无权继承王建中的遗产。

15. 什么疾病不能结婚?

案情回放

大学毕业前夕，江琳与同学一起去野外郊游，在野外露宿时，江琳在听了同学讲的鬼故事后精神处于极度紧张状态。黑夜中，江琳在睡梦中被吓醒，望着周围黑糊糊的一切，她好像看见了什么一样，忽然间大声地尖叫了起来。

江琳的尖叫声一下子惊醒了正在熟睡中的同学，他们紧张地问江琳怎么了？江琳却紧抱着自己的头，嘴里不停地喊着："鬼，鬼，鬼……"看着江琳的异常表现，同学们都害怕了，第二天一早就把江琳送回了家。大家都以为江琳只是暂时受到了惊吓，休息一段时间就会好的。

回到家中的江琳，时不时地会从梦中惊醒，她的尖叫声引起了妈妈的不安，可任凭母亲怎么劝，江琳就是不肯到医院去做检查。而就在此时，江琳的男友也离她而去，向她提出了分手，真是"屋漏偏逢连夜雨"啊，江琳一下子被彻底地打垮了。她的母亲赶紧把她送到了医院，结果被诊断为：间歇性精神分裂症。

这天，江琳的同学贺飞来家里看望她，贺飞从大一开始就暗恋上了江琳，他认为江琳男友的离去正好给他提供了机会。于是，他就向江琳的母亲表明了自己的心意，江琳的母亲也很希望有一个人能够在自己百年之后替自己照顾江琳。于是，两人便达成了协议，等贺飞的工作一稳定下来，两人便结婚。

江琳的母亲向贺飞隐瞒了江琳患有间歇性精神分裂症的事实，而善良的贺飞则以为江琳仅仅是因为在受到惊吓后又遭遇了男友的背叛才会有异常表现的，只要她好好休息，再加上自己的悉心呵护，她一定能够恢复如初的。

毕业后，贺飞如愿找到了工作，半年后，贺飞与单位签订了正式的劳动合同。工作稳定了，贺飞遵守自己的诺言，跟江琳一同到民政部门领取了结婚证。然而，婚后江琳的表现令贺飞甚是头疼，这完全不是那个自己暗恋多年的江琳啊！她这是怎么了？难道仅仅受了点惊吓就会这样吗？

这天，贺飞陪同江琳去医院复诊，在与江琳的主治医师邱大夫的聊天中贺飞了解到：江琳在6岁时就曾因受到车祸的惊吓而患过精神分裂症，不过后来在医生的治疗下痊愈了。上次野外郊游时受到的惊吓，再一次引发了她的精神分裂症，估计今后将很难痊愈。

贺飞得知真相后认为江琳及其母亲向他隐瞒了病情，贺飞感到自己受骗了。在咨询过律师后，贺飞就以江琳及其母亲刻意隐瞒江琳的病情为由，将江琳告上了法庭，请求法院判决：自己与江琳的婚姻无效。

法院判决

法院在审理后认为，我国《婚姻法》有明文规定：婚前患有医学上认为不应当结婚的疾病，婚后尚未治愈的婚姻无效。江琳在与贺飞结婚之前就患上了间歇性精神分裂症，婚后也并未治愈，属于我国《婚姻法》明令禁止结婚的情形之一。而江琳及其母亲还对此进行了隐瞒，故依法判决贺飞与江琳的婚姻关系无效。

律师说法

患有精神分裂症的人医学上认为不宜结婚，且精神病人属于无行为能力人，所做出的结婚等重大民事行为是无效的。

《婚姻法》第七条第二项规定：患有医学上认为不应当结婚的疾病者，禁止结婚；另外，结婚行为应该是完全行为能力人才能做出的行为。

本案中，江琳婚前即患有医学上认为不应当结婚的精神疾病，并故意隐瞒，且婚后也未能治愈，符合《婚姻法》第十条第三项的规定：婚前患有医学上认为不应当结婚的疾病，婚后尚未治愈的，婚姻无效。所以法院依法判决贺飞与江琳的婚姻无效。

那么，所谓“患有医学上认为不应当结婚的疾病”主要是指哪些疾病呢？患有什么疾病不可以结婚呢？法律上并无定论，但一般认为主要有以下疾病：未治愈的花柳病（也称“性病”，包括梅毒、淋病等）、未治愈的精神病（包括精神分裂症、反应性精神病等）和白痴症等。

之所以并未在《婚姻法》中对不适宜结婚的疾病做详细且明确的规定，主要是因为，随着科学技术的不断发展，很多医学上曾认为的不适宜结婚的疾病会逐渐地被治愈，同时还有可能会出现新的不适宜结婚的疾病。

另外，需要指出的是，结婚行为是重大民事行为，江琳作为无行为能力人，是无法行使这个行为的。因为，作为妻子既要享有权利，也要承担很多义务，作为精神病的江琳是很难有能力履行夫妻义务的，因此，这个婚姻是无效的。

16. 恋爱如何防止感情骗子？

案情回放

林兰在与丈夫离婚后分到了一大笔财产，虽然拥有物质上的富足，可她的内心却异常的空虚，不知道该怎么来打发这无聊的日子。

面对她的郁郁寡欢，朋友就帮她在婚姻介绍所做了登记。这天，她按照婚姻介绍所的安排去见了一位男士张磊。张磊40岁上下，也是离异。初见张磊，林兰并没觉得反感，反而与他聊得特别的投机。林兰很欣赏张磊风趣的谈吐和他特有的男人风度，她为能够认识这么一位能够谈得来的知己而高兴不已。离婚以来，她很久没有这么开心过了。张磊对林兰说，不管两个人最终能不能结婚，希望两人能够成为最好的朋友！林兰很是赞同。

接下来，在日复一日的手机短信和频繁的约会过程中，林兰就真的把张磊当成了一个无话不谈的好友。不管是遇到开心还是不如意的事情，林兰都会向张磊诉说。在张磊的分享和安慰中，林兰感受到了从未有过的快乐！张磊就像是一位大哥哥一样给了林兰无私的帮助和关怀。在林兰有什么不顺心的事时，他会帮着分析并出主意，这让林兰对他充满了信任和依赖，还有深深的感激。两个人的感情也逐步地升温。

这天，在与张磊约会时，林兰发现张磊有点儿心不在焉，好像有什么心事似的。在林兰的再三追问下，张磊说自己不想再给别人打工了，想开家公司自己单干，但却苦于资金不够，所以正郁闷呢！身为男人，应当以事业为重啊！林兰觉得张磊说得很对，反正两人也正在商量着结婚，既然自己有资金就应该帮他一把啊！于是，林兰没有丝毫的犹豫就给了张磊 30 万元。张磊感激于林兰的信任，承诺自己一定好好干，等公司一走上正规就还林兰这 30 万元，然后两个人就结婚去度蜜月。

就这样，林兰沉浸在了幸福的爱情当中，当初离婚带给自己的烦恼已经不复存在。她在等着张磊的公司正常运转，等着与张磊共同踏上红地毯。

这天，张磊打电话告诉林兰，为了使公司早日走上正轨，自己得到外地出差一段时间，好多开发一些客户。林兰虽说不舍，但为了今后能够更好地生活，她还是依依不舍地送别了张磊。

由于张磊出差几天了还没给自己打电话，林兰实在难忍这种思念的痛苦，于是就主动给张磊打电话。让她没想到的是接电话的居然也是一位女士，她问对方："你是谁？张磊呢？"对方则问道："什么张磊？这是我男朋友杨杰的手机。"怎么回事？难道自己被骗了？这时，电话那头好像也反应过来了，"你等等，咱们见个面吧！也许咱们都被骗了！"

说实在的，在见到那个女士之前，林兰的心是很忐忑的，她希望自己搞错了，或者那个女士是一相情愿的第三者，她甚至对那个还未谋面的女士有了一种莫名的仇视。然而，她却没有料到，结果竟会完全的出乎她的意料。

一见面，那个女士就开门见山地说，自己叫叶凡，通过婚姻介绍所认识杨杰后就确定了恋爱关系。可正当他们准备结婚时，杨杰却失踪了，她在自家的沙发垫底下发现了杨杰无意间丢了的手机，才知道原来他就是一个感情骗子。他一直周旋于自己和林兰之间，欺骗着两人的感情。

林兰听了叶凡的述说，简直不敢相信自己的耳朵。她说："不可能，这绝对不可能！"叶凡反而显得比较冷静，她拿出了一张照片，对林兰说："这是我们的合影，不信你看看！"林兰一看就彻底地被击垮了，是他，就是他，他怎么可以这样呢？为了证明给林兰看，叶凡还翻出了她手机中杨杰发的所有短信，不看则已，一看，林兰差点儿晕过去，短信的内容和自己手机上的一模一样，而且时间相差还不到半分钟，显然就是一前一后发的。

林兰被惊得半天说不出话来，此时，叶凡说："我们都是受害者。亏得我当时长了个心眼，他要借钱时我并没有借他。"叶凡的话一下子提醒了林兰："他可骗了我30万元呢！当时也没让他打借条，现在自己连他的真实姓名都不清楚，该怎么办呢？"

在咨询了律师后，林兰找到了婚姻介绍所，在婚姻介绍所的帮助下，林兰终于找到了所谓的"张磊"。为了搜集证据，林兰用手机录下了自己与张磊谈话的整个过程。原来，张磊的真名叫杨玉杰，是一个专业的感情骗子。林兰让他还自己那30万元，他不还，说那是林兰自愿送给自己的，林兰说要把他告上法庭，他说："好啊！你告啊！我看你拿什么告我？你有什么证据？"

最终，林兰拿着自己手机里的录音资料，以婚姻诈骗为由向当地公安机关报了案，公安机关依法将杨玉杰刑拘并很快被检察院批捕。三个月后，杨玉杰以诈骗罪被人民检察院起诉到法院。同时，林兰提起了刑事附带民事诉讼，要求杨玉杰退还自己的30万元。

法院判决

法院在审理后认为，杨玉杰犯诈骗罪，事实清楚，证据确凿，故判决杨玉杰有期徒刑十年并处罚金五千元，判令其返还林兰诈骗案款三十万元。

律师说法

对恋爱对象进行必要的调查了解是防止被骗的必要手段。

婚姻诈骗罪是以借婚姻索取财物为目的，用虚构事实或隐瞒真相的方法，骗取他人财物数额较大，并构成犯罪的行为。诈骗犯罪的主体是一般主体，凡达到刑事责任年龄，具有刑事责任能力的自然人均构成本罪的犯罪主体。

本案给很多恋爱中的人以深刻的启示，在恋爱中一定要警惕感情骗子，这是一个十分可怕的陷阱。特别是那些急于结婚却一时找不到对象的青年男女，一定要注意防范。

那么，我们该如何在恋爱中防止此类事情的发生呢？

首先，不可轻信报纸杂志上刊登的征婚交友广告，一旦结识了自己心仪的异性，一定要细心辨别对方身份的真假，要留意对方的家庭状况及背景。

其次，在登记结婚之前，双方之间最好不要发生经济往来，特别是大额借款等。

再次，对于刚接触不久的人不要过于信任，一定要多加防范，时刻保持警惕，最好能够做一些调查了解，以鉴别对方言语的真假。其实，骗子的漏洞和破绽挺多，只要你多留个心眼，就能轻易地发现问题。

最后，一旦你不小心被骗，一定要注意收集并保管好相关的证据，并及时报案，以便通过法律途径为自己讨回公道。

17. 同居被强奸怎么办?

案情回放

葛阳今年24周岁，在北京市某房产公司做房产经纪人。在前几年房产热的风潮中，葛阳赶上了好时候，在收入颇丰的同时，还用自己平时的积蓄和父母给自己的一些钱为自己在北京购置了一套房产，可谓小有成就。美中不足的是，长这么大了，他还没有正正经经地谈过一场恋爱，还没有一个正式的女朋友。

在葛阳四处托人给自己介绍女朋友的过程中，两年前他在一个同事的介绍下，认识了在某公司做文员的时髦女孩田静。田静的美貌与时尚深深地吸引了葛阳，在他展开对田静猛烈的追求后不久，他就赢得了田静的芳心。

经过几个月的约会和接触后，双方的感情逐渐升温。葛阳见田静也没有什么固定的居住地，与合租的人关系处得也不是很好，于是就建议田静搬到自己的房子里，田静同意了葛阳的建议。很快，两个人便同居生活在一起了。

同居的日子里，葛阳享受着田静带给自己的甜蜜与温馨，感觉到了生活的美好，他希望能够尽快地与田静结婚。于是，在去年过春节之际，葛阳就把田静带回了自己的老家。葛阳的父母对田静很是满意，商量后决定让葛阳陪田静一起回趟田静的老家，问问田静父母的意见。如果他们没什么意见，葛阳的父母就亲自上门去提亲。

在葛阳陪田静回老家的过程中，田静遭遇了自己昔日的初恋男友，感情的防线一下子就被击垮了。初恋男友的帅气与真诚的表白又一次让田静心动了，她感情的天平倾向了自己的初恋，特别是当初恋男友向田静的父母表达了自己的感情之后，田静的父母也对家在同一个城市的田静的初恋男友非常满意，而对于老家远在他乡的葛阳则表现出了明显的不满。

见此状况，葛阳也感到了些许的不安，他希望此时的田静能够站在自己这一边，他对他们相互之间的感情还是有信心的。然而，就在这个时候，田静却忽然间发觉葛阳身上有很多自己以前并未发现的缺点，让她感到无法容忍，于是两个人之间开始有了隔阂，田静的心也开始向她的初恋男友那边转移，葛阳的希望就此泡汤了。

回到北京后，田静主动向葛阳提出了分手，并坚持要自己搬出去住。可葛阳却对田静依然不死心，他说什么也不同意分手。为了挽留田静，葛阳主动把自己的房子让给田静居住，自己则去了朋友那里。对于葛阳的安排，田静说："也好，估计我一时也租不到房子。不过，你放心，我找到房子后就会搬出去的。"对于田静的话，葛阳并未太在意。相反，他倒觉得这是一个让他和田静旧情复燃的机会。

然而，没过多久，葛阳就接到了田静的电话，原来田静已经找到了住处，第二天就要搬走。葛阳接到消息后，一下班就匆匆地赶回了家里，他求田静不要离开他，可田静却告诉他"我们之间已经不可能了"。田静的绝情让葛阳心灰意冷，他说什么也不愿意离开，请求田静看在以往的情分上给他个机会，让他陪她度过这最后一晚，住客厅也行。看着葛阳可怜兮兮的样子，田静就没有着急把他赶走。

凌晨3点左右，正当田静昏昏欲睡之际，葛阳却一下子扑到了田静的身上，任凭她怎么拒绝，哀求打骂，葛阳都不理会，强行与田静发生了性关系。事后，田静泪流满面，看着离去的葛阳，她越想越气，于是就到派出所以强奸罪为由报了警，葛阳当天就被刑拘很快被批捕。两个月后被检察院以强奸罪起诉到法院。

法院判决

法院在审理后认为，葛阳在违背田静意愿的情形下，强行与田静发生了性关系，其行为已经构成了强奸罪。故判决葛阳有期徒刑三年。

律师说法

违背女友意愿，强行与之发生性关系也构成强奸罪。

强奸罪，是指违背妇女意志，使用暴力、胁迫或者其他手段，强行与妇女发生性交的行为。我国《刑法》第二百三十六条规定，以暴力、胁迫或者其他手段强奸妇女的，处三年以上十年以下有期徒刑。葛阳在与田静同居期间，且田静已经向他提出分手的情况下，违背田静的意愿，在田静不自愿的情况下，强行与田静发生了性关系，所以其行为就构成了强奸。即便他们二人在热恋期间，如果女方不愿意发生关系，男方强行发生关系也是强奸罪。在世界上的各个国家中，强奸都被列入了犯罪行为，应当依法受到刑罚处罚。

如果恋爱中的你也遇到了此类问题，请你拿起法律的武器维护自己的权益。

18. 恋爱双方可以任意毁约吗?

案情回放

于洋与李冉是相恋了四年的亲密爱人，在大学的四年中，两人花前月下、情意缠绵，让很多同学都羡慕不已。在众人的祝福声中，两人决定：一毕业就结婚，幸福地过只属于他们两个人的小日子。

然而，计划赶不上变化。在毕业前夕，于洋出人意料地成为了学校指定出国留学名单上的一员。听到这个消息后，李冉是既为于洋高兴又为自己担心。虽说两人有四年的感情基础，但李冉还是担心，一旦于洋到了遥远的大洋彼岸，两个人的感情还能够这么牢固吗？什么才能够成为爱情的保证呢？

面对李冉的担心，于洋耐心地安慰着她。一想到在未来的四年内，两个人几乎没有什么见面的机会时，李冉就会忍不住地伤心流泪。为了让李冉放心，也为了给李冉一个保证，于洋决定给李冉写一份保证书。

就在临走前的一天，于洋交给了李冉一份自己的书面保证书和一只玉镯，保证书上写道：我于洋一从国外回来就娶李冉为妻，特此保证。为表诚意，特将祖传玉镯一只交付李冉，如毁约，李冉可不必偿还。保证人：于洋。

看着于洋写给自己的保证书和这只贵重的玉镯，李冉彻底放心了。她依依不舍地送别了于洋，从此两个人开始用鸿雁传书来表达自己对对方的思念。

就这样，两个人的分离悄无声息地夺走了李冉与于洋在一起的快乐。毕业后，李冉踏入了社会，开始了工作。面对这个曾经特别熟悉的城市，李冉一下子觉得陌生了许多。没有亲人与朋友在身边的日子里，她只能独自一个人守在出租房里生活，心中唯一的支撑就是来自大洋彼岸的于洋的电话。对她来说自己需要的就是耐心，耐心地等待于洋回国。在那段日子里，于洋的信与电话就是李冉精神上的食粮。

可是，逐渐的，于洋的电话少了，信也很少写了。李冉好不容易抽出时间给于洋打个电话吧，电话那头的于洋还极为地不耐烦，总说自己的学业很忙，还得抽时间去打工，以贴补国外昂贵的开销。李冉一方面心疼于洋的辛苦，一方面又不知该向谁倾诉自己的相思之苦。

于是，李冉就接连不断地给于洋写信，述说着自己对他的思念和担心，期待着两个人团聚的那一天。一开始，于洋还偶尔会回一封信，说自己在国外很不容易，希望李冉能够理解自己。可后来，李冉的信就如石沉大海一般，再也没能收到于洋给自己的回信。

不过，李冉并没有因此而对于洋失去信心，她很能够理解于洋的不易，于洋写给她的保证书也能够让她在漫长的孤寂中寻找到一丝的安慰。

四年后，于洋回国了，但却没有在第一时间通知李冉，李冉还是从同学口中得知于洋回国的消息的。这让李冉的心不免沉甸甸的，她真的害怕自己这么多年的等待化为泡影。然而，越是害怕什么就越来什么。这天，李冉接到了于洋的电话，约她见面。李冉怀着无比忐忑的心情到达了他们约会的地点，没想到于洋却无情地提出了分手。

于洋的绝情让李冉倍感悲痛，声泪俱下的她慢慢地站起身，决定今后不再见这个让自己伤心欲绝的人。可她还没走，就听见于洋说："小冉，那个玉镯你还是还给我吧！那是我家祖传的，我妈管我要呢……"

于洋的话彻底激怒了李冉，李冉说："不还！那玉镯是你自愿送给我的，你写过保证的。"说着，李冉就气冲冲地丢下于洋自己走了。可让她没想到的是，于洋居然将她告上了法庭，请求法庭判决李冉归还自己祖传的玉镯。

法庭上，李冉出具了于洋写给自己的保证书，认为于洋毁约在先，自己可不必交还玉镯。

法院判决

法院在审理后认为，尽管李冉已经出具了于洋的保证书，但于洋写给李冉的保证书却是无效的，不具备法律效力。于洋有权要求李冉归还玉镯，遂判令李冉于判决生效之日起十日内交还于洋玉镯。

律师说法

涉及人身关系的保证不适用《中华人民共和国合同法》（以下简称《合同法》）的相关规定，不受法律保护。

本案中，于洋向李冉作出的保证，从广义上说也是一种合同，但由于于洋和李冉当时是恋爱关系，这个保证书涉及了双方的人身关系，所以在此关系中发生"如毁约，李冉可不必偿还"式的保证，就不能按《合同法》确定的尊重当事人意思自治的原则来确定其效力。

另外，以金钱或财物来限制婚姻自由是不符合我国《婚姻法》规定的。《婚姻法》第二条、第三条分别规定："实行婚姻自由、一夫一妻、男女平等的婚姻制度”“禁止包办、买卖婚姻和其他干涉婚姻自由的行为”。恋爱自由其实也是婚姻自由的一部分，是每一个公民都享有的基本权利和自由，任何人都不可以用金钱或财物等方式把他人限制在恋爱关系内。于洋写给李冉的恋爱保证书违背了《婚姻法》的规定，根据民法规则，这个保证书是无效的，于洋不必受该保证书的限制。

恋爱保证书是保证不了爱情的！感情的事情是不能够控制的！从法律上来讲，既然讲究婚姻自由，那么在结婚之前恋爱双方是可以任意毁约的。但感情的事情谁也说不好，在相爱的两个人中其实没有谁对谁错，也不存在谁欠谁的，就看你懂不懂得珍惜了。

从道德上来讲，恋爱中毁约是不道德的，可现实中却有很多人因为各种各样的原因而选择了与恋人分手。有的是可以理解的，有的却会激起众怒。但在这个现实的社会里，越来越高的离婚率证明婚姻已不再是一辈子的承诺，我们又怎能去强求恋人不毁约呢？

19. 男方提出分手彩礼也要返还吗?

案情回放

张向阳与李秀芝都是湖北省襄阳县邻村的农村青年，2008年春天，两个年轻人在北京家具厂一起打工中相识、相知，逐步产生了好感，并确立了恋爱关系。2008年春节，二人一同回家过年。然后各自向自己的父母和亲友公开了双方的恋爱关系。

按照当地习俗，男方张向阳的父母为此找了一个中间人王大妈作为媒人正式向女方李秀芝家提出二人的亲事，并在2008年春节过后，男方向女方送了3万元的彩礼，确立了婚约关系，并约定在2008年年底为二人举办婚礼。

春节过后，二人如约搭乘赶往北京的火车回到了北京的打工工厂继续工作，并继续交往。李秀芝也搬到了张向阳租住的房子一起居住，过起了同居生活，俨然一对幸福的小夫妻。每天下班回家，李秀芝像妻子一样开始买菜做饭、忙里忙外。张向阳也享受着家庭般的温馨。

然而，2008年10月的一个周末，二人下班回家后，李秀芝还像往常一样买菜做饭，张向阳在屋里上网玩游戏。李秀芝做饭间隙，从厨房来到卧室想跟张向阳说第二天一起去逛街买衣服的事。这时候张向阳正好去了厕所，李秀芝来到张向阳玩游戏的电脑旁，看到张向阳的QQ在闪动。

她打开一看，是一个叫女人花的女孩发来的QQ留言：“咱们明天几点见啊？”这让李秀芝感到既惊又怒。李秀芝又回看了一下之前的聊天记录，发现他们已经聊很久了，语言很是暧昧，甚至有一些很低俗的图片；二人还约好明天去北京欢乐谷玩……李秀芝正看张向阳的聊天记录时，张向阳走进来了，李秀芝质问张向阳怎么回事？

张向阳支支吾吾也没说出什么理由，为此，李秀芝对张向阳破口大骂，后来二人竟然大打出手。李秀芝一气之下搬离了张向阳居住的房子，也从家具厂辞职另寻工作，二人再无联系。

2009年春节前，二人各自回家过年，张向阳通过媒人王大妈向李秀芝提出解除婚约、退还彩礼的要求。被李秀芝一家严词拒绝，并称，是他张向阳做出了对不起李秀芝的事，男方有过错又提出解除婚约，按照当地习俗彩礼是不退的。

可是张向阳一家虽然觉得自己理亏，但是毕竟这个婚事已经没希望了，而且这3万元彩礼钱可都是自己辛辛苦苦几年积攒的。为此，张向阳委托了律师依法诉至当地法院，要求提出解除关系、返还彩礼。

李秀芝在答辩中反驳张向阳称：同意解除恋爱关系，但不同意返还彩礼，理由是：

一、张向阳在与自己同居生活期间有出轨行为，作为过错方无权要求返还彩礼；

二、彩礼是张向阳一方赠与给自己的财产，赠与行为已经发生不能撤销；

三、按照当地习俗，男方提出解除婚约彩礼不予返还，因此请求人民法院驳回原告张向阳的请求。

法院判决

依法解除二人的恋爱关系，并判令被告李秀芝返还原告给付的彩礼三万元，诉讼费五十元由被告承担。

律师说法

未登记结婚而解除婚约所收取的彩礼应依法予以返还。

关于彩礼纠纷的处理，《婚姻法》没有作出规定，根据《最高人民法院关于适用〈中华人民共和国婚姻法〉若干问题的解释二》（以下简称《婚姻法解释二》）第十条规定：“当事人请求返还按照习俗给付的彩礼的，如果查明属于以下情形，人民法院应当予以支持：（一）双方未办理结婚登记手续的；（二）双方办理结婚登记手续但确未共同生活的；（三）婚前给付并导致给付人生活困难的。适用前款第（二）、（三）项的规定，应当以双方离婚为条件。”

本案中，原告张向阳与被告李秀芝，自由恋爱并通过媒人确立了婚约给付了彩礼。但是在同居期间发生了纠纷并导致分手，根据最高人民法院的司法解释，张向阳有权依法要求李秀芝退还彩礼，因此人民法院作出以上判决。

按照乡土风俗，订立婚约要举行订婚仪式，婚约一方会向对方，或各自的父母、亲友向婚约人赠送订婚礼物，俗称“彩礼”。长期以来，在我国的司法实践中一直以赠与来对待彩礼问题。送彩礼的确是一种赠与行为，但它与一般的赠与有所不同，一般赠与具有单方性和无偿性的特点，而送彩礼则是适龄男女订立婚约的一种程序，是以将来结婚为目的的一种程序。

因此，彩礼可谓是一种特殊的赠与。其特殊性在于：

（1）赠送彩礼的目的在于缔结婚姻，而一般赠与不会带有什么特殊目的；

（2）当事人赠送彩礼并不一定是完全出于自愿，而往往是迫于民俗和习惯给的压力。这是一种附条件的赠与行为，而非无偿的无所求的赠与。当婚约解除时，结婚的条件已经不具备了，因此根据给付彩礼一方的要求，彩礼应该予以返还。

另外，律师需要特别提醒读者的是：

一、如果双方在只办理了结婚仪式而没有办理婚姻登记的情况下，由于不符合法定结婚的条件，彩礼仍然需要根据给付彩礼的男方的要求予以返还。

二、要求返还彩礼请求的诉讼时效为两年，自男方提出退还彩礼要求而遭到拒绝时开始计算。

20. 恋人分手时孩子应该归谁？

案情回放

年轻美貌的李岚不可抑制地爱上了自己的老板张俊，张俊的坦诚与能力深深地吸引着李岚，让李岚爱得一发不可收拾。张俊也很喜欢李岚，但由于他早已与赵敏订婚，自己的公司又是赵敏的父亲投资开的，所以他只能拒绝李岚的爱。他告诉李岚，自己没有办法对李岚负责，所以什么都不能做，只能把李岚放在心底。

李岚与张俊这种见不得光的爱让李岚倍感压抑，她真的不想再这样下去了，既然无法拥有，不如干脆放手的好。于是，在张俊与赵敏结婚的前一个月，李岚向张俊提出了辞职。

为了让李岚不再抑郁，张俊答应了李岚的辞职要求。就在要离开北京回老家的前一天晚上，张俊来送别李岚，李岚哭着向张俊提出了自己最后的一个唯一的请求："既然你什么都给不了我，给我一个拥抱总可以吧？在我们离别之前，抱一抱我行吗？我只想要你的一个拥抱……"面对李岚的哭泣，张俊再也抑制不住自己的感情，他第一次真正地放开了自己，激动地冲上去抱住了李岚，并与李岚发生了关系。

第二天，李岚就回了老家，到老家后她就听从母亲的安排，与张大旺订了婚。可就在结婚的前几天，李岚突然发现自己怀孕了，面对这突如其来的孩子，李岚既欣喜又担心，欣喜的是自己怀上了自己最爱的人的孩子，担心的是该怎么面对张大旺。母亲知道她怀孕后，为了她今后的幸福着想，就让她把孩子打掉，可倔犟的李岚真的很想要这个孩子，这是她与张俊爱的结晶啊！

就这样，她向张大旺隐瞒了自己怀孕的事实并与张大旺办理了结婚手续。然而，张大旺很快就发现了李岚对自己的隐瞒，他不堪忍受如此的羞辱，结婚刚三个月就跟李岚离婚了。离婚后的李岚，为了给孩子创造好的生活条件，就在同学的帮助下找了一份工作，可随着肚子一天天的变大，李岚最后只能在家休息了。终于，她与张俊的儿子李骁出世了，为了生这个孩子，李岚几乎花光了自己所有的积蓄。

生完孩子后，她的日子过得一天比一天艰难，而母亲也在这个过程中为了照顾他们娘俩病倒了，该怎么办呢？自己总得养活儿子、为母亲治病吧？此时的李岚想到了孩子的父亲张俊。于是，李岚抱着孩子又来到了北京。

此时的张俊与赵敏结婚已经一年有余，可赵敏却始终没能怀上他的孩子，去医院做了检查后才知道是赵敏的问题，估计有孩子的可能性很小。面对医生的诊断，张俊与赵敏很是无奈，正当张俊为此事烦恼之际，李岚抱着孩子出现了。

李岚跟张俊夫妻俩说明了自己现在的状况，并向他们借5万块钱，看在以前同事的分儿上，他们两口子同意了。看着李岚的孩子生得那么可爱，赵敏抱在怀里爱不释手，在赵敏与李岚的交谈中张俊无意间听到了孩子的出生日期，一下子就引起了张俊的怀疑。正好赵敏提出要单独带这个孩子一天，李岚不好意思拒绝就同意了，而张俊趁机就带孩子去医院做了亲子鉴定。

回到老家后的李岚用借来的5万块钱给母亲治好了病，正当她在为接下来的生计发愁之际，张俊找上门来了。原来亲子鉴定的结果出来了，张俊正是孩子的生父，张俊在向赵敏坦白后，与赵敏商量：由他们来抚养孩子，赵敏也同意了。于是张俊就找到了李岚，要求孩子由自己抚养，之前李岚借的那 5 万块钱不用还了，就当做这一年来孩子的抚养费了。

可李岚听了张俊的话后就是不同意，她觉得张俊太狠心了，孩子对自己太重要了。张俊说，自己这么打算也是为了孩子的健康成长考虑，是为了孩子好！无论张俊怎么跟李岚说，李岚就是不同意，无奈之下，张俊一纸诉状将李岚告上了法庭，请求法院判决孩子归自己抚养。

法院判决

法院在审理后认为，张俊与赵敏的家庭无论从经济上还是健康上都利于孩子的成长，故判决孩子归张俊抚养，李岚拥有每星期一次的探视权。

律师说法

子女抚养权的归属以有利于子女健康成长为基本原则兼考虑其他因素。

我国《婚姻法》第二十五条规定：非婚生子女享有与婚生子女同等的权利，任何人不得加以危害和歧视。所以，对于非婚生子女的抚养问题，具体可参照最高人民法院《关于人民法院审理离婚案件处理子女抚养问题的若干具体意见》中的有关规定。

1、两周岁以下的子女一般随母方生活。母方有下列情形之一的，可随父方生活：

（1）患有久治不愈的传染性疾病或其他严重性疾病，子女不宜与其共同生活的；

（2）有抚养条件不尽抚养义务，而父方要求子女随其生活的；

（3）因其他原因，子女确无法随母方生活的。

2、父母双方协议两周岁以下随父方生活，并对子女健康成长无不利影响的，可以准许。

3、对两周岁以上未成年的子女，父方和母方均要求随其生活，一方有下列情形之一的可予以优先考虑：

（1）已做绝育手术或因其他原因丧失生育能力的；

（2）子女随其生活时间较长，改变生活环境对子女健康成长明显不利的；

（3）无其他子女，而另一方有其他子女的；

（4）子女随其生活，对子女成长有利，而另一方患有久治不愈的传染性疾病或其他严重疾病，或者有其他不利于子女身心健康的情形，不宜与子女共同生活的。

4、父方与母方抚养子女的条件基本相同，双方均要求子女与其共同生活，但子女单独随祖父母或外祖父母共同生活多年，祖父母或外祖父母有能力帮助子女照顾孙子女或外孙子女的，可作为子女随父母生活的优先条件予以考虑。

5、父母双方对十周岁以上的未成年子女随父或随母生活发生争执的，应考虑该子女的意见。

6、在有利于保护子女利益的前提下，父母双方协议轮流抚养子女的，可予以准许。

本案中，因张俊的爱人赵敏丧失了生育能力，他俩又特别想要这个孩子，经济条件也不错，张俊与李岚的孩子由张俊夫妇抚养更有利于孩子的健康成长；而李岚虽是孩子的生母，但考虑到她没有工作，且还得赡养并照顾自己的母亲，抚养孩子确实困难，故判决孩子归其生父张俊抚养。

21. 办理结婚仪式后想离婚怎么办?

案情回放

许亮自幼丧父，母亲一人含辛茹苦地带着他们兄弟三人，一直未再成家，实为不易。如今，他们兄弟三人都已长大成人，两位哥哥也在母亲的张罗下娶妻生子，许亮的婚事自然也就成了母亲心里的头等大事。可许亮知道，母亲为了给两位哥哥成家，已经花光了这么多年来的积蓄，并且还因此负债累累，哪里还有钱再给自己成家啊?

许亮不想让母亲再为自己的事情操心了，他也不想让母亲再去求爷爷告奶奶的找亲戚朋友借钱了。孝顺的许亮在经过深思熟虑后决定：当别人家的上门女婿，这样自己家就不用再出彩礼钱了。许亮把自己的想法告诉了母亲，虽说母亲不愿儿子入赘到别人家，可这也确实不失为一个好办法。否则，又有哪家的姑娘愿意嫁到他们这个负债累累的家啊? 无奈之下，母亲同意了许亮的决定。

村里的媒人们知道了许亮决定给别人当上门女婿后，知道他也是一片孝心，就都纷纷帮着他介绍对象。2008 年，在相亲的过程中，许亮认识了家住县城边上的时小晨，许亮的高大帅气打动了身为独生女的时小晨，她很快就认同了这门亲事。

接下来，很自然的，许亮在与时小晨相处了三个月之后就决定结婚。于是，在时家父母的操办下，两人在时小晨的老家举办了结婚仪式，但却并未到民政部门去进行结婚登记。从此，许亮就入住到了时小晨的家里。

结婚后的许亮才明白，原来这上门女婿的日子是如此的难过。由于时小晨是家里的独生女，从小娇生惯养，什么家务都不会做。而时小晨的父母也什么活都让许亮来做，包括家里的一日三餐、洗衣服洗碗……许亮在家可是很少做这些的啊！长此以往，许亮感觉自己就像时家的一个佣人一样，并且还是免费的。这让许亮心里很不舒服，他越想越气，真不知道自己这样的日子何时才是个头。

这天，时小晨换完衣服后又交给许亮说："给，洗衣服去吧！"许亮极不情愿地说："不去！要洗你自己洗！哪有男人给女人洗衣服的道理啊！再说了，我又不是你家的佣人。"时小晨一听，也生气了："怎么了？让你洗个衣服又怎么了？你当初是怎么说的？你不是说会好好照顾我的吗？怎么让你洗件衣服都不肯啊？"

许亮说："我就是不洗，你能怎么着？"时小晨也急了，说："我再问你一句，你到底洗还是不洗？"许亮说："不洗！"话音刚落，许亮就被时小晨扇了一个耳光，许亮的脸火辣辣地疼，他被彻底激怒了，平日里压抑的怒火在这一刻全部涌上了心头，他不顾一切地和时小晨打了起来。瘦弱的时小晨哪里是许亮的对手啊，被许亮打了两下后就坐在地上大哭起来。

此时，时小晨的父母也在听到女儿的哭声后赶到了他们俩的房间，"好啊！许亮，你真是长本事了！能打老婆了！你居然敢在我家打我女儿，你还有什么不敢做的？"时小晨的父母一边训斥许亮，一边安慰着自己的宝贝女儿。面对时小晨父母的训斥，许亮没再说什么，毕竟他们是长辈啊！往后的日子还得过啊！

然而，让许亮不能够接受的是，时小晨居然对他不依不饶，非得让许亮给她跪下来道歉才肯放过许亮。要知道"男儿膝下有黄金"啊！许亮哪里受过这样的欺负，他说"好啊！时小晨，你也太不把我许亮当回事了吧？我许亮上跪天地，下跪父母。想让我跪你，门都没有！再说了，我又没有错！”时小晨则不以为然地说：“你在我家里就得听我的！否则你就走，永远都不要回来！”

“好！这可是你说的！走就走！”说完，许亮立即收拾了一下自己的东西，走出了时家的大门。几天后，许亮来到了当地法院，向法院提出了与时小晨离婚的诉讼请求。

法院判决

法院在调查核实后认为，许亮与时小晨只是举办了结婚仪式，并没有到婚姻登记部门办理结婚手续，两人属于同居关系。由于这其中并不涉及财产与子女抚养问题，所以法院不予受理许亮的起诉。

律师说法

同居关系纠纷法院不予受理。

我国民事诉讼是有条件的承认事实婚姻的。本案中，因为许亮与时小晨的结婚发生在 1994 年 2 月 1 日以后，所以两人属于同居关系。《婚姻法解释二》第一条明确规定：“当事人起诉请求解除同居关系的，人民法院不予受理。”所以，对于不涉及财产与子女抚养问题的解除同居关系的诉讼，法院不予受理。

这就告诉我们，如果双方只是办理了结婚仪式却没有领取结婚证的话，那么双方只是同居关系，并不属于法律上的婚姻关系，所以并不需要离婚。只要双方能够说清楚并处理好财产关系，直接分开即可。

22. 女方打胎男方要承担责任吗？

案情回放

彭天华与妻子翁美玲结婚已3年之久，彭天华非常喜欢孩子，他很想妻子能够给他生个孩子，不论是男孩还是女孩，他都喜欢。可妻子翁美玲是一个外企白领，她不想因为孩子而丢了工作，所以这么久了两个人一直都过着二人世界。

这次妻子的意外怀孕，让彭天华欣喜不已，他想既然怀上了，妻子总不能不要吧。可让他没想到的是，当他跟妻子讨论起未来孩子的样子时，妻子却面无表情地告诉他："孩子我已经去医院做掉了。"彭天华听了妻子的话气坏了："什么？你怎么不跟我说一声啊？孩子又不是你一个人的，你有什么权利去做掉？"

翁美玲看着彭天华生气的样子，便安慰他说："我刚换了一份新工作，总不能因为怀孕再丢了吧？再说，以咱们现在的经济能力，是养不起孩子的……"彭天华极不耐烦地打断了翁美玲的话："行了，不想生就直说，别给我找那么多借口！"翁美玲一听彭天华的话也急了："我就是不想生了，怎么了？想生你就找别人生去！别指望我！""好，这可是你说的，明天咱们就到民政局去离婚！""离就离。"

就这样，冲动之下的两个人都没有控制住自己的情绪，第二天就到民政局去办理了离婚手续。离婚后的彭天华伤心欲绝，整天的借酒消愁，他不明白自己这到底是怎么了？为什么彼此相爱的两个人最终却到了离婚的地步？

彭天华离婚的消息迅速传遍了整个公司，这让一直暗恋彭天华的刘菲菲欣喜不已，她觉得这正是属于自己的一个绝佳时机。她注意到了彭天华近来的低迷和消沉，这天晚上，正当彭天华烂醉如泥地倒在一家酒吧时，刘菲菲出现了，她顺势把彭天华带到了自己的家里。在酒精的作用下，彭天华与刘菲菲发生了关系。从此，刘菲菲开始了与彭天华的恋爱之旅。

虽说已经与刘菲菲同居生活在了一起，但彭天华的心里却始终忘不了翁美玲，忘不了两人在一起时的温馨与甜蜜。这天，刘菲菲居然在自己的家里发现了彭天华与翁美玲的合影，这让她异常的生气。她没想到自己这么久以来的以身相许却依然敌不过他们三年的夫妻感情。

刘菲菲生气地质问彭天华："为什么她的照片会出现在我的家里？你是不是想她了？想她了就去找她啊？你还来这里干什么？"面对刘菲菲的质问，彭天华说了句"不可理喻"就出去了。走在大街上的彭天华在犹豫，他真的想翁美玲了，可刘菲菲对自己也是一片真心啊！不知不觉中，彭天华走到了自家的小区里，在小区的公园里，他碰到了自己的前妻翁美玲。

望着突然出现的彭天华，翁美玲的眼中闪现出了惊喜的泪光，她情不自禁地扑到了彭天华的怀里，柔声说道："老公，对不起！我好想你！咱们复婚吧，我决定了，一复婚咱们就要一个孩子！""真的吗？""真的！""好！"翁美玲的温柔与体贴坚定了彭天华的决心，他当即就向刘菲菲提出了分手，第二天就跟翁美玲一起去复了婚，从此两个人再一次生活在了幸福当中。

两个月后，翁美玲真的怀上了孩子，她信守诺言，直接就向公司上交了辞呈。正当彭天华与翁美玲沉浸在将为人父母的快乐中时，彭天华却接到了刘菲菲的电话，原来，刘菲菲也怀上了他的孩子。

彭天华给了刘菲菲一万元钱并劝刘菲菲打掉孩子，可刘菲菲就是死活不同意，她还在期待彭天华能够回到自己身边，毕竟自己已经有了他的骨肉。可当她听说翁美玲也怀孕了之后，她彻底地失望了。考虑到自己毕竟还没有结婚，未婚妈妈需要经历很多的艰辛与痛苦时，刘菲菲退却了，只好去医院把孩子做掉了。

可是，一想到彭天华对自己的玩弄与不负责任，刘菲菲就气不打一处来。盛怒之下她将彭天华告上了法庭，要求彭天华对自己的打胎承担法律责任并赔偿自己的精神损失费两万元。

法院判决

法院在审理后认为，刘菲菲的怀孕是刘菲菲自愿与彭天华发生关系的结果，是双方的自愿行为。而刘菲菲的打胎也符合彭天华与刘菲菲各自的意愿，且彭天华已经给了刘菲菲一万元的打胎补偿，所以彭天华对此无需再承担法律责任。故驳回了刘菲菲的诉讼请求。

律师说法

因自愿性行为导致的怀孕，男方不存在承担侵权、违法犯罪等法律责任问题。

本案中，刘菲菲怀孕是她与彭天华自愿发生性关系的后果，而刘菲菲的打胎也是在双方商量后，共同决定的结果，且彭天华对刘菲菲的打胎已经给了一万元补偿。在这个过程中，并不存在胁迫、利诱、欺骗等行为。

而如果女方是在男方的胁迫、利诱、欺骗等行为下打的胎，男方就需要负法律责任了。不过，如果是自愿行为，虽然男方不必承担法律责任，但女方可以通过起诉要男方承担一部分因打胎而发生的医疗费、营养费、误工费等费用。

23. 父母有权干涉子女恋爱吗？

案情回放

刘云与丈夫王志伟离婚后，与女儿王莉娜相依为命。在她的努力与培养下，女儿王莉娜很争气地考上了名牌大学，毕业之后又顺利地找到了一份收入与待遇都相当不错的工作。刘云很是以女儿为骄傲，女儿王莉娜不仅出落得标致大方，还属于现代社会的白领阶层，这让她倍感欣慰。

然而，当她见到女儿带回家来的男友张学斌时，心里很是不满意。因为张学斌比女儿大 8 岁不说，而且相貌平平，收入也不高，只是个普通的打工者，怎么能够配得上自己的宝贝女儿呢？简直就是门不当户不对！所以，刘云表示出了极大的反对，但女儿却不以为然。

不得已，刘云私自请来了张学斌，开门见山地请他对女儿放手，可张学斌却说："阿姨，我跟莉娜是真心相爱的，您就成全我们吧！我和莉娜会好好孝敬您的。"这让刘云很是无奈，女儿得知此事后也对她大发雷霆，该怎么办呢？刘云眉头一皱，计上心来。

这天，女儿下班后在张学斌的陪同下回到了家里，但怎么敲门都没人开，于是她就用自己的钥匙打开了房门，走进屋来怎么喊妈妈也没人答应。当他们俩走进卧室时才发现妈妈卧病在床，莉娜着急地问妈妈哪里不舒服，刘云说自己浑身都疼，不能动也下不了地，这让从小与妈妈相依为命的莉娜很是担心，她要送妈妈去医院，但刘云却怎么也不肯去。

莉娜急得眼泪都掉下来了，说："妈，您说吧，我怎么做您才肯去医院？"刘云说："除非你和张学斌分手。"无奈之下，莉娜只能答应了妈妈的条件，向学斌提出暂时分开一段时间，先照顾妈妈身体。懂事的学斌表示支持莉娜的决定，他默默地选择了离开。

可让莉娜没想到的是，张学斌前脚刚走，妈妈就像变了一个人似的，居然自己下了床，眼里透露着隐藏不住的兴奋，这时的莉娜才明白——妈妈欺骗了自己，她这是在装病。一气之下，莉娜搬离了自己与母亲共处多年的小家，住到了父亲王志伟的家里。开明的父亲在经过与张学斌的聊天与谈心后，表示支持女儿的决定，张学斌的诚心与人品让他很是放心。

可是，当莉娜偶遇小区的混混刘军后才知道，妈妈居然把这个不着调的人认作了干儿子，还要让他住在自己的房间里。莉娜气愤不过，在张学斌的陪同下跑回家找到妈妈理论，刘云对莉娜说："没办法，我把你拉扯了这么大，你居然为了一个外人就不理我了。我总得找个给我养老送终的人吧！"莉娜生气地说："那你也不能为了一个外人把我赶出去吧？"刘云说："你是我的亲骨肉，我怎么舍得你？但你必须答应我两个条件。"

"你说吧！什么条件？"莉娜也很爱自己的妈妈。"第一，你必须马上搬回来住。""这个没问题。""第二，跟张学斌一刀两断……"还没等刘云说完，站在一旁的张学斌说话了："阿姨，您别说了，我不想因为我的存在破坏你们的母女感情，我现在就走，从此不再跟莉娜有任何往来。"说着，张学斌摘下莉娜买给自己的手表塞进了莉娜的手里，然后头也不回地走了。莉娜追至门口却被刘云给截住了。可怜两个真心相爱的人就这样被刘云硬生生地给拆散了。

虽说，刘云因此事很是高兴，但她不由得又为女儿担心起来。因为与学斌分手后的莉娜变得郁郁寡欢，天天就知道看着张学斌的手表发呆，茶不思饭不想的。不过，刘云又一想：刚分手都这样，时间长了就好了。不是说“时间是最好的良药”吗？所以，刘云也就没再往心里去。

结果，一周后的一天早上，王莉娜由于连续的营养不良导致在上班的途中晕倒后被好心人送到了医院。王莉娜的这一住院，惊动了刘云的前夫王志伟，当他知道刘云这一段时间以来的所作所为后很是气愤，要求刘云不得干涉女儿的自由恋爱。

对于王志伟的指责，刘云拒不悔改，并将女儿的户口藏匿起来不让女儿和张学斌办理结婚登记。无奈之下，女儿王莉娜以非法干涉婚姻自由为由，把刘云告上了法院，请求法院判决刘云不得干涉其婚姻自由，并要求判令刘云交出户口本协助王莉娜办理登记结婚手续。

法院判决

法院经过法庭审理后认为王莉娜和张学斌有自由恋爱的权利，刘云的行为违反了《婚姻法》不得干涉婚姻自由的强制性规定，故此，判决刘云不得干涉婚姻自由，并判令刘云交出户口本协助王莉娜依法办理结婚手续。

律师说法

《婚姻法》第二条规定：“实行婚姻自由。”婚姻自由，就是婚姻的当事人双方按照法律的规定，自主决定自己的婚姻，任何人不得强制和干涉。为了保障这一原则的实施，《婚姻法》

第三条还明确规定：“禁止包办、买卖婚姻和其他干涉婚姻自由的行为。禁止借婚姻索取财物。”

刘云以张学斌与王莉娜“门不当户不对”为由，屡次干涉两人的婚姻自由，不允许两人交往，甚至以断绝母女关系、拒不提供户口本等理由逼迫王莉娜与张学斌分手，最终导致女儿因此而精神不振，影响了工作与身体健康，无法依法办理结婚登记手续。刘云的行为已经构成了干涉婚姻自由的违法行为，应该认识到自身的错误。

我们不否认刘云的用心是出于母亲对女儿的爱，但是这种爱却无法得到女儿的认可，也无法得到前夫的肯定，当然更是一种违法的行为。在子女的婚姻问题上，作为父母只能给予子女适当的建议与忠告，但不能横加干涉，否则结果只能适得其反，甚至还会构成违法。

24. 子女有权干涉父母再婚吗？

案情回放

李文才今年60岁，老伴已去世多年，一双儿女也都成家立业，各自过起了自己的小日子。由于儿女都有各自的事要忙，根本分不开身经常往他这里跑。所以，自退休之日起他就过起了空巢老人的生活。对于李文才来说，他最希望过的就是节假日了，那样就可以看到自己的儿女和孙子孙女了。

由于不堪忍受独居生活的寂寞，李文才就经常去小区附近的公园里学跳舞。时间长了，他不仅舞跳得有声有色，还有了一个很谈得来的舞伴——55岁的岳美凤。5年前，岳美凤的爱人因病去世，为了不让女儿为自己操心，她也选择了跳舞，在跳舞的过程中她真正地走出了心灵的悲伤，再一次生活在了欢歌笑语中。

这天周末，李文才的儿子李攀一家三口过来看望他，李文才自然很是开心，他情不自禁地哼起了小曲。儿子李攀问道："爸，我看你最近精神不错嘛！有什么好事啊？"李文才笑笑说："嘿嘿，也没什么，就是最近经常去学跳舞，感觉生活比以前充实多了。"

李攀听了父亲的话后说："嗯！您是应该给自己找点事做。要不天天一个人待在家里也怪闷的。不过，爸，我可提醒您啊，可别给我找后妈哦！"李文才瞪了一眼儿子："小子，你还拿你爸开玩笑呢？”“哈哈哈……”李文才在儿子一家的陪伴中度过了周末。

随着日益的接触，李文才与岳美凤也成为了无话不谈的好朋友。两个人经常相约去医院检查身体或者参加社区组织的文艺活动，他们的感情在渐渐地升温。李文才越来越感觉自己离不开岳美凤了，岳美凤不在身边时，他总觉得少了点什么。而岳美凤也总会时不时地做些可口的饭菜给李文才送过去。对于彼此的感情，双方已经心知肚明，但是一想到自己的儿女，两个人就又都犯了愁：该怎么跟孩子们说呢？他们会同意吗？

就这样，日子一天天地过去了。一个星期天的上午，李文才的女儿李青在帮李文才洗衣服时，在李文才的上衣口袋里发现了一张一万元的借条，借款人是岳美凤。李青问父亲说：“爸，这是怎么回事啊？”李文才看了一眼说：“唉！看我这记性。这是你岳阿姨管我借的一万元钱，我说不用打条吧，她非得打，结果我没在意就忘了。”

李青听了父亲的话，生气地说：“什么，您借人家钱还不要借条？您跟她什么关系啊？她这么大年纪了借钱干吗啊？”李文才听女儿说话的口气不太好，也有点儿生气：“怎么了？我的钱我还不能支配了吗？什么关系，我正想跟你们说呢，我们两个决定结婚！”李青一听就急了：“爸，您怎么能这样呢？她这是图您的财产！不行！我不同意！我哥也不会同意的！”

李文才听了女儿的话也急了：“这是我自己的事情，跟你们没有关系，你们爱同意不同意。”女儿生气地回自己家去了，家里只留下了不被儿女理解的伤心的李文才。

原来，岳美凤的女儿高静因为单位效益不好下岗了，准备做点小买卖，但资金上还差一万元钱，于是李文才二话不说就拿出来一万元给岳美凤，为了证明自己还钱的决心，岳美凤还郑重地给李文才打了一张借条。

第二天早上，李文才与岳美凤又来公园里跳舞，岳美凤高兴地告诉李文才说：“我女儿高静同意咱们的事了。她说她不反对我找老伴，这样相互有个照应。”李文才听了，无奈地说：“还是你女儿懂事啊，我那一对儿女，都快气死我了。”

后来，经过多次的解释与沟通，李攀和李青怎么也不同意李文才和岳美凤的事，两位老人也不强求他们了，决定吃一顿结婚饭就去民政局结婚。想到结婚酒席上高静会在场时，李文才也很希望自己的一双儿女也能够在场。于是，他鼓起勇气决定最后通知他们一声。可令李文才没想到的是，酒宴上，他们兄妹俩是出现了，但却是拿着欠条出现的，他们非要让岳美凤当时就还上那一万元钱，否则就别想结婚。

对此，高静解释说：“钱我肯定会还的，咱们做子女的别为了这点事情让老人伤心好吗？给他们一个幸福的晚年吧！”可李攀和李青根本就不理会高静，依然不依不饶。面对这对儿女的蛮横无理，岳美凤带着女儿走了，李文才也被彻底地激怒了。最终，他以防碍自己婚姻自由为由，向法院起诉了自己的这一对儿女。

法院判决

法院在审理后认为，李攀与李青的行为已经严重干涉了李文才与岳美凤的婚姻自由，故依法判决：李攀与李青不得干涉李文才的婚姻自由。双方可协商处理好财产关系。

律师说法

老人也有婚姻自由的权利，任何人无权干涉。

在观念越来越开放的今天，面对父母的再婚，现实中仍然有很多的子女不接受、不支持。他们常常会因为情感隔膜或财产继承问题而片面地从个人感情出发，根本不能够理解孤身父亲或母亲的心理和生理需求，经常会以各种各样的原因加以阻挠。在这种情况下，有些父母往往会屈从于子女的要求，放弃再婚，结果就会给自己造成很大的精神痛苦与忧虑。

其实，子女是无权干涉父母再婚的。《婚姻法》第二条规定：实行婚姻自由、一夫一妻、男女平等的婚姻制度。保护妇女、儿童和老人的合法权益。《婚姻法》第三条也规定：禁止包办、买卖婚姻和其他干涉婚姻自由的行为。禁止借婚姻索取财物。再婚是每一位老人婚姻自由的权利，任何人都无权进行干涉。

25. 恋爱之间相互赠与的财产需要返还吗？

案情回放

年纪轻轻且时尚爱美的萧雨宣，大学毕业后在朋友的介绍下认识了文质彬彬的孟志强。孟志强是一家公司的普通职员，收入一般。两个人在初次见面后又交往了一段时间，彼此感觉都还不错，于是就确定了恋爱关系。

恋爱期间，两个人经常去外面游玩或去饭店吃饭，自然免不了会花钱。每次孟志强都会毫不犹豫地主动掏钱，他的大方让萧雨宣感觉这个男人确实不错，值得托付终身。可是，跟萧雨宣交往这几个月下来，孟志强的工资就没再存过，每个月都会花光。

同事看他乐在其中，就不无好意地提醒他说："阿强啊，现在的女孩可都不一般啊！你花这么多钱在她身上，万一哪天她把你甩了，你不就人财两空了吗？"同事的话一下子就触动了孟志强的神经，家境本就不富裕的他开始有了隐隐的担心，他问同事说："那能怎么办？难不成不谈恋爱？"

同事说："恋爱当然是要谈的啦！不过你可以记个恋爱账本，把你恋爱期间的所有开销都记上，再把发票留好。万一哪天她要是不愿意了，你就按账本上的数目让她还你，她若不还你还可以上法院告她去，发票就是证据。"孟志强觉得朋友的话很有道理，于是他就买了个本子专门用于记账。每次跟萧雨宣一起出去消费都不忘管人家要发票，萧雨宣只是觉得他要发票代表他细心，却并不知道他记账的事情。

这天，萧雨宣又来找孟志强，两人决定在孟志强的单身宿舍自己做饭吃。孟志强就让萧雨宣在宿舍里等他，自己则去超市买菜去了。萧雨宣看着孟志强乱糟糟的宿舍，就不由自主地开始帮他收拾起来。在收拾的过程中，萧雨宣无意中发现了孟志强的"恋爱账本"。

她感觉很好玩，结果打开一看，她的脸色就变得难看起来，孟志强的记录真的很详细："某月某日，在某饭店吃饭，花费一百元；某月某日，去某园旅游，花费八十元；某月某日，送萧雨宣笔记本电脑一台，花费四千元；某月某日，买裙子一条，花费两百元；某月某日，买手镯一对……"

每一项消费记录的下面都粘贴着当时的消费发票，这让萧雨宣看了很不舒服，他这是什么意思啊？难道想将来管自己要不成？就在这个时候，孟志强回来了。他看到萧雨宣手里的"恋爱账本"显得很是慌张，一下子就抢过来放枕头底下了。

此时的萧雨宣已经泪流满面，问他说："孟志强，你说，这到底是什么意思？"老实的孟志强低着头说出了事实："我是怕自己人财两空，这也是个凭证……""好！我知道了！既然这样，那你赶紧把刚才在超市里的开销也记上吧，我就不耽误你了。"说着，萧雨宣站起身就跑出去了。

面对萧雨宣的离去，孟志强并未太往心里去。可当他打电话给萧雨宣时，萧雨宣却不再接他的电话，去住处找时他也闭门不见，在单位门口等到她时，她会以各种理由离去。最终，他们俩的恋爱关系解除了。在伤心的同时，孟志强反而有点儿庆幸自己做了恋爱消费记录，他认为这就是证据，他要让萧雨宣赔偿他的损失。于是，他拿着账本到法院起诉了萧雨宣，以萧雨宣不当得利为由，请求法院判决萧雨宣返还自己两万元。

法庭上，萧雨宣认为，孟志强的两万元是买东西赠与自己以及两个人出外的共同花费，自己与孟志强是赠与关系，符合《合同法》中的赠与合同，是合法的，要回去没有法律依据，在道德层面也不提倡。并且萧雨宣还当场反问：孟志强身上的西服、衬衣、皮鞋、手表都是自己买的，难道自己也要折价要回不成？

法院判决

法院审理后认为，孟志强在与萧雨宣恋爱期间花费的两万元，是孟志强基于对萧雨宣的爱慕而主动给付的，应当属于赠与关系，而不是不当得利，故驳回了孟志强的诉讼请求。

律师说法

如今，随着社会生活水平的提高，男女双方在恋爱过程中的日常开销也越来越大，恋爱成本在逐步的增加。如果双方最终没能够结合，恋爱期间的花销确实也是一笔不小的开支。

恋爱期间的财产赠与有如下三种：1. 彩礼；2. 婚前赠与财产：如赠与房、车、首饰、衣服等财物；3. 互赠小礼物，礼尚往来。通常，法院遇到的类似于本案的恋爱期间的赠与纠纷诉讼会比较多。一般在遇到这些事时，关键点就在于要区分这些开支是否同于借婚姻索取财物的性质。如果是属于借婚姻索取财物的性质，就需要返还。

另外，法律规定，按照民间习俗收受的彩礼，当事人请求返还的，如果双方未办理登记手续，或者导致给付人生活困难的，法院应该支持。如果不同于借婚姻索取财物的性质，又不是彩礼，那么从法律上来讲就不应该返还。比如婚前赠与的财产、婚前互赠的小礼物，即使当事人没有缔结为婚姻关系，也是不能通过法律手段强行索回的。

由此可见，除了借婚姻索取财物或者按照当地习俗收受的彩礼外，恋爱期间双方互赠的财产、礼物是不用返还的。

26. 男友可以与不满14周岁的女友同居吗?

案情回放

13岁的李雪刚上初中一年级，由于自小父母离异，李雪一直跟随父亲生活在一起。但是父亲的工作很忙还经常出差，所以根本就无暇顾及李雪，父女之间的沟通与交流是少之又少。自小缺少父母关爱的李雪很是羡慕那些经常有父母陪着的同龄人，她多想自己的爸爸也能够有机会带自己去一趟游乐园或者去爬一次山啊！可在她的记忆中，爸爸除了忙还是忙，根本就不怎么待在家里，能够陪伴自己的只有这个空荡荡的家了。

于是在连日来的孤独与无聊中，李雪渐渐地学会了上网聊天和玩游戏，她整天沉迷于网络，学习成绩也因此一落千丈。不过她并不在乎，因为没有人会过问她的成绩，更没有人会关心她的心理，她就这样在一种缺少爱的氛围中无聊地活着。直到有一天，她认识了18岁的无业游民张强。张强的父母也是离异，后来父母就都各自成了家。他从小在奶奶的家中长大，整天游走于网吧和一些娱乐场所，花着爸爸妈妈偶尔寄给他的生活费。

这天，在溜冰场溜冰时张强撞见了李雪，李雪的可爱与古灵精怪引起了张强的好奇与兴趣，他总是有事没事地去找李雪聊天和玩乐。在交往中，李雪感受到了张强给予自己的大哥哥般的照顾与关怀。一个从没有感受到过爱的人，如今也有人关心了，李雪真的很开心。然而，毕竟张强已经成人了。在与李雪的交往中，张强把李雪带进了自己懵懂的爱恋中，并在李雪的惊愕与无知中与李雪发生了性关系。事后，二人就确定了恋爱关系。

后来，每逢周末，张强都会到李雪的家中去找李雪，两个人过着亲密而又相互依恋的生活。暑假时，张强干脆就住到了李雪的家中，与李雪一起过起了同居生活。

他们俩的行为引起了周围邻居的非议，有人悄悄地打电话通知了李雪的父亲。当李雪的父亲急急忙忙地赶回家中时，当场发现了李强，并拨打 110 报了警。

由于李雪还未满 14 周岁，检察机关就以强奸罪对其男友提起了公诉。法庭上，张强当场出示了自己被收押于看守所时李雪写给自己的情书“我生是你的人死是你的鬼，就算死也要死在一起”，想以此来证明二人是恋爱关系。并且，张强还声称自己与李雪发生关系时并不知道李雪还未满 14 岁。而李雪更是以断绝父女关系为威胁，要求父亲撤诉。

法院判决

法院在审理后认为，张强的行为已经构成强奸幼女罪，故判处其有期徒刑四年。

律师说法

与不满 14 周岁的幼女发生关系构成了强奸罪。

情窦初开的少男少女互生情愫并发生了性关系，这种情况在一般人看来似乎可以理解，实则触犯了法律。根据我国法律规定：行为人明知对方是不满14周岁的幼女而与其发生性关系，不论幼女是否自愿，均以强奸罪定罪处罚。由此可见，男友是不可以与不满14周岁的女友同居的。

另外，我国刑法还规定“强奸幼女并不以暴力手段及明知对方为幼女为必要条件”。据此推断，本案中，张强提出的并不知道李雪未满14周岁的辩护理由是不成立的，等待张强的将是法律的严惩。

27. 男友将女友灌醉发生关系算强奸吗？

案情回放

温文尔雅的赵静怡与豪爽冲动的汤俊朋是一对谈了三年恋爱的男女朋友，也是同班同学。大四上半学期，看着身边一对对的情侣都开始在外面找房子并同居在了一起，汤俊朋很是羡慕。他也好想与赵静怡一起租个房子住在一起，过只属于两个人的幸福小日子。可是，赵静怡会同意吗？汤俊朋陷入了深思。

这天，汤俊朋与赵静怡相约去图书馆看书，在从图书馆回来的路上，汤俊朋吞吞吐吐地提出了自己想与她同居的想法。这让向来惜身如玉的赵静怡一下子就涨红了脸，她生气地拒绝了汤俊朋的提议，迅速地跑向了自己的宿舍，任凭汤俊朋在后面怎么喊自己，赵静怡都没有回头，也没有理他。

之后的几天里，汤俊朋几次约赵静怡都被她找借口拒绝了，汤俊朋意识到了问题的严重性。这天，他终于在路口堵住了刚下晚自习的赵静怡并诚恳地向赵静怡道了歉，看着汤俊朋真诚的态度，赵静怡心软了，毕竟两个人都谈了三年了，感情不是说没就没的。

事情看起来就这么平息了，可汤俊朋的心里还是很纠结，他甚至因此认为赵静怡并不是真的爱自己。特别是当别的同学在他面前炫耀自己已与女朋友同居在一起时，他就会感到脸上火辣辣的，恨不得找个地缝钻进去。

一个星期六的下午，他到好友东子的住处玩，正好东子的女友出去做兼职了，他就在东子这里喝起了闷酒。东子看他闷闷不乐的样子，就问他怎么了，他在酒精的作用下道出了心中的苦闷，没想到好友东子听了居然乐了。

东子告诉他“女孩子是不会随便跟你同居的”。汤俊朋很是奇怪地问：“那你是怎么跟你女友同居在一起的？”东子笑笑说：“这是需要手段的。”于是，几杯酒下肚后，东子就道出了自己让女友同居的手段，汤俊朋听了之后才如梦初醒，他跟东子约好，下个周六趁东子的女友出去兼职之际他带赵静怡来东子这边。

又是一个周六，汤俊朋说是好友东子的生日，让赵静怡一起过去庆祝。赵静怡没多想就陪汤俊朋去了。当天中午，东子以生日为借口，一直向赵静怡敬酒，赵静怡不好推托，想想都是同学，也就没有防备。结果在东子的劝说下，她居然喝下了5瓶啤酒。随后，汤俊朋就扶着已经醉得不省人事的赵静怡走进了东子与女友的卧室，强行与神志不清的赵静怡发生了性关系。

清醒过来后的赵静怡失声痛哭，她没想到自己爱了三年的男友居然会这么对待自己。汤俊朋跟赵静怡解释说：“我这都是因为爱你，想跟你在一起啊！”赵静怡说：“爱？你别拿爱当借口了！爱的前提是尊重！可你是怎么对待我的？你太让我伤心了，我要告你们！”

最终，伤心欲绝的赵静怡委托律师报了警，很快汤俊朋被依法拘捕，并以涉嫌强奸罪被起诉到法院。

法院判决

法院在审理后认为，汤俊朋在违背赵静怡意愿的情况下，将其灌醉并强行与其发生了性关系，犯强奸罪，故判处汤俊朋有期徒刑四年。东子是从犯，犯强奸罪，判处有期徒刑三年。

律师说法

以灌酒、麻醉或者熟睡等方式与妇女发生性关系都构成强奸罪。

强奸罪，是指违背妇女意志，使用暴力、胁迫或者其他手段，强行与妇女发生性交的行为。从这个定义中我们可以看出，强奸罪有两个客观要件：

（1）具有使用暴力、胁迫或者其他手段，使妇女处于不能反抗、不敢反抗、不知反抗状态或利用妇女处于不知、无法反抗的状态而乘机实行奸淫的行为。

（2）违背妇女意志。

本案中，汤俊朋用灌醉女友的手段，使赵静怡处于一种不能反抗，甚至无法反抗的状态，并乘机强行与其发生了性关系，违背了赵静怡的意志，故构成了强奸罪。

28. 恋人将一方的裸照发到网上违法吗?

案情回放

事业有成的周佳南在大学毕业后就一直忙于事业，如今事业已经逐步地稳定了下来，可他的个人问题却让他的母亲很是揪心。老人家总盼着他能够早一点结婚，自己也好早一天抱上孙子，这是人之常情，可以理解。然而，周佳南在感情方面却一直没有任何进展，这已经成了他母亲的一块心病了。

一天，周佳南出去见客户，因为车辆限行，他不得不打车去约定地点。由于他过于着急，情急之下就将自己的钱包落在了出租车上，被后来上车的一位女乘客谢雨婷捡到了。当天晚上回到家里后，周佳南才发现自己的钱包不见了。母亲一边埋怨他的粗心大意，一边劝他赶快找个女朋友，身边有人提醒着就不会丢东西了。周佳南没想到母亲会把这两件事扯在一起，真是让他哭笑不得。

第二天一早，正当周佳南决定去银行挂失自己的银行卡并去派出所补办身份证时，门铃响了。周母开了门一看，是一个年轻美貌的年轻女子。原来，来人正是谢雨婷，她按照钱包中身份证上的地址找到了周佳南的家里，把周佳南的钱包还给了他。周母一下子就喜欢上了这个拾金不昧且又美丽善良的女孩，话里行间暗示自己的儿子：机会来了，一定要努力把她追到手！

谢雨婷只是一名极为普通的公司职员，她没想到，从她送还周佳南钱包的第二天起，就三天两头地有礼物和鲜花送来，这让身边的同事都羡慕不已，谢雨婷也有一种受宠若惊的感觉：究竟是谁送的呢？这天，当谢雨婷手捧鲜花走出公司的大楼时，碰到了已在门口等她多时的周佳南。她这才明白，原来这么多天来的礼物和鲜花都是他送的。

从此之后，周佳南便常在下班时间过来接谢雨婷，节假日的时候谢雨婷就会应邀去周佳南的家里做客，周母看到谢雨婷自然是合不拢嘴，很是开心。就这样，在几个月的交往中，周佳南深深地爱上了美丽善良的谢雨婷，而谢雨婷也被周佳南成熟的男人气质深深地吸引了。两颗年轻的心如胶似漆地连接在了一起。

半年后，在周母的张罗下，他们两个幸福地步入了婚姻的殿堂。然而，让谢雨婷倍感羞辱的事情发生了。原来，有人在网上公布了她的裸照，一张张的照片不堪入目，让谢雨婷羞愧难当。为此，公司辞退了她，一时间她成为了网上的红人。她真的好害怕，好难过。然而，让她更为难过的是，居然有人把电话打到了她的家里辱骂她，婆婆因此而不能够接受她，老公虽没说什么，但内心的纠结可想而知。

谢雨婷后悔了，她真的想一死了之，可让她没想到的是，在她吞下安眠药后居然被老公送到医院抢救了过来。老公安慰她说："婷婷，死是解决不了问题的！你怎么这么傻啊？你走了我该怎么办啊？"面对老公的理解与安慰，谢雨婷压抑了好多天的委屈与羞辱终于发泄了出来，失声痛哭。

原来，谢雨婷在认识周佳南以前与王博是恋人关系，在王博甜言蜜语的攻势下，谢雨婷与他同居住在了一起。可同居后的谢雨婷才发现，王博是一个好吃懒做、总是沉迷于网络游戏的人，为此他还丢了工作。丢了工作后他就干脆待在了家里，靠谢雨婷养活。谢雨婷在看清王博的真面目后决定与他分手，就在此时，她认识了周佳南。周佳南的出现更加坚定了她离开王博的决心。可令谢雨婷没想到的是，王博在自己离开时说的一句“我会让你好看”的话居然真的成为事实了！她原本以为那只是他的一句气话。

出院后的谢雨婷在老公和婆婆的支持与鼓励下咨询了律师，并在搜集证据后以侵犯隐私权为由将王博告上了法庭，请求法院判决王博删除所登裸照、当众并通过新闻媒体向自己道歉，同时赔偿自己因此而造成的误工费、精神损失费等共计10万元。

法院判决

法院在审理后认为，王博的行为已经构成侵犯公民隐私权，故判决王博于24小时内删除所登照片，并当众同时通过新闻媒体向谢雨婷道歉，给付谢雨婷因此而造成的误工费、精神损失费等共计十万元。

律师说法

故意散播别人的隐私应承担法律责任。

我国法律在名誉权、身体健康权以及隐私权等方面还没有明确的法律规定，对于此类的案件一般情况下会纳入“一般人格权”。根据最高人民法院的司法解释，一般人格权是享有保护原则的。

在此，律师提醒各位：平时一定要养成良好的自我保护的意识和行为习惯，特别是在自我形象和语言举止方面，切不可有侥幸心理，不要被别人的甜言蜜语所欺骗，一定要保护好自己的隐私。一旦发现有人侵犯自己的隐私，一定要注意收集证据，然后向法院提起诉讼并要求精神赔偿，以弥补自己因此而造成的损失。

第二篇

律师教你婚姻维权

29. 什么样的婚姻无效？

案情回放

路金娜从小就很喜欢唱歌，2005年高考落榜后，她就在朋友的介绍下加入了一个小乐队，经常参加演出。在路金娜的思想中，她一直希望自己有一天也能够像那些大明星一样，在舞台上唱歌时能有人给自己献上一束鲜花，向自己表示仰慕之情。

可她毕竟不是什么大明星，况且她去唱歌的地方也就是一些酒吧之类的场所，哪会有什么人给她送花？然而，让路金娜没想到的是，这天她刚唱完歌时，居然就真的跑上来一个小伙子，送了自己一束玫瑰花。路金娜手捧鲜花激动坏了，她被这突如其来的情景感动坏了，演唱结束后她就如约跟小伙子约会了。

小伙子名叫白小东，是附近村庄的一名无业人员，常去听路金娜唱歌，被她的美貌给吸引了，对她展开了猛烈的追求。就这样，在与白小东的频繁接触中，路金娜迷失了自己，她陶醉在了白小东的甜言蜜语中，并与他发生了性关系。

可不久后的一天，路金娜忽然发现自己有一个多月没来月经了，她顿时傻了："难道是怀孕了？"当她用早孕试纸测过后，她得到了肯定的答案。慌乱之中，她只好找到白小东商量，白小东则顺势让她跟自己结婚。路金娜当时犹豫了，结婚？这可是她从来都没想过的事，可不结婚自己的肚子一天天地大起来怎么办啊？无奈之下，路金娜只好答应与白小东结婚。

结婚之后，路金娜才发现，原来白小东是一个标准的“啃老族”，从小到大都生活在父母的娇生惯养中，家务事一件也不会做，在家里被父母宠得不成样子，除了睡觉就是玩牌，每天都不务正业。这样的日子让金娜几乎看不到未来，她真的很后悔选择结婚，她恨自己当初为什么那么傻、那么无知，可如今说这些还有什么用呢？日子还得过啊！

为了肚子里的孩子，路金娜选择了忍耐。然而公婆的态度让她更是伤心。公婆总觉得她就是个卖唱的，根本就不是什么好人，所以打心里就看不起她，还处处为难她。在她大肚子时依然不依不饶地让她做饭、洗衣服、干家务……所有这一切，路金娜都选择了忍，可最让她无法忍受的是公婆和丈夫对女儿的态度。

当公婆得知她生了个女儿时，期盼孙子的那股兴奋劲儿一下子就消失得无影无踪，丈夫也因为她生了个女儿而整天的在外面打牌不回家，这让路金娜感到很是委屈。终日因琐事和公婆发生着争吵，每当争吵之后她不仅无处诉说，并且还要迎接丈夫回家后的一顿暴打，这一切都让路金娜无法忍受，她想到了跟丈夫离婚。

可当丈夫白小东知道她有了离婚的念头后，怎么也不肯同意。白小东似乎意识到了问题的严重性，开始恳求路金娜不要离婚，可路金娜的心已经被伤透了，她明白这时候的白小东只是在担心他自己将来的生活，担心不好再找老婆，根本就不是在为她考虑。所以她严词拒绝了，白小东在路金娜的坚持中似乎妥协了。

然而，当路金娜与白小东一起到民政局协议离婚时，白小东却反悔了，他说夫妻吵嘴打架是生活中常有的事，他们夫妻感情并未完全破裂，所以不同意离婚。路金娜被白小东的出尔反尔气坏了，她真的不想再忍受公婆的指桑骂槐和丈夫的无赖了，一气之下，她在咨询律师后向法院提起了诉讼，请求法院判决自己与白小东的婚姻无效，并解除同居关系。

原来，路金娜在与白小东结婚时并未达到法定的结婚年龄，但看着自己一天天变大的肚子，路金娜知道不能再等了，于是在与白小东商量后，路金娜就拿着自己已故姐姐路丽娜的身份证与白小东进行了婚姻登记，因当时路丽娜的户口还未注销，所以他们就得以顺利地领取到了结婚证。

法院判决

法院在审理后认为，路金娜与白小东结婚时，向婚姻登记机关隐瞒了实情，用路金娜已故姐姐路丽娜的身份证登记结婚，其婚姻关系当属无效，不受法律保护。故判决路金娜与白小东属非法同居关系，依法予以解除，其女儿由路金娜抚养，白小东每月支付抚养费六百元至女儿18周岁止。

律师说法

未到法定结婚年龄，弄虚作假骗取结婚登记无效。

《婚姻法》第十条规定：有下列情形之一的，婚姻无效：

（一）重婚的；

（二）有禁止结婚的亲属关系的；

（三）婚前患有医学上认为不应当结婚的疾病，婚后尚未治愈的；

（四）未到法定婚龄的。

本案中，路金娜与白小东结婚时并未达到法定婚龄，却用弄虚作假的方法用其已故姐姐路丽娜的身份证去进行了婚姻登记，所以他们的婚姻关系是无效的，应当解除。律师提示你，结婚是涉及双方终身大事的问题，一定要符合结婚条件后再依法登记；弄虚作假搞到的结婚证一旦面临感情危机就会出现婚姻无效而权利难以得到保护的后果。

30. 哪些婚姻可以撤销？

案情回放

李小红的母亲在她很小的时候就因为不满李小红父亲李长贵的嗜酒、赌博以及家庭暴力而离家出走了。母亲走后，李小红就成为了父亲出气的对象，她终日生活于父亲的打骂和训斥中，直到高中毕业。

2005 年，高考落榜后的李小红在好心人的介绍下来到一家饭店打工。从此她就成了家中的顶梁柱，负责起了家中的所有开销，父亲也不再像以前那样训骂她了，相反有时候还会求她给点钱去喝点小酒或玩两把牌。虽然李小红不是很赞成父亲喝酒和打牌，但想想父亲这一辈子都这么过来了，就由他去吧。毕竟是把自己拉扯大的父亲啊，虽然他以前是对自己凶了点，但也许是母亲的出走给他造成的不良情绪吧？

这样一想，李小红也就不再记恨父亲了，反而为自己能够养活父亲而自豪。然而，让她没想到的是，随着李小红的步入社会，李长贵一下子就觉得肩上的担子轻了，于是又一次的对赌博蠢蠢欲动了。随着一天天的深入，他输的钱也越来越多。渐渐地，李小红每月的工资都支付不起了。

每次发工资后，李小红还没暖热就被父亲抢去打牌了，这让李小红感到很是悲哀。为了防止父亲越陷越深，李小红每次只是从单位领取仅够一个月生活费的工资，其余的则直接让单位打到自己卡上，这样即使父亲能抢到卡，但只要他不知道密码就取不到钱。

在李小红的控制下，父亲似乎真的有所收敛了，已经很久没再向她要钱了。为此，李小红很是高兴，她特意在自己的休息日专门为父亲做了几个可口的饭菜，想以此来庆祝一下。可是，当她刚坐下来跟父亲说话时，家里就闯进了几个不速之客，父亲一看见他们就要往里屋跑，最终还是被他们给抓住了。

李小红被这突如其来的变故给吓着了，听到父亲对她的呼救声，她才回过神来。原来，父亲背着她去打牌，欠了一大笔赌债没还，现在人家找上门来了，不给钱就要把人给带走。李小红怎么可能会让这帮人把他父亲带走呢？她承诺自己会替父亲把钱还上，可她却没想到父亲居然欠了人家20万元。面对如此巨大的一笔欠款，李小红不知该如何是好。要知道她辛辛苦苦一年最多也就能攒下一万块钱，哪有能力一下子还人家这么多钱啊？可也不能这样让他们把父亲带走啊？

正当她欲哭无泪之际，债主汪虎对她说："不带走你爸也行，不过有个条件……"李小红感觉有了希望，忙问："什么条件？"汪虎笑笑对她说："你嫁给我！"李小红一听，顿时气不打一处来，瞪了一眼汪虎说："无耻！"汪虎冷笑了一下，说："不嫁也成，不过你可甭怪我对你爸不客气！如果他还不上我的钱，我还会找你！"说着，就与来人一起架着李长贵要往外走。

面对汪虎的蛮横无理，面对李长贵的哭喊求救，想想那大山一样的巨额债务，李小红犹豫了。在汪虎即将出门之际，李小红喊住了他们："等等！好吧！我答应你！不过，你还得答应我一个条件。给我立个字据，我嫁给你之后，这20万元的欠款一笔勾销。"汪虎一听，笑笑说："没问题！"

就这样，在汪虎给李小红写了字据之后，李小红就与汪虎一起去民政部门领取了结婚证。在这种情况下缔结的婚姻注定了不幸福，婚后的李小红简直就成了汪虎家的佣人。不仅要伺候好他们一家老小的一日三餐，还要收拾家务，更可怕的是还要时常忍受汪虎酒后的大打出手和任意辱骂。

整日伤痕累累的李小红真的后悔死了，她好想一死了之，以结束自己这不幸的人生。正当她心灰意冷之际，饭店经理在报纸上看到的一个撤销婚姻的案例燃起了她的希望之灯，让她感到生活又有了盼头。

最终，结婚仅有6个月的李小红为了让自己脱离苦海，向当地法院提起了撤销婚姻关系的诉讼，请求法院依法撤销自己与汪虎的婚姻关系。

法院判决

法院在审理调查后认为，李小红与汪虎结婚前，汪虎确实存在以李小红父亲的人身自由和债务来威胁、恐吓李小红的言行。这一点，汪虎所立的字据也能够很好地证明。根据《婚姻法》的有关规定，法院最终判决撤销李小红和汪虎的婚姻关系。

律师说法

受到胁迫缔结的婚姻可以在一年内依法申请撤销。

《婚姻法》第十一条规定：因胁迫结婚的，受胁迫的一方可以向婚姻登记机关或人民法院请求撤销该婚姻。受胁迫的一方撤销婚姻的请求，应当自结婚登记之日起一年内提出。被非法限制人身自由的当事人请求撤销婚姻的，应当自恢复人身自由之日起一年内提出。

本案中，李小红是在汪虎的威胁利诱下才与他结婚的，并且李小红在结婚半年后就提出了撤销婚姻的申请，属于在法定期限内提出，完全符合《婚姻法》的规定，所以法院依法撤销其婚姻的判决是正确的。

法律规定“受胁迫一方的撤销婚姻的请求应当在自登记结婚之日起一年内提出。被非法限制人身自由的当事人应当自恢复人身自由之日起一年内提出”。如果超出了法定期限，就不应该以胁迫为由请求撤销婚姻了，只能通过离婚诉讼处理。

那么，什么叫受胁迫而结婚呢？《婚姻法》规定“因胁迫结婚的”，胁迫即一方以给对方或对方的近亲属的生命、人身自由、身体健康、名誉、财产等造成损害为要挟，迫使其违背自己的真实意愿而与之结婚的情况。因受胁迫而请求撤销婚姻的，只能是受胁迫一方婚姻关系中的当事人本人。

由此可见，撤销婚姻的结果与无效婚姻被解除的结果完全相同，都会被视为未存在婚姻关系。两者的区别在于：（1）无效婚姻可以在婚后任何时间内提出，而可撤销婚姻只能在婚后一年之内提出；（2）无效婚姻可以由当事人以外的其他人提出，而可撤销婚姻只能由受胁迫的一方当事人提出。

31. 如何约定夫妻财产归属?

案情回放

袁海洋与叶倩倩是大学同学，也是大学时期的亲密恋人。由于两人都崇尚西方文化，从恋爱开始，两人就是AA制。结婚前，为了避免今后的家庭纠纷，两人还特地到公证部门去做了婚前财产公证。这让向来传统的双方家长对他们都产生了很大的意见，感觉他们两人不像是在过日子，过日子的人怎么会分得那么清楚呢?

然而，结婚后，他们两人居然还瞒着大伙订了个君子协定：婚后个人所得的财产归各自所有。但却只限于口头和双方的行为，并未制订书面协议，也未找见证人见证。两人都认为，我们是相互信任对方的，只要彼此心照不宣就行了，何必再搞得这么正式呢?

本来恋爱时期的AA制和结婚前的财产公证就已经够让双方家长生气的了，如果再让他们知道两人还有个夫妻财产归属协议，岂不产生更多矛盾?那样对大家都不好。出于这样的考虑，两人在婚后只是偷偷地履行着相互之间的协议，却并未将此协议向大家公布。

2007年，袁海洋因生意上周转不过来，就向他们的同学张军借了10万元用于周转。当时，同学张军到家里来给袁海洋送借款之际，叶倩倩还专门提醒张军说：“我说张军，这可是袁海洋找你借钱，跟我可没关系啊！我们之间可是有夫妻财产归属协议的，万一要是他还不上你了，你可别找我啊！”

张军听了，则以为叶倩倩是在开玩笑，所以根本就没往心里去。他笑道：“哈哈，不就 10 万块钱吗？难道海洋还会赖账不成？”听了张军的话，袁海洋也乐了，说：“放心吧，张军。等我资金周转开了，马上就还你。”事情就这样过去了，可令三个人都没想到的是，结果却被叶倩倩不幸言中了。

2008 年，受全球金融危机的影响，袁海洋的公司彻底倒闭，只好关门了。可面对金融危机，张军的日子也不好过，他想用自己借给袁海洋的那 10 万元钱帮自己渡过难关。然而，当他打电话给袁海洋时，袁海洋的电话却停机了，去公司一看才发现，已经关门了。于是乎，张军就找到了袁海洋与叶倩倩的家里。

当张军说明来意后，叶倩倩告诉张军说自己也在找袁海洋，自从生意失败后他就失踪了，自己也已经有一个多月没有他的消息了，也在四处找他。张军说：“我很同情你们的遭遇，可这年月我也不好过。现在海洋不在家，你看你就把我那 10 万元还了吧！”

让张军没想到的是，叶倩倩居然拒绝替袁海洋还钱。叶倩倩对张军说：“张军，你有困难我也很难过，可我不能替他还这个钱。因为我们之间是有协议的，这个我当初可是提醒过你的。”张军一愣，猛然想起了当时叶倩倩说的话，他说：“哎！我哪儿知道你当时是这个意思？我以为你当时只是跟我开玩笑呢！这个钱你得还，你们是夫妻啊，这是共同债务，海洋不在家，你是有义务替他还的……”让张军感到生气的是，无论他怎么说，叶倩倩就是不肯替袁海洋还这个钱。最后，实属无奈的张军撂下一句话就走了：“咱们法庭见！”

法庭上，张军向法庭提交了当时袁海洋打的 10 万元的欠条。虽然叶倩倩说自己与丈夫袁海洋之间是有夫妻财产归属协议的，但却因为提供不出有力的证据和证人，张军又对他们的约定矢口否认，所以法院不予采信。

法院判决

法院在审理后认为，袁海洋在与叶倩倩夫妻关系存续期间张军借款十万元，事实清楚，证据确凿，当属夫妻共同债务，故判决叶倩倩和袁海洋共同偿还张军欠款十万元。

律师说法

婚姻财产约定如果债权人不知情，婚姻存续期间一方所欠债务由夫妻共同偿还。

《婚姻法》第十九条规定：夫妻可以约定婚姻关系存续期间所得的财产以及婚前财产归各自所有、共同所有或部分各自所有、部分共同所有。约定应当采用书面形式。没有约定或约定不明确的，适用本法第十七条、第十八条的规定。

夫妻对婚姻关系存续期间所得财产以及婚前财产的约定，对双方具有约束力。夫妻对婚姻关系存续期间所得的财产约定归各自所有的，夫或妻一方对外所负的债务，第三人知道该约定的，以夫或妻一方所有的财产清偿。

本案中，因叶倩倩拿不出自己与丈夫袁海洋有夫妻财产归属协议的证明，且张军承认他们之间有口头约定，所以就可以认为他们之间没有约定，故法院的判决是正确的。那么，在现实生活中，如果夫妻之间要约定财产归属问题，该如何做才能够真正地保护自己的权益呢？

首先，通过上述婚姻法的规定我们已经知道，法律是允许夫妻通过协议来确定财产归属的，但协议应当是书面的，白纸黑字写好且有双方签字认可的，最好能够有两个以上的无利害关系见证人，这样的书面证据可信度最大。

其次，双方必须具有完全的民事能力且约定的内容不得超过夫妻双方所享有的财产权利范围。

最后，协议的内容必须是双方意思的真实表示，任何通过欺诈、胁迫等手段达成的违背当事人意愿的内容都是无效的。

另外，《婚姻法解释一》第十八条规定：婚姻法第十九条所称“第三人知道该约定的”，夫妻一方对此负有举证责任。可见，在夫妻双方有书面协议的情况下，夫或妻是否替对方偿还债务的关键在于第三人是否知道双方约定。如果第三人知道双方的财产约定，夫或妻就不需要替对方偿还；反之，如果第三人不知道双方有财产约定，夫或妻就应当替对方偿还债务。并且，第三人知道双方财产约定的举证责任应当由主张者（夫或妻）承担。

32. 婚后所得都是共同财产吗?

案情回放

陈亚芳与张明启结婚已经三年了，张明启一直想要个孩子，可陈亚芳的肚子就是一直没有动静，虽然张明启并没说什么，但陈亚芳却明显地感觉到了丈夫对自己的冷淡。特别是在那次偶然间发现陈亚芳偷吃避孕药的事之后，张明启在生气之余，也开始渐渐地疏远陈亚芳了。从张明启的行为表现中，陈亚芳意识到了孩子对这个家的重要性，为了挽回丈夫的心，她就悄悄地不再吃避孕药了。

虽然丈夫对自己一直不冷不热的，但陈亚芳并未往心里去，她一直以为就是孩子的问题，只是在盼着自己能够早一点怀上孩子，这样丈夫就会向以前一样喜欢自己，不会再总去外面喝酒了。半年了，陈亚芳忽然发觉自己的月经好久没来了，于是她就兴奋地跑到医院做了检查，医院的检测报告证明了她的猜测——她真的怀孕了！

为了及时地把这个好消息告诉丈夫，陈亚芳一拿到化验单就立即拨通了丈夫的手机，可让她没想到的是电话那头却是一个女人的声音："你是张明启的老婆吧？我是杜雯，怎么？你老公没把我俩的事告诉你吗？我跟你老公在一起已经快一年了，并且，我现在已经有了他的孩子，他要跟你离婚，你就别再缠着他了……"

面对这突如其来的打击，陈亚芳顿时崩溃了，她不知道自己是怎么走出医院的，正当她呆若木鸡地走向马路的时候，却没注意到已经过来了一辆奔驰而来的轿车，随着一声急促的刹车声，陈亚芳倒在了血泊中。

张明启在接到消息后迅速地赶到了医院，可此时已经晚了，不仅孩子没了，陈亚芳也变成了残疾，她的下半辈子将永远与轮椅做伴了。无论张明启怎么解释，陈亚芳都听不进去，她生气地把张明启赶出了病房。

三个月后，陈亚芳康复出院。张明启还是把她接到了家里照顾。张明启跟她解释说：因为之前夫妻之间的隔阂，所以他有点儿心灰意冷，整天的闷闷不乐。一天，中午休息时，他正心情烦闷之际，听到办公室外面的走廊中有人争吵的声音，他顿时气不打一处来，立即冲了出去。原来是同事杜雯的老公正在管杜雯要钱打牌，杜雯不给他就要动手，这时，张明启冲上来就把他给赶走了。

从此，杜雯走进了他的生活。彼此婚姻的不幸让他们俩惺惺相惜，逐渐地发展成为了情人关系。虽然如此，但张明启却并没有放弃陈亚芳的意思，可让他没想到的是杜雯却迅速地跟自己的老公离了婚要跟张明启名正言顺地生活在一起，正当张明启不知道该怎么办之时，杜雯却怀孕了。更令他没想到的是，自己去洗手间之际，杜雯居然接了自己的电话，把这一切都告诉了陈亚芳……

听了张明启的解释，陈亚芳并没有说什么，其实在她的心里已经不想跟张明启生活在一起了，这样的婚姻还有什么意义？只是现在的她生活已经不能自理，该怎么办呢？半年后，陈亚芳得到了肇事者的赔偿共计 200 万元。

于是，她的心里有了主意，她把这笔钱存了起来，用于今后的后续治疗和生活所需。之后，她又雇了一个保姆照顾自己的生活起居。在咨询律师并收集了相关证据后，陈亚芳以感情破裂为由向法院提起了诉讼，请求法院判决自己与张明启离婚，并以张明启出轨为由要求多分财产。

法庭上，张明启觉得自己在陈亚芳出事后也尽到了扶养义务，所以要求平分房产和陈亚芳的赔偿款 200 万元。

法院判决

法院在审理后认为，张明启与陈亚芳夫妻感情确已破裂，准许离婚。但由于张明启是过错方，所以判决价值一百万元的房产归陈亚芳所有，由陈亚芳支付张明启四十万元；对于陈亚芳的赔偿二百万元则属于陈亚芳的个人财产，故不予分割。

律师说法

因遭遇人身伤害获得的赔偿款属于个人财产。

《婚姻法》第十七条规定：夫妻在婚姻关系存续期间所得的下列财产，归夫妻共同所有：

（一）工资、奖金；

（二）生产、经营的收益；

（三）知识产权的收益；

（四）继承或赠与所得的财产，但本法第十八条第三项规定的除外；

（五）其他应当归共同所有的财产。

夫妻对共同所有的财产，有平等的处理权。

但《婚姻法》第十八条规定：有下列情形之一的，为夫妻一方的财产：

（一）一方的婚前财产；

（二）一方因身体受到伤害获得的医疗费、残疾人生活补助费等费用；

（三）遗嘱或赠与合同中确定只归夫或妻一方的财产；

（四）一方专用的生活用品；

（五）其他应当归一方的财产。

由此可见，并非所有的婚后所得都属于夫妻共同财产。虽然《婚姻法》规定，夫妻婚姻关系存续期间所得的财产归夫妻共同所有，并且还界定了共同财产的范畴。但《婚姻法》中还规定：一方因身体受到伤害获得的医疗费、残疾人生活补助费等费用归一方所有。

本案中，陈亚芳在车祸后因身体和精神受到严重伤害而获得赔偿当属个人财产，所以，张明启是没有权利进行分割的。另外，夫妻相互有扶养的义务，所以张明启在车祸后对陈亚芳的照顾是他的职责所在，不能因此而要求分割陈亚芳的个人财产。

33. 一方私自处理财产如何是好?

案情回放

张晶与丈夫林桐在大学毕业后共同创业，经过一番打拼后，两个人闯过了风雨飘摇的难关，公司逐步走向了稳定。看着已经渐渐走上正轨的公司，张晶很是欣慰，她放心地把公司的一切事务都交给了丈夫打理，自己则安心地退居二线，回到家中为要孩子作准备，也好负责丈夫的生活起居以及家中的日常生活。刚开始时，这种“男主外女主内”的生活确实给张晶带来了很多的欢乐，她感觉到了从未有过的幸福。

随着时间的推移，儿子出世了，更是为他们这个小家带来了很多的欢声笑语。张晶在收获快乐的同时，觉得自己当初毅然回家相夫教子的决定是正确的，也是很值得的！她天真地以为，这样的生活会一直持续下去，自己这一辈子都会如此的幸福甜蜜。直到有一天，家里的宝马车不翼而飞，张晶才感觉到了事情的不对劲。

最近一段时间以来，张晶发现丈夫回家时不再开自己心爱的宝马车了，一直是一辆黑色的奥迪，为此张晶感到很奇怪。这天，张晶问丈夫：“林桐，咱家的宝马车呢？怎么最近一段时间没见你开啊？”面对张晶的问话，林桐似乎显得有点儿紧张，他怔了一下说：“哎！我正在考虑要不要给你说这事呢！宝马前一段时间在单位附近丢了，我怕你担心，所以就没敢告诉你……”听了林桐的话，张晶惊呆了：“什么？丢了？那你报警了吗？警察怎么说？”林桐告诉张晶说：“已经报警了，相信警察很快会查获的。”痛失宝马的事情，张晶一下子还真有点儿接受不了，想想自己的心爱之物忽然间就没了，怎能不难过呢？

为了能够早日找到犯罪嫌疑人，张晶有效地利用起了家里的网络，可她上网一查却发现，自己的宝马车并没有换牌照，最近还有违章记录，只是车主已经不再是丈夫了，而是一个名叫王菁的女人。这是怎么回事？难道是她买了赃车？张晶一时想不明白，于是她赶紧地就报了警。经过警察的参与，事情最终大白于天下。

原来，王菁并不是买的赃车，事实是自己的丈夫自愿把自己心爱的宝马赠与了这个叫王菁的女人。到此时，张晶才明白，丈夫之前所谓的应酬，其实都是他在外面鬼混的借口，他早已背着自己夜夜笙歌、纸醉金迷了。他不仅背叛了自己，还将自己的心爱之物送给了别的女人，张晶真是伤心欲绝啊！

面对张晶的痛哭流涕，林桐解释说，其实自己是在一次醉酒之后进入王菁的圈套的。王菁是林桐的一个大客户的秘书，一次，林桐在与客户应酬时喝多了，醒来后却发现自己与王菁睡在了一起，王菁当时要挟林桐让他补偿自己，否则就把他们之间的事告诉张晶，林桐无奈之下只好答应把宝马车送给王菁，王菁才没再说什么。所以他们就去办了过户手续，之后宝马车就归王菁所有了。

听了林桐的话，张晶原谅了他，可她就是咽不下这口气，该怎么办呢？难道自己的财产就这样白白送给别人了吗？哪有这样的道理！正当张晶犯愁之际，林桐告诉她，其实这些日子以来自己一直在想办法要回宝马车，但苦于没有王菁要挟自己赠与她车的证据，所以没有办法将其起诉。听到“起诉”二字，张晶猛然想到了她的一个律师朋友，于是她赶紧拨通了朋友的电话，在咨询律师后，张晶笑了，因为她已经有了要回宝马车的十足把握。

第二天一早，张晶就委托律师将丈夫林桐和王菁告上了法庭，以林桐未经自己同意就擅自处理共同财产为由，请求法院判决王菁返回自己的宝马车。

法院判决

法院在审理后认为，宝马车是张晶与林桐在夫妻关系存续期间购置的，应属于夫妻共同财产。对于夫妻共同财产，作为丈夫的林桐没有经妻子同意就擅自赠与他人是无效的。故判决王菁返还宝马车。

律师说法

夫妻一方擅自将共同财产赠与第三方无效。

最高人民法院《婚姻法解释一》第十七条规定：夫或妻非因日常生活需要对夫妻共同财产作重要处理决定，夫妻双方应当平等协商，取得一致意见。并且《婚姻法》也规定：夫妻在婚姻关系存续期间所得的财产，归夫妻共同所有，双方另有约定的除外。也就是说，只要是在夫妻关系存续期间购置的财产，即便只是一方出资的，也属于共同财产，如未经双方协商同意，谁也不得擅自处分。

最高人民法院《关于贯彻执行〈中华人民共和国民法通则〉若干问题的意见（试行）》第89条规定：共同共有人对共有财产享有共同的权利，承担共同的义务，在共同共有关系存续期间部分共有人擅自处分共有财产的，一般认定无效。所以，本案中林桐未经妻子张晶同意私自将自家的宝马车赠送他人的行为是无效的，法院的判决是正确的。

在此，律师提醒广大读者朋友：一、如果婚前个人财产较多，最好能够在婚前办理财产公证，以保护自己的合法权益。二、在婚后取得财产，要注意保存购置财产的各种票据、合同及证件，以便对家中财产做到心中有数。对于全职太太，还需要关注一下企业的经营状况或投资行为，尽量掌握家中财权，以免对方隐瞒财产。

34. 男方给小三买的房、车归谁?

案情回放

廖红英的丈夫罗斌在出差时遇车祸不幸丧生，同时离世的还有陪同丈夫一起出差的秘书王芳。廖红英在悲痛中无奈地接受了这个现实，可接下来发生的一切却让她发现了丈夫隐瞒她很久的秘密。

这天，廖红英正在家中伤心地整理着丈夫的遗物，门铃声急促地响起，她打开门一看是个陌生男人。男人告诉廖红英，他叫刘超，是搞装修的，一个月前罗斌找他装修房子后，装修款只付了 1 万元，余款 5 万元还没付，但因为罗斌不在了，他只好来找廖红英了。

廖红英很是吃惊，他们家最近根本就没装修过，这怎么可能呢？但面对刘超手里的欠条，她无言以对，因为那确实是她丈夫罗斌的字迹。为了搞清楚这是怎么一回事，廖红英让刘超再宽限几日，并问清楚了刘超所装修房子的具体地址。

之后，廖红英翻遍了丈夫的遗物及家里的东西，只找到了丈夫的一串钥匙，根本就没有发现房产证及购房发票。于是，廖红英来到了丈夫留给自己的公司，找到了财务小王，在小王的帮助下，廖红英终于见到了那张购房发票。不仅如此，与此同时，廖红英还发现了同一时间购买了一辆新车的发票，可房产证在哪里呢？车又在哪里呢？难道在新房那边？

带着疑问，廖红英来到了丈夫的新房，刚刚打开房门，她就被映入眼帘的一张照片给震住了。这不是王芳和丈夫的照片吗？他们什么时候在一起的？我怎么就不知道呢？霎时间，廖红英的心里就像打翻了五味瓶一样很不是滋味，可他们都已经不在了，自己又能怎么着？廖红英将他们的新房翻了个底朝天却也没能找到房产证，更没在小区里发现丈夫新买的汽车。无奈，廖红英只好先回了自己的家。

第二天，廖红英便找到财务小王，让她看看公司账面上有多少钱，看能不能把刘超的钱先还了。虽说丈夫罗斌背叛了她，可她并不希望罗斌死后还背着债务啊！可令她没想到的是，公司的账面上亏损严重，别说付刘超的钱了，如果廖红英不赶快注资的话公司很快就会倒闭。

该怎么办呢？廖红英想到了卖房，既然找不到新房的房产证，就把自己的老房子卖了，自己住到新房去，至少这样不会让罗斌再背债了，也可以让公司起死回生，不枉费罗斌一生的经营。就这样，廖红英把自己住的房子卖了，还了刘超的债，还给公司重新注入了资金。

可让她万万没想到的是，当她拖着行李，疲惫地走到新房门口时，却怎么也打不开新房的门了——锁被别人给换了。会是谁呢？廖红英气急败坏地按响了门铃。门开了，是一位陌生男人，他是谁呢？男人自我介绍说他是王芳的老公郑宇，这是他老婆留给他的房子，他理所当然的就是这个房子的主人了。

廖红英说这是丈夫买的，理应归自己所有，可郑宇却说："那我不管，反正房产证上写的是我老婆的名字。不信你看看？"原来房产证在郑宇手里，上面确实清晰地写着王芳的名字。那车呢？原来车也落在王芳的名下，已经归郑宇使用了。面对这突如其来的打击，廖红英真的忍无可忍了，她与郑宇吵了起来，可郑宇根本就不理她这一套，一下子就把门给撞上了。

廖红英简直要崩溃了，她只好去了婆婆那里。原本她是不想要婆婆知道这些事的，她怕刚刚经过丧子之痛的婆婆经受不了这个打击，可她现在已经不知道该怎么办了。当婆婆听了廖红英的哭诉后，她感动于廖红英对儿子的情分和对自己的孝心，并替儿子向廖红英道歉。

“可咱不能就这么算了啊？那可是我儿子买的房和车，为什么就落到别人的手里了呢？红英，咱们不是有发票吗？咱们可以去告他啊？”一句话提醒了梦中人，廖红英决定用法律的武器保护自己的权益。

通过详细的咨询律师后，廖红英委托律师一纸诉状将郑宇起诉到了北京市某法院：以丈夫给王芳买的车和房为夫妻共同财产为由，请求法院判决丈夫赠与王芳的房和车无效，要求郑宇退回所占有的房子和车子。

法院判决

法院认为，罗斌在与廖红英婚姻关系存续期间所得财产为夫妻共同财产，在未经夫妻一方同意的情况下赠与他人是无效的。罗斌私自购买房子和车子赠与王芳的行为违反了婚姻法的规定、损害了廖红英的合法财产权，故法院判决赠与行为无效。

律师说法

《婚姻法》第十七条规定：夫妻在婚姻关系存续期间所得的下列财产，归夫妻共同所有：

（一）工资、奖金；

（二）生产、经营的收益；

（三）知识产权的收益；

（四）继承或赠与所得的财产，但本法第十八条第三项规定的除外；

（五）其他应当归共同所有的财产。

《婚姻法》第十七条第二款规定：夫妻对共同所有的财产，有平等的处理权。即对于夫妻共有的财产，夫妻双方享有平等的管理权和支配权。夫妻任何一方违背他方意愿擅自处理共同财产的，都构成了对他方合法权益的侵害。

最高人民法院《关于贯彻执行〈中华人民共和国民法通则〉若干问题的意见（试行）》第89条规定：在共同共有关系存续期间，部分共有人擅自处分共有财产的，一般认定无效。

本案中，罗斌瞒着妻子廖红英将用夫妻共有财产购买的房与车赠与王芳，这种行为严重损害了廖红英的财产权益，所以，这种赠与行为应属无效。因此，郑宇应该将房子和车子返回廖红英。

基于我国法律的规定，夫妻共同财产的产生源于夫妻关系的存在。如果夫妻双方并未就共同财产提前约定，除法律另有规定外，婚后所得财产就是夫妻共同共有的，并不能够按份共有，而应视为一个不可分割的整体。夫妻双方共同享有财产所有权，一方未经另一方同意不得擅自处分，除非受赠人是善意取得财产。但本案中，王芳作为罗斌的秘书对罗斌与王芳系夫妻关系应该明知，不属于善意取得。

35. 父母借给的钱有必要打借条吗？

案情回放

孙朋和于娇恋爱三年后终于喜结连理，由于结婚时并没有买房，所以结婚后就跟孙朋的父母住在一起。在同一个屋檐下住着的两代人，一开始还好，但随着日复一日的相处，婆媳之间的矛盾日益显著。婆婆总是埋怨于娇的懒惰和浪费，以及对孙朋的任意使唤；于娇则很是厌烦婆婆的唠叨和封建。随着矛盾的升级，于娇实在受不了了，于是向孙朋提出了买房的要求，这样两个人就可以搬出去单过了，再也不用看婆婆的脸色了。

孙朋虽然不愿意和父母分开，但为了今后的家庭团结，只好同意了于娇的要求。于是，两个人便开始兴高采烈地看房了。

2007 年 3 月，孙朋和于娇看中了一套商品房，房子的户型很好，交通也很方便，但价格却大大越出了两人的承受力，凭他们小两口的那点积蓄根本就买不起。该怎么办呢？两个人陷入了苦恼之中。忽然，于娇灵机一动，对孙朋说："对了，你爸妈那儿不是有钱吗？而且完全可以够咱们的首付了。"

孙朋听了，摇摇头说："那可是他们老两口一辈子的积蓄啊！是他们用来养老的钱，不能动的！"于娇则说："反正他们存着也是存着，现在又没什么需要，就当是咱们借的呗！将来咱们有钱了再还他们不也一样吗？"孙朋听了于娇的话觉得也有一定的道理，于是就去找父母商量了。

孙朋的父母虽然不想与儿子分开，但看到小两口去意已决，也就没再说什么。这时听儿子说买房的钱不够，二话没说就拿出了自己的全部积蓄30万元，交给了孙朋。孙朋感激地对父母说："爸，妈，你们放心，等我赚到钱一定会把你们的钱还上的。"孙朋的父母则说："什么还不还的？我们这一辈子还不都是为了你吗？你要是有钱给我们当然好，你要是没钱我们也不能逼你啊！"拿到钱后，孙朋要给父母打借条，但却被父母给推辞了，他们想：一家人还打什么借条啊？

看到孙朋带回来30万元，于娇可谓是乐翻了天。第二天他俩就拿着父母给的30万元去付了房子的首付。很快，房子的钥匙就拿到了，房产证上也写上了孙朋和于娇的名字，两人用自己平时的积蓄装修了房子，然后就高高兴兴地搬过去了。可这自由快乐的二人世界还没过多久，新的矛盾就又产生了。

虽说向孙朋父母借的那些钱让他们付了首付，可接下来的贷款压力也不小，两人每月还要归还2000多元的银行贷款，这让收入本就不多的小两口的日子过得有点儿捉襟见肘。平时大手大脚惯了的于娇到现在才了解到生活的不易，经济上的不宽裕使她烦恼不已。她开始埋怨孙朋的无能与收入不高，开始拿自己的老公与别人的老公攀比，在攀比中她越来越瞧不起孙朋，两人的争吵也日益加剧，最终两人的婚姻走到了尽头——孙朋由于受不了于娇的指责与埋怨提出了离婚。

在协议离婚时，于娇要求平分房产，但遭到了孙朋的强烈反对。孙朋认为房子的首付款是借父母的钱付的，而购房贷款又大部分都是他还的，如果分一半给于娇对他家来说就太不公平了。为此，孙朋的父母也后悔不已，为了帮儿子买房，他们老两口拿出了自己毕生的积蓄，原以为可以帮儿子过上幸福的日子，可却没想到会是这样的结局。

面对孙朋的反对，于娇一纸诉状把孙朋起诉到了法院，以和孙朋感情不和为由，要求法院判决两人离婚并平分房产。

就在此时，孙朋的父母也把孙朋和于娇一起告上了法庭，要求其二人归还借款30万元，并向法院提交了一张由孙朋出具的借条。法庭上，孙朋完全支持父母的诉讼请求，称30万元确实是借款，并表示会尽力还钱。而于娇却表示，那30万元是公婆自愿赠与他们买房用的，不是借款，孙朋打借条的事她并不知情，她怀疑借条是近期才补的，所以不同意还钱。

法院判决

法院在审理后认为，孙朋父母所出具的借条上仅有孙朋一人的签名，既没有注明借款事由，也没有于娇的签字确认，不足以认定三十万元是两位老人对小两口的借款。两位老人在儿子结婚后为小两口购房出资，该出资应认定为对夫妻双方的赠与。据此，法院驳回了两位老人的诉讼请求。

孙朋和于娇的离婚诉讼随后也判决结案，房子被认定为夫妻共同财产，于娇获得房产的一半产权。

律师说法

亲兄弟也要明算账，为避免空口无凭，亲人之间借款也要立字为据。

现实生活中，当子女与父母之间有金钱交往时，当事人往往都认为是一家人而不打借条。甚至大多数父母在借给子女钱时并不指望子女还钱，所以自然也不会要借条。然而，这样会为自己埋下潜在的法律风险。

本案中，孙朋的父母借给儿子30万元买房，其实从内心来讲也没指望他们还钱，所以也就没让孙朋打借条。他们只是希望自己的儿子与儿媳能够好好过日子，却没料到他们的日后婚变。结果，闹上法庭却因为证据不充分，儿媳妇也不认可，因而败诉。

这就提醒我们每一个为人子女的人，在借父母钱的时候一定要打借条，不管父母指不指望你还这个钱。尽管法律中有很多的相关规定，但法律讲究的是证据，如果想要避免不必要的纠纷，向亲友借款时，应立下借据，注明款项的用途，并要求自己的配偶在借条上共同签名。只有这样，才能保障自己及亲友的权益不受侵害。

另外，需要提醒各位的是，2011 年 7 月 4 日，最高人民法院出台了《最高人民法院关于适用〈中华人民共和国婚姻法〉若干问题的解释三》（以下简称《婚姻法解释三》），其中第七条规定：婚后由一方父母出资为子女购买的不动产，产权登记在出资人子女名下的，可按照《婚姻法》第十八条（三）的规定，视为只对自己子女一方的赠与，该不动产应认定为夫妻一方的个人财产。因此，如果当时房产证只登记了孙朋一个人的名字的话，按照该司法解释，该房产应该属于孙朋个人所有。

36. 父母给买的房子算不算共同财产？

案情回放

高军和张岚恋爱已经有三年了，两人商量着决定结婚，于是就把双方父母聚到了一起。这天高军带着自己的父母在饭店里专门宴请了张岚和张岚的母亲。双方正在为儿女的婚姻商量之际，忽然间就撞进来一个人，来人二话不说就先给高军的母亲吵了起来。原来，来人是高军的生母陆玉梅。

在高军很小的时候，陆玉梅就与高军的父亲离婚了，为了能够让高军得到很好的照顾，高军的父亲又娶了现在的妻子尤丽英，为了照顾高军，尤丽英结婚后就未再生育，一直拿高军当自己的亲生孩子看待。如今，高军要成家了，尤丽英自然就作为家长来见亲家母了，可没想到得知消息的陆玉梅也不肯罢休，特地赶来凑热闹。陆玉梅的出现让一场原本欢欢喜喜的订婚宴不欢而散。

回到家后，张岚的母亲说什么也不同意把自己的女儿嫁给高军了，她怕自己的女儿到婆家后受气，这两个婆婆可都不是容易对付的人啊！面对这种情况，高军和张岚彻底地犯了难，该怎么办呢？难道就这样放弃两人多年的感情吗？张岚真的舍不得高军啊！她开始不断地为高军求情，请求母亲同意两人的婚事。

在女儿的苦苦哀求下，张岚的母亲无奈地说："好吧！既然你们俩那么相爱，我也不能不为你的幸福着想啊！但我有一个条件，你们得有自己的婚房，结婚后你们要单独住，这样就会避免与你的两个婆婆闹不愉快了。”

面对张岚母亲的这个要求，尤丽英在与高军的父亲商量后，爽快地答应了下来。他们老两口拿出了多年的积蓄，带着高军和张岚去选了房子，并把房子登记在了高军的名下。这样一来，张妈妈放心了，在她的默认下高军与张岚一起去领取了结婚证。

高军的生母在得知消息后，为了表示自己的诚意，也主动地拿出了 10 万元钱，让他们小两口把房子好好地装修一下，再买一些家具之类的东西。小两口很是高兴，但随之而来的问题又让他们犯了难。婚礼让哪个母亲参加又不让哪个母亲参加？这一对针锋相对的女人又怎么可能轻易退出呢？随着婚期的临近，张妈妈首先表了态，她对高军说：“你们怎么决定我不管，反正婚礼上只能出现一个婆婆！”

为此，高军开始做两个母亲的工作，可他不管跟哪位母亲说，却没有一个人愿意不参加婚礼的，这让夹在两个母亲中间的高军苦不堪言。这天，陆玉梅来找儿子商量婚礼的事，走到门口听见儿子在家中跟尤丽英的对话：

“尤阿姨，不，妈！是您把我一手带大的，在我心目中您就是我的亲妈。为了好好地照顾我，您都没有为自己生个一男半女，您对我的好，我都记在心里了。我想求求您，能不能为了儿子再委屈一次？这次您就不要去参加我的婚礼了，将来我跟小岚一定好好地孝敬您！”

张岚也跟着说：“是啊！尤阿姨，在我的心目中您就是我的婆婆，不在乎参不参加这次的婚礼。”听了高军和张岚的话，尤丽英流下了伤心的眼泪，她边擦拭眼泪边说：“好吧！只要你们心里有我……”

正当高军和张岚为此而高兴之际，门铃响了，他们俩一起去开门，原来是陆玉梅，“妈，您怎么来了？”陆玉梅生气地说：“我为什么不能来？我就知道你们心里根本就没有我，你们的眼里只有那个‘狐狸精’！”尤丽英一听不干了，她走到门口说：“你说谁呢？”“就说你呢！怎么着吧？”……

两个人在门外的楼梯间大吵了起来，高军和张岚赶忙去劝架，结果张岚却被陆玉梅不小心给撞下了楼梯住进了医院。出院后的张岚被母亲接回了家里休养，张妈妈心疼女儿，正在跟女儿商量着退婚之事，高军陪着陆玉梅过来看张岚了，没坐一会儿尤玉英刚巧也跟高军的父亲一起来了，两个人一见面又吵了起来，这让张妈妈异常生气：“你们吵架居然吵到我们家来了，赶紧走吧，走吧，这婚我们不结了。”

随后，张妈妈以女儿张岚的名义向法院提起了离婚诉讼，请求法院判决两人离婚，并请求分割一部分房产。

法院判决

法院在审理后认为，房子是高军的父亲和继母出钱购买的，并且在高军和张岚领取结婚证前就已经登记在了高军的名下，所以该房屋应该是高军的婚前个人财产，故不予分割。而高军的生母给他们的十万元钱用于装修及买家具，在他们领取结婚证以后，应视为对高军和张岚二人的赠与，属于共同财产。所以法院判决：高军和张岚离婚，房产归高军所有，高军补偿张岚装修及家具费用的一半五万元。

律师说法

父母赠与财产的性质归属以登记结婚为分界点。

按照《婚姻法解释二》第二十二条规定：当事人结婚前，父母为双方购置房屋出资的，该出资应当认定为对自己子女的个人赠与，但父母明确表示赠与双方的除外。

本案中，高军的父亲与继母在高军与张岚登记结婚前为其购买的用于结婚的房屋，且房产证上写的是高军的名字，所以应视为对高军个人的赠与，故应属于高军的个人婚前财产。而高军的生母给他们的用于装修和购买家具的 10 万元钱是在他们登记结婚之后，应视为对双方的赠与，在离婚时应按共同财产予以分割。所以，法院的判决是正确的。

需要提醒的是，根据《婚姻法解释三》第七条规定：婚后由一方父母出资为子女购买的不动产，产权登记在出资人子女名下的，可按照《婚姻法》第十八条（三）的规定，视为只对自己子女一方的赠与，该不动产应认定为夫妻一方的个人财产。因此，假如是高军的父母在高军婚后为高军夫妇出资购置房屋，如果房产只登记在高军一人名下，也属于高军个人财产，而非高军夫妇共同财产。

37. 婚前与婚后的房子如何界定?

案情回放

周永强和付小玲经人介绍后相识、相知到相爱，为了能够在结婚后拥有一个自己的小家，周永强在与付小玲订婚后，花光了自己的所有积蓄买了一套房子。然后两个人顺利地举办了婚礼，成为了一对恩爱的夫妻。婚后没多久，周永强就拿到了房产证。两个人婚后的生活幸福又甜蜜，只是因为忙于工作，结婚两年多了两人一直都没有要孩子。

对于此事，周永强倒是不着急，却急坏了他的父母。为此，周永强的母亲专门住到了他们小两口的家里，以照顾付小玲为名逼着他俩要孩子。付小玲耐不住婆婆的苦口婆心，最终答应他们尽快要个孩子，周妈妈这才舒了一口气。可一晃半年过去了，付小玲的肚子却一点儿动静都没有，这可急坏了周永强的母亲。于是，付小玲就被周母强拉着去了医院做检查，检查的结果一出来，这个家就乱了。

检查结果表明，付小玲的身体因某种原因而不能生育。这个结果犹如一个晴天霹雳，让周永强与付小玲有点儿措手不及。面对这突如其来的打击，周永强犹豫了，付小玲开始担心了。而周永强的母亲则发怒了，她开始要求周永强与付小玲离婚，这让本就心烦意乱的周永强更加的烦恼，可他又能怎么办呢？思前想后，周永强拒绝了母亲的无理要求，他不想为此而放弃付小玲，这让孤立无援的付小玲暂时得到了一丝安慰。

然而，看儿子与儿媳没有离婚之意，周妈妈也不肯就此罢休。她居然开始公然带自己满意的人过来与儿子见面相亲，周永强夹在母亲和老婆之间很是为难，只好在表面上应付着母亲劝说着老婆。这让付小玲很是生气却又无可奈何，久而久之她所有的怨气就都指向了周永强。周永强本来应付母亲就够无奈的了，面对付小玲的怨声载道，他也发火了。自此之后，本来就因为怀孕的事心生隔阂的两个人，开始谁也不理谁，吵架成了他们的家常便饭，原本幸福和睦的家庭逐渐走向了崩溃的边缘。

周永强的母亲看在眼里，喜在心上。她更加紧张地张罗着给儿子找对象，致使两个人的关系更是无可挽回。最终，两个人准备协议离婚，可在财产分割的问题上却产生了很大的分歧，特别是对于他们现在居住的房子，双方的意见最大。

在周永强看来，现在居住的房子是自己结婚前买的，应该属于婚前个人财产，所以这个房子根本就没有付小玲的份额。而在付小玲看来，虽然房产证上写的是周永强的名字，可房子是他们用来结婚的，是在他们订婚后才买的，并且房产证也是在他们结婚后才办下来的，所以房子应当属于共同财产予以分割。

为此两个人争执不下，谁都觉得自己有理，所以协议离婚根本无法达成。无奈之下，付小玲只好上诉至法院，请求法院判决自己与周永强离婚并平分房产。

法庭上，周永强出示了自己当初购买房屋时所签的合同，付房款时销售商给自己的发票，以及自己与付小玲的结婚证，以此证明房子是自己在与付小玲结婚之前购买的。

而付小玲则请证人证明了自己与周永强的订婚日期是在周永强购买房屋之前，并且房产证也是在两人结婚后才办下来的，所以她认为房子应该属于两人婚后的共同财产。

法院判决

法院在审理后认为，该房屋是周永强在与付小玲结婚前自己买的，这一点购房合同与发票完全可以证明。所以该房屋属于周永强的婚前个人财产，不予分割。故判决周永强与付小玲离婚，驳回了付小玲的其他诉讼请求。

律师说法

房产购买行为实际发生时点与登记结婚时点比对是判断房产归属的关键。

随着我国离婚率的逐年上升，离婚所涉及的房产分割问题，成为了当事人双方离婚诉讼中争议的焦点。既然婚姻不能长久，谁都希望自己在物质上少一点损失，所以都希望能够在离婚时分得属于自己的那份财产。这样一来，界定房产属于婚前财产还是婚后财产的问题就备受双方的关注。那么，我们该如何来界定婚前和婚后的房子呢？根据我国《婚姻法》及相关司法解释，结合司法实践经验来看，婚前还是婚后房产的确认有两个关键的时间点：

一、“婚前”到“婚后”的时间点。这个时间点很好判定，其实就是夫妻双方领取结婚证的时间点。领取结婚证之前属于婚前，领取结婚证之后属于婚后。对于其他的类似订婚、举行婚礼的时间点，因其并不具备法律上的意义，故不予认定。

二、“购房”的时间点，即什么时候能够认定为购买房产成功。对于这个时间点的认定，通常会考虑到购房的目的性以及购房整个过程的关联性，法律上一般把签订购房合同的时间认定为“购房”的时间点，因为签订合同最能反映“购房”行为的性质。

另外，《婚姻法解释三》第十条规定：夫妻一方婚前签订不动产买卖合同，以个人财产支付首付款并在银行贷款，婚后用夫妻共同财产还贷，不动产登记于首付款支付方名下的……人民法院可以判决该不动产归产权登记一方。

综上所述，本案中周永强与付小玲所住的房屋当属周永强的婚前财产，所以法院的判决是正确有效的。由此可见，夫妻中的一方购置房屋的时间点，决定了其是否能够单独拥有房子的产权，这是法律上判定财产属个人财产还是共同财产的关键因素。因此，律师在此提醒各位：如果确有需要，最好能够办理婚前财产公证，以保护自己的合法权益。

38. 担任公司法人就等于拥有公司所有权吗?

案情回放

李超大学毕业后，在父母的安排下与杜丽梅结了婚。因为是父母包办的婚姻，两人根本就没有什么感情基础，所以在婚后的生活中免不了磕磕绊绊，自然双方的感情就更不好了。婚后一年，杜丽梅生下了女儿沅沅，可沅沅的出生却并没有使原本就缺少感情的两个人迎来婚姻的幸福。3 年后，他们的婚姻走到了尽头，协议离婚后，女儿由杜丽梅抚养。

离婚后的李超感受到了从未有过的自由，他全身心地投入到了工作当中，这期间他与同事刘晴成了很好的搭档。不久之后，两人出来单干并注册了公司，虽然两个人是共同投资，但刘晴在注册公司时，还是让李超做了法人（法定代表人）。

随着公司业绩的增长，两个人的感情也逐步地升温，公司步入正轨后，李超就与刘晴一起步入了婚姻的殿堂。婚后的生活温暖惬意，李超真切地感受到了婚姻带给自己的幸福。后来，刘晴怀孕了，就顺其自然地回归了家庭，在家里过起了相夫教子的日子。有了刘晴在后方的支持，李超的事业更是突飞猛进。

这天，李超正在公司上班之际，突然接到了前妻杜丽梅的电话，杜丽梅在电话中焦急地告诉李超“女儿沅沅生病了”。

李超听了之后，急忙赶到了医院，看到躺在病床上的瘦弱的女儿，李超心疼极了。虽然他跟杜丽梅之间感情不深，可对这个女儿他却百般的疼爱。咨询医生后李超才知道：原来女儿生病是由于严重的营养不良造成的。

这让他很是生气，但也不好在医院里发作。于是，在得知女儿并无大碍后，李超开车把她们母女俩送回了住处。到了她们的住处后，李超惊呆了。他们母女俩只是租住在一间小平房里，家里根本没有什么像样的家具，屋子里很是阴暗，这是怎么回事？在李超的逼问下，杜玉梅告诉他：自己下岗了，而李超每月给的那点抚养费也仅够她们付房租的，所以沅沅才会出现营养不良的问题。

面对她们母女俩的这种现状，李超很是心疼。他立即帮她们退掉了当时租住的房屋，换了一间好一点的楼房，并付了租金，又给了杜丽梅一些生活费，然后就开车离开了。离开后的李超心里越想越不是滋味，他想自己如今也是一个大老板了，怎么能让女儿在这么差的环境中生活呢？这对她的成长很不利啊！越想他越是自责，他决定要为女儿改善环境，让她健康快乐地成长。

可是，因为担心刘晴会阻止自己的做法，所以李超并没有把这一切告诉刘晴。后来的几天中，李超一有时间就去看望女儿，看着女儿一点一点地恢复了健康与活泼，他也放下了心来。后来，在与杜丽梅商量之后，李超安排她进了自己的公司做库管。

这样一来，最起码他们的生活有保障了。可想到房租也是一笔不小的开支时，李超决定为女儿购买一套房子，这样她们母女的生活就会有保障了。于是，李超在看了几套房源后，就在离女儿学校很近的一个小区为女儿买了一套房产，并把房子落在了女儿的名下，装修妥当后不久，杜丽梅就跟女儿一起搬了进去。

李超总以为自己所做的这一切刘晴不会发觉，但他却不知道公司的会计跟刘晴的关系很是要好。刘晴最终还是知道了李超动用公司资金为沅沅买房子的事情。为此刘晴很是生气，她不能够忍受丈夫对自己的不信任，她觉得丈夫不跟自己商量就动用公司的资金是对自己的不尊重。于是，她一气之下把李超告上了法庭，以李超在自己不知道的情况下将夫妻共同财产赠与他人为由，请求法院判决李超的赠与行为无效，沅沅归还房产给他们。

在法庭上，李超为自己辩解说：自己是公司的法人，就等于拥有公司的所有权，所以公司的财产就是自己的个人财产，自己想赠与谁就赠与谁。

法院判决

法院在审理后认为，担任公司的法定代表人并不等于就是公司的所有者，因在开办公司时李超与刘晴各出资一半，他们结婚后公司就属于他们两人的夫妻共同财产，对于共同财产在未经一方同意的情况下，另一方没有处决权，故判定李超的赠与行为无效，沅沅归还房产给李超和刘晴。

律师说法

公司是独立法人，股东及高级管理人员不得损害公司和债权人的利益。

公司是由股东投资设立的。公司设立后股东投资转化为公司独立财产权，股东只享有依照公司章程和法律规定进行管理、决策及利润分配、依法清算的权利。

因此，不能简单地将夫妻公司视为夫妻共同财产。作为公司的法定代表人更无权将公司视为自己的个人财产。法人代表一般由公司的董事长或总经理兼任，董事长一般由最大的股东或大股东中的经营能力强者兼任，甚至有些法定代表人是外聘的职业经理人。

由此可见，法人不是企业的拥有者。不管是公司股东还是法人都不能随意处置公司的资产，否则就是对公司财产权的损害，也是对公司债权人的利益损害。

本案中，李超与刘晴共同出资开办的公司，不管法人代表是谁，公司并不属于他们或他们某一个人的私有财产。他们不能为了自己的个人利益而做出损害公司利益及公司债权人利益的行为，否则作为公司的其他股东刘晴是可以行使撤销权的。

当然，公司毕竟是他们夫妻二人共同投资设立的，如果他们二人协商一致（即股东会决议），可以对公司资产作出适当的处置。但是，如果这种对公司的资产处置严重影响到公司偿还债务的能力，从而影响到公司债权人的利益的时候，债权人是可以依法行使撤销权的。

39. 婚后取得的哪些财产为个人财产？

案情回放

殷志国留学回国后经人介绍认识了在北京某中学教音乐的女教师吴淑艳，两个人在交往中都相互喜欢上了对方，于是就于 2006 年办理了结婚手续。随着时间的推移，婚后的生活由激情逐渐地走向了平淡。

两个人整天过着朝九晚五的生活，周六日待在家里大眼瞪小眼，这让殷志国感到甚是苦闷，该如何来调剂生活呢？他发现妻子吴淑艳很爱唱歌，当然了，毕竟是教音乐的嘛！

一个周日的下午，两人一起出去逛街，不知不觉中来到了一个琴行，里面各种各样的琴类乐器可谓应有尽有。两个人在里面看着看着，忽然间，吴淑艳站在一个钢琴前面不走了。要知道，这可是她长久以来的愿望，她做梦都想有一架属于自己的钢琴。可想想两个人刚结婚没多久，新房也是贷款买的，哪有积蓄买这么昂贵的钢琴呢？

吴淑艳的表情，殷志国是看在眼里记在心里。他悄悄地看了一眼标价，确实不低，得两万块呢！在回家的路上，殷志国对吴淑艳说："淑艳，我看得出来，你很喜欢那架钢琴，要不咱们买了吧！这样今后的周六周日你就可以弹钢琴为生活添加情趣了。要知道，我也是很喜欢音乐的，你还可以顺带着教我弹钢琴呢！”

吴淑艳听了丈夫的话，很是感激地说：“嗯！我从小就喜欢弹钢琴，早就希望能有自己的一架钢琴了，可我们的钱现在不够买啊！”殷志国笑了笑说：“没事的，我们想办法在生活上节约一点，相信不久之后买钢琴的钱就够了。”

就这样，夫妻俩开始注意在生活中避免不必要的浪费。半年后，他们用共同的工资收入买了那架钢琴。由于这是吴淑艳长久以来的心愿，为了满足他的这个心愿，殷志国还主动提出要做一个书面约定，约定此琴归吴淑艳一个人所有，但殷志国可以使用。吴淑艳很是感激老公为自己所做的一切。从此以后，两个人就在钢琴的陪伴下在欢声笑语中度过了一个又一个周末。

一个星期三的晚上，吃过晚饭后，殷志国深情地看了妻子一眼，对吴淑艳说：“老婆，我得离开家一段时间，以后的几个周末恐怕得你自己过了。”吴淑艳奇怪地问：“怎么了？”殷志国无奈地说：“公司派我到国外出差，估计最快也得个把月才能回来。”吴淑艳听了，叹口气说：“哦！这也是没有办法的事。既然公司都决定了，你总得以事业为重吧！不过，你不用担心我，你不在我身边时，还有钢琴陪着我呢！”

殷志国欣慰地笑了：“真是我的好老婆啊！你一个人在家要注意安全，注意防火防盗……”没等殷志国说完，吴淑艳就打断了他的话：“知道了，我又不是小孩子了。”其实，在吴淑艳的心里，她很舍不得殷志国离开，哪怕只是一个月。因为自从结婚以来，他们两个人从来都没有分开过，吴淑艳已经习惯了两个人的生活。可男人得以事业为重，吴淑艳为丈夫整理好了行李箱，又嘱咐了很多话，才极不情愿地进入了梦乡。

第二天一早，在依依惜别中，殷志国最终登上飞机走了，失落的吴淑艳也回自己的单位上班去了。殷志国走后，吴淑艳也没有了弹钢琴的兴致，她把家门锁好后，索性住到了娘家，以排解自己心里的寂寞。一个周五的早上，她接到了殷志国的电话，殷志国告诉她，自己搭乘的是第二天凌晨的航班，周六早上8点就可以到达北京。吴淑艳兴奋之余赶紧跑回家做了一个大扫除，又买了一些殷志国爱吃的东西。第二天一早，她就早早地赶到机场去接殷志国。可令她没想到的是，那个航班的飞机出事了，飞机上的乘客全部遇难。面对这突如其来的打击，吴淑艳伤心欲绝。

办完殷志国的后事之后，殷志国的父亲来到了家中，向吴淑艳提出要继承包括钢琴在内的儿子的遗产。吴淑艳说："按法定程序处理我跟志国的共同财产，我没有意见。可钢琴是我跟志国感情的见证，志国走了，钢琴是他给我留下的，是属于我的，这个不应该属于共同财产。"

与此同时，吴淑艳还拿出了自己当初和丈夫的书面约定。可殷志国的父亲却怎么也不同意把钢琴单独留给吴淑艳，吴淑艳也死活不让他们卖钢琴，也不给他们钢琴的补偿。最后，殷志国的父亲把吴淑艳告上了法庭，以钢琴是儿子与吴淑艳的共同财产为由，要求依法继承属于自己的份额。

法院判决

法院在审理后认为，殷志国与吴淑艳的约定是合法有效的，钢琴属于吴淑艳的个人财产，因此驳回了殷志国父亲的诉讼请求。

律师说法

夫妻对婚前、婚后取得的财产都可以约定所有权归属。

《婚姻法》第十九条规定：夫妻可以约定婚姻关系存续期

间所得的财产以及婚前财产归各自所有、共同所有或部分各自所有、部分共同所有。约定应当采用书面形式。没有约定或约定不明确的，适用本法第十七条、第十八条的规定。

夫妻对婚姻关系存续期间所得的财产以及婚前财产的约定，对双方具有约束力。

夫妻对婚姻关系存续期间所得的财产约定归各自所有的，夫或妻一方对外所负的债务，第三人知道该约定的，以夫或妻一方所有的财产清偿。

这就表明，法律允许夫妻双方自愿在婚前婚后，对双方婚前财产或婚后财产的归属、管理、使用和处理以及共同生活费用的负担等达成协议。只要双方同意，可以将婚前个人财产约定为夫妻共同财产，也可以将婚后所得的共同财产约定为夫妻个人财产。这种局面的约定是具备法律效力的。

本案中，殷志国与吴淑艳的书面约定符合我国法律规定。因此，殷志国的父亲是没有权利要求分割钢琴份额的，因为那是吴淑艳的个人财产。

那么，除了双方约定的属于个人财产外，还有哪些婚后取得的财产属于个人财产呢？我国《婚姻法》第十八条规定：有下列情形之一的，为夫妻一方的财产：

（一）一方的婚前财产；

（二）一方因身体受到伤害获得的医疗费、残疾人生活补助费等费用；

（三）遗嘱或赠与合同中确定只归夫或妻一方的财产；

（四）一方专用的生活用品；

（五）其他应当归一方的财产。

也就是说，除了有约定的外，符合这五项的都应该属于个人财产。

40. 婚后一方继承的遗产是共同财产吗?

案情回放

邱国铭在一次朋友聚会中结识了大自己 4 岁的李玉莲，他被李玉莲的高贵优雅所深深吸引。在了解到李玉莲还没有对象时，邱国铭便开始了大献殷勤。终于，李玉莲被邱国铭的诚心所感动，就这样邱国铭在家人的反对声中娶了大自己 4 岁的李玉莲。虽然邱国铭没有什么正经工作，但李玉莲的业务收入足够他们两人共同生活了。婚后的生活很是甜蜜，两人在相亲相爱中度过了一年又一年。

随着年龄的增长，李玉莲身上女人特有的敏感越来越强烈了。她开始留意到岁月在自己脸上留下的沧桑，一想到比自己小 4 岁的邱国铭如今正是意气风发的年纪时，李玉莲总会隐隐地感到一种不安全感。她害怕丈夫会嫌她老，她担心丈夫会在她出差在外的日子里找人鬼混。于是，在她出差的日子她总会时不时地打电话到家里查岗，看看丈夫究竟有没有老老实实地待在家里。

可邱国铭也不能没有社会活动啊，面对李玉莲的猜疑，他也想到了对策——把家里的电话呼叫转移到自己的手机上，这样也就避免了夫妻之间不必要的猜疑和麻烦，而自己也可以经常到外面去会朋友了。

然而，邱国铭的这个办法却被李玉莲到电话局打印的电话收费单给出卖了。从此夫妻之间的信任危机爆发，面对李玉莲日复一日的猜疑，邱国铭感到忍无可忍，他没想到自己当初深爱的那个人会变成如今这个样子。

在频繁的争吵中，夫妻俩的感情越来越淡，整天为一些琐事而纠缠不清，矛盾也日益加剧。终于，在一次大吵之后，邱国铭想到了离婚。而就在此时，邱国铭接到了国外姑姑病危的消息，想想姑姑一人移居国外又无儿无女的，于是邱国铭就去了国外照顾姑姑，也好借此机会让夫妻俩好好地冷静下来想一想。

邱国铭走了，李玉莲在孤独中等待着他的电话，可生气的邱国铭却一直没有联系李玉莲。李玉莲感到很是失落，她以为邱国铭放弃她了，难道自己对他的怀疑是对的？他真的在外面有人了？糊里糊涂的李玉莲哪里知道，此时的邱国铭正在国外的姑姑床前尽孝，照顾着姑姑的一日三餐，同时也思考着他们两人之间的矛盾，哪有心思去想别的问题啊！

李玉莲被自己的疑心病给害了，在等待了三个月后，邱国铭还是没有回来，她彻底地失望了。就在此时，一直追求她的郑凯出现了，在她伤心欲绝的喝酒麻醉自己之际，郑凯来到了她的身边，开始悉心地照顾她，耐心地安慰她。她最终也迷失在了郑凯的甜言蜜语中，只等着邱国铭从国外回来后与自己离婚。

半年后，邱国铭回来了。他告诉李玉莲自己想明白了，之前都是自己对李玉莲关心不够才会让她疑心的，今后自己一定注意。夫妻之间最重要的就是相互信任，没有了信任就什么都没有了。并且邱国铭还告诉李玉莲，姑姑去世了，去世前立了遗嘱，将所有的财产都留给了邱国铭。

邱国铭心疼地对李玉莲说：“玉莲，咱们有钱了。今后你就不用那么辛苦地去外面跑了，把工作辞了吧，我们要个孩子！”面对邱国铭的真心坦白，李玉莲好后悔啊！她怎么就这么傻呢？可她能怎么样呢？她觉得自己已经配不上邱国铭了，她主动地告诉了邱国铭自己背叛他的事实，然后平静地提出了离婚。

就这样，邱国铭与李玉莲协议离婚了。可郑凯却不高兴了，因为李玉莲把大部分财产都给了邱国铭，特别是当郑凯听说邱国铭继承了一大笔遗产时，心里就更不平衡了。于是，他就以李玉莲的名义将邱国铭告上了法庭，以邱国铭在婚姻存续期间继承的财产为共同财产为由，请求与邱国铭共同分割邱国铭所继承的姑姑的财产。

法院判决

法院在审理后认为，邱国铭的姑姑在遗嘱中明确指明要将自己的财产赠与邱国铭一人所有。所以，虽然继承发生在夫妻关系存续期间，但此继承应属于邱国铭的个人财产，而不是夫妻共同财产。故驳回了原告的诉讼请求。

律师说法

婚后继承的遗产是夫妻共同所有还是个人所有要根据被继承人的意愿决定。

《婚姻法》第十七条规定：夫妻在婚姻关系存续期间所得的下列财产，归夫妻共同所有：

（一）工资、奖金；

（二）生产、经营的收益；

（三）知识产权的收益；

（四）继承或赠与所得的财产，但本法第十八条第三项规定的除外；

（五）其他应当归共同所有的财产。

夫妻对共同所有的财产，有平等的处理权。

《婚姻法》第十八条第三项还规定：遗嘱或赠与合同中确定只归夫或妻一方的财产归一方所有。

虽然《婚姻法》规定，夫妻婚姻关系存续期间所得的财产归夫妻共同所有，还界定了共同财产的范畴，并且这个范畴中还包括一方或双方在婚姻关系存续期间继承或接受赠与的财产。但《婚姻法》中还规定：如果赠与人在赠与合同中明确表示只归夫或妻一方所有的财产，就应归一方所有。本案中，邱国铭的姑姑在遗嘱中明确表示要将财产赠与邱国铭一人所有，所以此继承不应视为夫妻共同财产。

41. 婚后一方受赠的财产是共同财产吗?

案情回放

赵全从部队退役后经人介绍认识了大学毕业后在家待业的柳雪。虽说赵全只是高中学历，但柳雪却被他的健谈与军人特有的气质所吸引，就这样两个人相爱了。在双方父母的安排下，两个人按当地习俗举办了婚礼并到民政部门去领取了结婚证。

婚后两个人度完蜜月后，因为不满于在家整天无所事事的生活。于是，在征得父母的同意后，两人决定去北京投奔赵全在北京当公务员的哥哥。临行前，赵全的母亲把柳雪叫到跟前，从柜子里拿出了一只玉镯，告诉柳雪说："小雪啊，这是我们家祖传的玉镯，本来是一对，那一只我给你大嫂了，这只就给你了。你可要好好保管啊！把它带到北京，见到你大嫂，它们两个也就见面了，呵呵……"面对婆婆的疼爱，柳雪很是感激，她把玉镯小心地包了起来留在了自己身边。

来到北京后，两个人在赵全哥嫂的安排下先租房住了下来，而后又在哥嫂的介绍下找到了工作，开始了在北京的打拼。出于对哥嫂的感激，两个人每逢星期日都会去看望哥嫂，在与嫂子聊天的过程中柳雪得知：婆婆送自己的那只玉镯值十多万元呢！她的心中充满了激动和欣喜。

日子一天天地过去了，赵全和柳雪由对北京的陌生到逐步的熟悉。在与同事交往的过程中，柳雪看到了一个五彩缤纷的世界，她这才发现原来自己当初是那么的愚昧无知，那么的孤陋寡闻。原来外面的世界是如此的精彩，比自己那个遥远的小山村强多了，甚至比自己上大学的那个县城都要强得多。

时间一晃就过去了两年，在这两年中，赵全与柳雪已经适应了在北京的日子，柳雪不断地跳槽到更好的公司。本就是大学学历的她这时候显示出了她的优势，她的工资比起高中毕业的赵全来说已经高出了一大截。随着经济收入的增加，柳雪在家里的地位也开始有所转变，她越来越看不上赵全，越来越羡慕别的同事的老公，羡慕别人过着的有房有车的生活。于是，她开始不断地埋怨赵全的没本事，开始支使赵全为自己做这做那，俨然成了家里的领导。

面对柳雪的改变，赵全本想用自己宽阔的心胸来感化她，可却没想到柳雪会变本加厉。渐渐地柳雪不再一下班就回家了，她开始跟同事或客户一同去酒吧、去歌厅、去卡拉OK……她越来越觉得赵全很落伍，根本就配不上她，她向往那种灯红酒绿的生活。

一次，柳雪在酒吧中邂逅了私企老板申浩。申浩的出手阔绰让柳雪很是欣赏，申浩特有的男人风度更是让柳雪有了心动的感觉。就这样，在不知不觉中，柳雪与申浩走到了一起。虽然柳雪并没有向赵全提及此事，但赵全在无意间撞见申浩送柳雪回来的场景后，想想柳雪近来的表现，赵全已经心知肚明，他气急了，他要捍卫自己男人的尊严。

这天，赵全去超市买了一把水果刀，正在家里磨刀之际，哥哥过来看他了。因为最近他们已经很久没有去哥嫂那里了，嫂子分不开身就让哥哥来看看他们。赵全的哥哥看柳雪没在家就带赵全去了附近的饭馆吃饭喝酒。赵全一声不吭地喝着闷酒，想着自己的心事。

哥哥看他有点儿不对劲就关心地问他怎么了，耐不住哥哥的询问，赵全就把柳雪的事告诉了哥哥，并说既然柳雪不给自己留面子，自己也要柳雪好看。在哥哥的耐心开导下，赵全恍然醒悟：是啊，既然过得不幸福，这样的日子倒不如离婚。她不是向往那种生活吗？那我就给她自由。这对我自己来说也是一种解脱啊！

于是，把哥哥送走后，赵全就跟柳雪好好地谈了一次话，最终两人都同意协议离婚。对于财产的分割，赵全对柳雪说："我们的存款一共 10 万元我不要了，你只要把我妈送你的那个玉镯给我就行了。那是我们家祖传的，既然我们不是一家人了，你总该给我吧？"让赵全没想到的是，柳雪居然严词拒绝了，她说玉镯是赵全的母亲自愿赠与自己的，应该是个人财产，她是绝不会给赵全的。

柳雪的态度让赵全很是伤心，无奈之下，他以感情破裂为由把柳雪告上了法庭，请求法院判决两人离婚，并请柳雪归还玉镯。

法院判决

法院在审理后认为双方感情确已破裂，故判决两人离婚。两人的共同财产为存款十万元和玉镯一只，价格相当。柳雪既然要存款，那就应该归还赵全玉镯。

律师说法

婚后受赠的财产一般属于夫妻共同财产。

《婚姻法》第十七条第四项规定：夫妻在婚姻关系存续期

间继承或赠与所得的财产归夫妻共同所有，但本法第十八条第三项规定的除外。

婚姻关系存续期间，是指从取得结婚证那一天起到双方离婚或夫妻一方死亡时止。这个期间除另有约定外，双方的劳动收入及继承、接受赠与等合法途径取得的财产都属于夫妻共有财产，离婚时应予合理分割。

本案中这个玉镯是赵全的母亲在赵全与柳雪取得结婚证后才赠与柳雪的，当时赵全与柳雪的夫妻关系已经确定，而赵全的母亲并未就此赠与特别声明说是只给柳雪一人，所以赵全与柳雪在婚姻关系存续期间接受的赠与（玉镯），在离婚时应当依法作为共同财产分割。因此，法院的判决是对的。

42. 家庭暴力如何维权？

案情回放

方明与冯慧经人介绍相识后，就开始了你侬我侬的热恋。刚刚相恋三个月，方明就向冯慧求婚了。冯慧觉得有点儿太快，但在方明的真切恳求下，经过与家人商量后，两个人相恋半年后就步入了婚姻的殿堂。

婚礼上高朋满座，忙得方明与冯慧不亦乐乎。正在此时，婚宴上忽然间出现了一位手捧鲜花的人，冯慧一看就激动得喊了起来："梁子，你可来了，我还以为你来不了呢！"冯慧边说边快步走上前去，与来人热情地相互拥抱了一下并接过了鲜花。"瞧你说的，你的婚礼上怎么能没有我呢！哈哈，赶紧给我介绍一下新郎吧！"

于是冯慧就拉着张梁来到了方明的身边："方明，我给你介绍一下，这是我大学时期最好的异性朋友梁子。"方明没好气地一笑："梁子？"冯慧赶忙解释说："哦，他叫张梁，我们都习惯喊他梁子。"此时，张梁开玩笑地对方明说："你小子好福气啊！能把冯慧娶回家。我可得提醒你：一定要对她好啊！要不然的话我可等着呢！"可方明似乎并没有听见张梁的玩笑话，而是自顾自地去招呼别人了，这让冯慧感觉十分的尴尬。

婚礼结束后回到家里，冯慧就问方明说："你怎么那个态度啊？那可是我朋友！"方明反问道："那你说我该什么态度啊？你跟他那么亲热，谁知道你们之间有没有事！”冯慧一听方明的话当时就气坏了：“你怎么这样啊？不可理喻！”方明也不甘示弱：“怎么了？你还有理了？看我怎么教训你……”

说着就抓住冯慧的头发把她拖到卧室开始打起来，可怜的冯慧在婚礼的当天就遭受了如此的不幸，可她怕家人担心也没敢跟家人说。从此，方明便开始了对冯慧的家庭暴力，隔三差五地就会对冯慧拳脚相加，理由也是多种多样，不是回家晚了，就是回电话不及时了，要不就是跟男人“眉来眼去”了……

就这样，冯慧在战战兢兢中度过了所谓的蜜月，本想着蜜月一结束自己上班了就会好点，可却没想到就在冯慧准备上班的当天，方明却下了死命令——“把工作辞掉，给我乖乖地待在家里，哪儿都不准去！”冯慧虽心有不甘但却也不敢违抗，只能把自己一个人闷在家里。一个周六的下午，冯慧接到了闺中密友小雪的电话：“怎么？乐不思蜀了？结个婚连班都不上了？”冯慧无奈地对小雪说：“哎！一言难尽啊！”在小雪的强烈要求下，冯慧经过方明的批准后，就与小雪在咖啡厅见面了。

面对着把自己包裹得严严实实的冯慧，小雪很是惊讶，她奇怪地问冯慧：“你这是怎么了？”当冯慧无奈地摘下自己的墨镜时，小雪算是彻底的明白了，她急切地对冯慧说：“小慧，你可小心着点啊！我看你伤得不轻，实在不行咱就不跟他过了，家庭暴力有时候会整死人的！”

冯慧的眼睛瞬间就湿润了：“可我结婚才多久啊？难道这么快就离了？”小雪安慰她说：“有什么啊？总不能为了面子让自己受这个罪吧？你先别急，我一会儿去找律师咨询一下，然后我明天上午去你家找你。”

冯慧从咖啡厅出来就直接回家了，在回家的路上她总觉得有人在后面跟着她，当她用计猛一回头时碰见了自己的丈夫方明。冯慧顿时气不打一处来："我跟女性朋友约会你也跟踪？你什么意思啊？"方明故作心疼地对冯慧说："我这不是担心你吗？没想到她却劝你跟我离婚，今后你再也不许跟她来往了！"

第二天的上午，小雪如约来到冯慧家找冯慧，可方明却瞒着冯慧告诉小雪说冯慧不在家。小雪刚要离开时却听到了屋子里传来了方明的打骂声和冯慧的哭喊声。于是，小雪立即就拨了报警电话，直到警察来了才制止了方明对冯慧的暴力行为。

面对这种情况，冯慧忍无可忍，她一纸诉状把方明告上了法庭，以家庭暴力为由，请求法院判决自己与方明离婚。

而方明在经过医院的诊断后被确诊为有心智障碍。原来方明小时候长期受母亲打骂并目睹了母亲找情人的过程，精神上产生了障碍，但并没有发作。方明的结婚一下子给他带来了来自方方面面的很多问题，由此引发了精神障碍。法庭上，方明以自己患有精神病为由，不同意离婚。

法院判决

法院在审理后认为，方明对冯慧实施的家庭暴力事实清楚、证据确凿，故判决方明与冯慧离婚。

律师说法

家庭暴力是感情破裂的表现，是法定离婚理由之一。

《婚姻法解释一》中明确指出，《婚姻法》所称的"家庭暴力"是指行为人以殴打、捆绑、残害、强行限制人身自由或者其他手段，给其家庭成员的身体、精神等方面造成一定伤害后果的行为。

本案中，方明对冯慧的打骂和限制人身自由的行为造成了冯慧身体和精神上的伤害，其行为已经构成了家庭暴力。我国《婚姻法》第三十二条规定：实施家庭暴力或虐待、遗弃家庭成员的，调解无效的，应准予离婚。所以，法院的判决是正确的。

另外，我国《婚姻法》第四十六条规定：实施家庭暴力的，导致离婚的，无过错方有权请求损害赔偿。所以，本案中冯慧还可以向方明要求赔偿。

在现实生活中，我们经常会遇到一些家庭暴力的例子。那么，作为家庭暴力的受害者该如何来维权呢？在很多有关家庭暴力的案件中，受害者作为原告，在举证方面往往会显得力不从心，这就提醒我们在生活中要进一步增强自己的法律意识，要懂得及时向社会和政法部门寻求帮助，并记得要保全相关的证据。

在法庭上我们经常会出现受害者提供了自身受伤害的后果而另一方却矢口否认是自己所为的情形。对此，律师建议受害者在受到侵害后，应第一时间报案、就诊，取得有效的证据，以便在离婚诉讼过程中最大限度地维护自身的合法权益。

43. 婚内强奸是否合法？

案情回放

张强在大学毕业后考上了公务员，又经人介绍认识了年轻貌美的刘萍，两人在亲朋好友的祝福声中举办了一场隆重的婚礼。婚礼上，张强的很多同学都来了，看着一起考取公务员的这些同学如今都已登上高位，有当处长的、有当局长的，最次的也是办公室主任，而自己如今还只是个普通的职员，这让张强的心里很不是滋味。

婚后不久，张强便向刘萍提出想通过老丈人的关系使自己得到提拔。面对张强的请求，刘萍很是为难。她对张强说："强子，我爸他虽然是个领导，可他最不愿意开口求人。我觉得还是算了吧，我不在乎你当不当大官，只要咱们生活得幸福就成！"张强一听刘萍的话就急了："你不在乎我在乎，你看看我那些同学一个个过得多风光啊！他们哪个不是靠走后门得到提拔的？怎么到我这儿就不行了？你不愿意帮你老公就直说！"

"强子，我……哎！"看到张强如此的生气，刘萍也很难过。无奈之下，她还是抱着试一试的态度拨通了老爸的电话。当她把自己的意思传达给父亲的时候，立马遭到了父亲的拒绝。父亲义正词严地对她说："萍啊！不是父亲不帮你们！机会要靠自己争取，想要获得提升就要凭自己的能力和本事！这样才像个男人啊！"刘萍把父亲的话转达给了张强。

张强一听就火冒三丈："哼，你的意思不就是说你老公我没本事吗？"说完，"啪"的一声就给了刘萍一个耳光，刘萍哪受过这个气啊？当即就说："你有本事，有打老婆的本事！"张强的气更大了，他把所有的气都撒在了刘萍的身上，面对张强的打骂，刘萍以为过一阵就好了，可她却没想到这只是个开始。

自此之后，张强变得开始不务正业，整天的酗酒，酒醉之后就欺负刘萍。后来，张强干脆辞去了工作，整天待在家里，没钱了就找刘萍要，刘萍只要让他稍不顺心就是一顿暴打。这样的日子让刘萍心灰意冷，她干脆搬了出来住到了父母的家里。

分居数月后，刘萍向法院提交了离婚诉讼。在法庭上，张强也表示夫妻双方感情确已破裂，同意离婚。在等待法院判决结果的过程中，刘萍想到今后将不会再回那个家，而自己还有很多东西在张强那里，于是在一个周末的下午她便到张强那边收拾东西，结果撞见了喝得醉醺醺的张强。

张强在酒精的作用下趁刘萍不注意，一下就把刘萍抱到了床上，任凭刘萍怎么反抗，张强就是没有停止。他使用暴力强行与刘萍发生了性关系，结果导致刘萍的胸部、腹部等多处部位受伤。当张强发泄完独自进入梦乡后，刘萍泪流满面，她恨死张强了，在经过一番激烈的思想斗争后，她选择了报警。

之后，在公诉机关的协助下，张强被以强奸罪为名告上了法庭。

法院判决

法院经审理后认为，张强与刘萍已分居数月，并且刘萍也已向法院提起离婚诉讼，而张强也已同意离婚。在这种情况

下，张强却违背刘萍的意愿，强行与刘萍发生了性关系，其行为已构成了强奸罪。故法院以强奸罪判处张强有期徒刑三年。

律师说法

《中华人民共和国刑法》（以下简称《刑法》）第二百三十六条第一款规定：以暴力、胁迫或者其他手段强奸妇女的，处三年以上十年以下有期徒刑。本案中，张强在与刘萍即将离婚的情况下，违背刘萍的意志，采用暴力手段，强行与刘萍发生了性关系，其行为已经构成强奸罪，应依法惩处。

44. 受到虐待怎么办?

案情回放

李俊杰和马小婷属于闪婚一族。在经人介绍认识李俊杰后没多久，马小婷便沉浸在了李俊杰的甜言蜜语中不能自拔。于是在李俊杰的要求下，两人火速成婚。婚后的生活让马小婷甚是苦闷，李俊杰对自己的态度总是不冷不热、若即若离的，每每自己想跟丈夫过夫妻生活时，丈夫总会以各种各样的理由拒绝，全然没有了结婚前的那股热乎劲儿，这是怎么回事啊？马小婷很是迷惑不解。

一天深夜，马小婷因想上厕所，醒来时却发现丈夫根本就没有躺在自己身边，而是在书房里用电脑。当马小婷在书房门口问李俊杰说："老公，你怎么这么晚还不睡啊？"李俊杰似乎被吓了一跳，他急忙合上笔记本说："白天的工作没做完，加个班，怕影响你睡觉，所以等你睡着了我才过来开电脑的。"于是，两个人就一起休息了，可李俊杰的表现却让马小婷产生了怀疑。

这天晚上，马小婷又发现丈夫没睡，于是她就假装生病哭喊起来，李俊杰闻声跑了过来，马小婷说自己肚子疼得厉害，让李俊杰去药店给自己买药，李俊杰着急去买药就没来得及关电脑。在李俊杰走了之后，马小婷就来到了电脑旁边，结果她发现了丈夫的一个大秘密。

原来丈夫晚上在用 QQ 跟情人聊天，他们的情人关系已经保持有三年之久了，而自己跟李俊杰才刚刚结婚半年。到此时，马小婷才明白，李俊杰跟自己结婚只不过是拿自己当幌子，他心里真正爱的是那个叫兰兰的情人。而他每每以加班为借口出去，其实并不是去加班了，而是出去会情人了，怪不得他对自己总是不冷不热呢……

想着想着，马小婷泪流满面，而此时李俊杰已经回来了，当他看到在电脑前泪流满面的马小婷时他什么都明白了。李俊杰告诉马小婷：兰兰是自己的初恋，因为家人的反对，两人不得已才分开的。后来兰兰就嫁人了，但她心里一直想着自己，于是两个人就发展成了情人。面对李俊杰的解释，马小婷没有说什么，她只是平静地提出了离婚。

这让李俊杰感到很是惊讶："你说什么？离婚？不行！我不同意！咱们俩才刚结婚半年，怎么能说离就离呢？"可马小婷就是铁了心的要离，这让李俊杰很是无奈，他威胁马小婷说："你要再提离婚，我就把你的裸体照给你发到网上去！"马小婷没想到李俊杰居然这么无耻，他竟然在她睡着的时候拍了她的裸照。

面对李俊杰的威胁，马小婷选择了妥协，可她的妥协却为她带来了更大的痛苦。被发现秘密的李俊杰在马小婷面前开始变得肆无忌惮了，他开始公然和兰兰聊天并说些暧昧的话语，这让马小婷精神上备受折磨。

这天，在李俊杰的胁迫下，马小婷被李俊杰带到了医院。马小婷了解自己的身体，她知道自己因为受了点刺激所以有点儿神经衰弱，却没料到李俊杰拿到的结果却是自己得了精神病。这让她根本就无法忍受，她被气坏了，在家里跟李俊杰打了起来，结果却被李俊杰用绳子捆在了床上，还打电话叫来了自己的父母。

马小婷一见到自己的父母就跟他们说："爸，妈！我没病，真的没病！"可她的表现却让父母以为她真的得了精神病。他们安慰她说："婷婷啊！可怜的孩子，你一定要听俊杰的话，按时吃药啊！"马小婷彻底绝望了。从此，她被李俊杰当做精神病囚禁在了家里。

半年后的一天，李俊杰笑嘻嘻地对她说："你不是想离婚吗？离不成了！现在我可是你的法定监护人。将来这家里的房子和车子都是我的！哈哈！"马小婷被李俊杰的嚣张给气急了，她立马与李俊杰厮打起来，在厮打中她情急之下咬到了李俊杰的手，李俊杰刚要发作，家里的门铃响了起来。

李俊杰开门一看是马小婷的姐姐马小燕，立马就哭丧着脸说："姐，你快来帮帮我吧！婷婷她又犯病了，这不刚咬了我一口。"马小燕立马把妹妹扶到了床上，然后又帮妹夫把伤口包扎了一下。这时，李俊杰要喂马小婷吃药，马小燕接过来说："我来吧，你也去歇歇吧！"面对李俊杰质疑的眼神，马小燕说："怎么，你还不相信我啊？我可是她亲姐姐。来，婷婷，吃药了，听话……"

看到李俊杰走出房间后，马小燕知道他在偷听她们的谈话。面对妹妹求助的眼神，马小燕拿出早已准备好的笔写到手上：妹妹你受苦了，姐知道你没病。面对姐姐的理解，马小婷泪流满面，她把姐姐递给她的录音笔放在了隐蔽处。姐姐走后，李俊杰又恢复了本来面目，而他所说的一切都被马小婷给录了下来。之后，马小燕也带着民警赶到了家中将李俊杰抓了起来。法院经审理认为其犯有虐待罪，判处其有期徒刑一年。

随后，马小婷以虐待罪为由向法院提起诉讼，请求法院判决两人离婚，并赔偿自己精神损失费二万元整。

法院判决

法院在审理后认为，马小婷被李俊杰当做精神病病人囚禁在家里半年之久，李俊杰的行为已经构成虐待，故判决两人离婚，李俊杰赔偿马小婷精神损失费二万元整。

律师说法

《婚姻法解释一》第一条,《婚姻法》第三条、第三十二条、第四十三条、第四十五条、第四十六条所称的“家庭暴力”是指行为人以殴打、捆绑、残害、强行限制人身自由或者其他手段，给其家庭成员的身体、精神等方面造成一定伤害后果的行为。而持续性、经常性的家庭暴力，构成虐待。

本案中，李俊杰虽并没有殴打马小婷，但其以马小婷患有精神病为由长期限制马小婷的行为已经给马小婷造成了严重的精神伤害，构成虐待罪，感情已经破裂，应予离婚。

45. 儿媳妇要不要赡养公婆?

案情回放

安贵发与高凤兰夫妻多年，都已退休在家。两人共同养育了一双儿女，儿子安博在成家后就搬出去住了，老两口与女儿安娜生活在一起。老两口都是比较传统的人，在他们的思想中还是指望着儿子为自己养老的，这一点作为女儿的安娜非常清楚。

并且，安娜也知道，将来父母的这套房子肯定是要留给哥哥的，对此安娜并没有什么意见，她唯一放心不下的就是那个总是像母老虎一样管着自己哥哥的嫂子孙秀。嫂子的蛮不讲理，安娜是领教过的。她也知道，对父母的这套房子，嫂子觊觎已久，只是碍于安娜还未出嫁，不好意思提而已。

如今的安娜，在与男友相恋三年后决定结婚了，但她怎么也放心不下自己的父母与哥嫂的相处。于是在出嫁前，安娜把全家人都召集在一起开了一个家庭会议，在会上安娜提出：自己愿意放弃对父母财产的继承权，父母的所有财产都可由哥哥安博继承，但哥哥安博必须得跟自己的父母签一份赠与赡养协议，协议的内容是由安博负责父母亲的生养死葬，父母亲将自己的房产及财产赠与儿子安博。

安娜的提议正中安贵发老两口以及安博与孙秀的下怀。于是，全家就一起在公证处签订了一份赠与协议书，安娜则出具了放弃对父母财产继承权的声明。安贵发与高凤兰也按照协议约定将自己的房产过户到了儿子安博的名下。自此之后，安贵发与高凤兰两口子就与儿子和儿媳生活在了一起，过起了幸福美满的晚年生活。

然而，“天有不测风云，人有旦夕祸福”。几年后的一天，儿子安博突然在一次交通意外中离世，这让安贵发老两口倍感悲痛。可就在他们饱受“白发人送黑发人”的精神折磨之际，儿媳妇孙秀却提出：由于安博已经去世，自己与安博的婚姻关系也就自动消失，所以自己没有义务赡养安贵发与高凤兰老两口，请他们搬到女儿安娜家去住。

安娜把自己的父母安顿好之后，就来找嫂子孙秀要父母亲的房产，而孙秀则认为自己继承的是丈夫安博的房产，所以拒不交还。

无奈之下，安娜以父母的名义将孙秀告上了法庭，以孙秀不履行赡养协议为由，请求法院撤销自己与儿子签订的赡养赠与协议，以收回自己的房产。

法院判决

法院在审理后认为，我国法律并未规定儿媳对公婆负有赡养义务，所以孙秀不赡养公婆并不违法。但安贵发夫妇与安博签订的协议合法有效，孙秀获得老人的房产就必须以履行赡养义务为前提，否则就无权继续享有老人的房产。故此，法院判决孙秀退还安贵发夫妇房产。

律师说法

老人可以附条件赠与协议的形式保障自己晚年生活的幸福。

本案中，安贵发夫妇与安博签订赠与协议的目的是赡养，并且还在协议中约定赠与房产的前提是安博要负责老两口的生养死葬，既然安博接受了老两口的房产也就意味着接受了附属的义务。孙秀因为婚姻关系而享有财产，依照法律规定也就应该承担协助赡养的义务。

我国《合同法》规定，赠与附义务的，受赠人应当按照约定履行义务。因此，孙秀的不赡养就是不履行义务，就无权继续享有老人的房产。所以，法院的判决是正确的。

这个案例中有一个附带义务的赠与协议，其实，即使没有该协议的存在，安博和安娜作为老两口的子女，都有赡养两位老人的义务。可是孙秀呢？作为儿媳妇的孙秀到底要不要赡养老人呢？

我国的《中华人民共和国老年人权益保障法》和《婚姻法》规定，赡养人的范围只包括老年人的婚生子女、非婚生子女、养子女、有抚养关系的继子女以及有负担能力的孙子女、外孙子女，但却并不包括儿媳和女婿。也就是说，我国的法律并未规定儿媳妇对公婆负有赡养义务。儿媳妇并不是老年人的法定赡养人，因此从法律角度来讲，儿媳妇不赡养公婆并不违法。

虽然法律规定赡养人的配偶应当协助赡养人履行赡养义务，但协助的义务并不是赡养义务，且此规定只适用于夫妇关系存续期间。一旦赡养人同其配偶解除婚姻关系或赡养人死亡，那么，配偶一方协助赡养的义务也就自动解除了。

不过，儿媳妇虽不是法定的赡养人，但我国的法律还是鼓励儿媳妇赡养老人的，《继承法》第十二条规定：丧偶儿媳对公婆，丧偶女婿对岳父、岳母尽了主要赡养义务的，可以作为第一顺序继承人。

46. 女婿有没有义务赡养岳父母？

案情回放

朱大奎与刘向红夫妻生育了两个女儿，姐姐朱清，妹妹朱丽。姐姐朱清已于几年前嫁到外省市去了，一年都见不上一次面。如今老两口最为关心的就是二女儿朱丽的婚事。他们不想二女儿也像大女儿那样远嫁他乡，那样的话先不说对女儿的相思之苦，只是他们老两口的养老就成大问题了。

经过老两口的精挑细选，家庭比较困难、买不起婚房的李胜进入了他们的名单。李胜是一家工厂的普通工人，虽收入不高，但人还算本分，也比较勤快，正中老两口的意。于是，在朱大奎夫妇俩的张罗下，朱丽与李胜喜结连理，婚后他们俩就住进了朱大奎夫妇俩的房子里，这是朱大奎老两口的意思，这样也方便照顾老人。

自从他们结婚后，李胜就负担起了家里所有的脏活累活，勤快的李胜把这个家打理得很有条理。看着丈夫为这个家所做的一切，朱丽很是感激，老两口自然也很是满意，只盼着小两口能够早日生下一男半女，这样他们两位老人就可以尽享天伦之乐了。可由于朱丽的工作性质比较特殊，总得在外面跑来跑去的，所以生育计划也就一拖再拖。

这天，老两口又在催女儿要孩子了，朱丽笑呵呵地对老两口说："爸，妈，你们就放心吧！我跟李胜已经商量好了，等这个工程完了，我就向单位申请转到办公室比较轻松的岗位，然后专心生个宝宝。”两位老人一听甚是欢喜，望着李胜问：“真的吗？”李胜笑着说：“爸，妈，是真的！”听到李胜肯定的回答后，老两口放下心来，只等着抱外孙子了。

然而，不久后的一天，当两个人正在家中午休之际，朱丽的单位打来了电话，说朱丽出了工伤事故。老两口急忙通知了李胜，可当三个人赶到医院时，朱丽已经停止了呼吸，老两口悲痛欲绝，整个家庭被笼罩在一片阴云当中。

数月之后，考虑到李胜还年轻，跟朱丽又没能生下个一男半女，老两口就把李胜叫到身边说：“李胜啊，你还年轻，丽丽走了，你就跟我们没关系了，你也自便吧！”此时的李胜怎能撇下老两口不管呢？他说：“爸，妈，丽丽不在了，我怎能也不管你们呢？你们放心，我会为你们养老的。”

老两口考虑了一下说：“我们俩确实也需要有人为我们养老送终，但我们也不能亏待你。这样吧，咱们签一个遗赠扶养协议，你给我们养老，将来我们的这套房产还有财产都归你。”就这样，老两口与李胜就一同去了公证处签署了一个遗赠扶养协议。此后，李胜就像以前一样与两位老人生活在了一起。

虽然大家在一起相安无事，可李胜毕竟才30多岁，他的人生还很长，他的生活还要继续啊！两年后的一天，李胜带回了女孩玉凤，并告诉老两口说这是自己的女朋友。老两口虽然嘴上没说什么，可心里一时接受不了。虽说女儿去世已经两年多了，李胜再娶也是应该的。可老两口很是担心自己的养老问题，如果李胜将来把玉凤娶回来，她能对他们老两口好吗？李胜要是被她管制住怎么办？老两口陷入了深思，他们不知道该怎么办才好。

就在此时，他们接到了朱丽所在单位的通知，让他们去领朱丽的抚恤金30万元。于是老两口就去领了抚恤金回来，但这件事情他们并没有告诉李胜，他们不愿意让李胜把自己女儿用命换回来的钱花在别的女人身上。可是，李胜最终还是知道了这件事情，他对老两口的做法很不理解，这让他很是生气，因为他觉得抚恤金他也有份，由此他也就跟老两口产生了隔阂。

随着相互不信任的开始，双方的隔阂越来越深，而李胜与玉凤的感情却在逐步地升温。于是乎，李胜开始频繁地忙于约会，很少再顾及家里的事情了，没有了李胜的帮助，老两口从楼下拎一桶油上来都费劲，更甭说是一袋米或面了。

面对李胜的不理不顾，老两口一气之下向法院状告李胜不履行抚养义务，要求法院判决李胜给予老人身体上的照顾和精神上的安慰。而李胜则在法庭上提起了反诉，以自己对岳父、岳母没有法定的抚养义务为由，请求解除自己之前与老人签署的遗赠扶养协议，并请求依法继承朱丽的抚恤金10万元。

法院判决

法院在审理后认为，作为丧偶女婿，李胜对两位老人并没有法定的赡养义务，既然李胜拒不履行抚养义务，之前双方签订的遗赠扶养协议应予以解除，李胜也不再享有受遗赠的权利。故判决双方的遗赠扶养协议解除，李胜可以依法继承朱丽的抚恤金十万元。

律师说法

丧偶儿媳对公婆、丧偶女婿对岳父母没有法律上的赡养义务。

《婚姻法》第二十一条规定：父母对子女有抚养教育的义

务；子女对父母有赡养扶助的义务。子女不履行赡养义务时，无劳动能力的或生活困难的父母，有要求子女付给赡养费的权利。由此可见，子女对父母的法定赡养义务是法定的，不能由双方当事人协商。

但由于女婿与岳父母之间只是基于姻亲关系发生的亲属关系，在女儿去世后，女儿与女婿之间的婚姻关系就会消灭，女婿与岳父母之间的关系就不再存在，因此女婿并没有赡养岳父母的义务。

遗赠扶养协议是遗赠人与扶养人为明确相互间遗赠和扶养的权利和义务而订立的协议。我国《继承法》第三十一条规定：公民可以与扶养人签订遗赠扶养协议。按照协议，扶养人承担该公民生养死葬的义务，享有受遗赠的权利。依法签订的遗赠扶养协议是双方意思表示一致的民事法律行为，受法律保护。

但遗赠扶养协议却是可以解除的，当抚养人无正当理由不再履行遗赠扶养协议时，遗赠人协议就可以要求解除，抚养人不能再享有受遗赠的权利，其支付的供养费用一般不予补偿。

我国的父母子女关系分为两类：

① 自然血亲的父母子女关系。包括：父母与婚生子女、父母与非婚生子女。

② 法律拟制的父母子女关系。主要包括：养父母与养子女、继父母与受其抚养教育的继子女。

虽然在实际生活当中公婆与儿媳之间、岳父母与女婿之间，都按父母子女的关系相称，但并不属于法律上的父母子女关系，所以并不具有父母子女间的权利和义务。因此，儿媳对公婆、女婿对岳父母，没有法定的赡养义务。

47. 子女的姓氏必须随父亲吗?

案情回放

宋文文和魏志勇相恋三年后决定结婚，可却苦于没有婚房。这可愁坏了魏志勇，家里的两间小房子只够老爸和奶奶两个人居住的，看来两个人结婚后只能租房子住了。对于魏志勇家的条件，宋文文的父母是知道的，为了能让女儿女婿生活得幸福，他们老两口就拿出了多年的积蓄买了一套房子送给了女儿女婿，这让宋文文和魏志勇很是感激。

可这时，宋文文的父亲却向魏志勇提出了一个自己的心愿。他对魏志勇说:“志勇啊！你也知道，我就文文一个女儿，文文的爷爷也就我一个儿子，他希望我能够为老宋家延续香火。所以，我想跟你商量一下，等你跟文文有了孩子之后能不能姓宋啊？”魏志勇虽然不是思想封建之人，但一想到别人家的孩子都随父亲的姓时，心里确实也有一点儿不大乐意，在他看来，岳父是要用这一套房子来换自己孩子的姓，这不成了交易了吗？这让他觉得很不舒服。

于是，他把房子的钥匙退还给岳父说:“我看我们还是先租房子住吧！”老宋一看女婿的这个态度，也就没再说什么，只是说:“房子是送给你们的，为什么要去租房子住啊？”看着这个有点儿尴尬的局面，文文马上说:“爸给咱的，你就拿着吧！至于孩子的姓嘛，到时候再说。”

就这样，宋文文和魏志勇结婚后就直接住进了新房里。时间过得很快，转眼间两年过去了，文文怀孕后顺利地生下了一个儿子。魏志勇的父亲老魏听到这个好消息后也给自己的孙子取了一个响亮的名字——魏天亮。

儿子的出世让宋文文和魏志勇很是欢喜，岳父和岳母更是为他们提供了无微不至的照顾，这让魏志勇很是感激。如果没有岳父岳母对妻子和儿子的悉心照料，自己恐怕就得工作生活两头忙了，而且肯定会弄得一团糟，哪会像现在这样井井有条啊！

特别是当他了解到自己同事和朋友的孩子中，也有一些是随母姓的，这种做法也是法律允许和认可的。之后，他想通了，只要是自己的儿子，只要一家人能够和和美美地生活在一起，其实姓谁的姓都无所谓的。既然自己的岳父有这个心愿，那自己何不帮他完成这个心愿呢？

想通之后，魏志勇就直接找到岳父说："爸，感谢您和妈对我们如此细心的照顾，不是你们在的话，我一个人肯定忙不过来。既然您有这个心愿，我就满足您，就让孩子姓宋吧！"老宋听了之后很是欣喜，他老泪纵横，激动地对女婿说："谢谢你了，我的好女婿。"就这样，一家人高高兴兴地给儿子上了户口——宋天亮。

然而，魏志勇只是考虑到岳父，却忘记了问自己的父亲老魏。这天，老魏来看自己的孙子，当听到亲家母抱着孩子叫着"宋天亮"时，他的心里很不是滋味，直接就把儿子叫出来训了一顿。在他看来，老宋就是拿一套房子换走了孙子的姓，他骂自己的儿子没出息，居然出卖自己的姓氏，他要求儿子必须把孙子的姓氏改过来。这让魏志勇很是为难，老魏一气之下就去找老宋理论，结果话不对口，不欢而散。

回到家里的老魏越想越想不通，越想越气，于是他就以侵犯孙子的姓氏权为由把老宋告到法院，但是法院立案庭以老魏与此案没有法律上的利害关系为由，不予立案。

律师说法

法律规定，子女可以随父姓也可以随母姓。

《婚姻法》第二十二条规定：子女可以随父姓，可以随母姓。也就是说，子女可以随其父亲或母亲的姓，子女可以以其父母的姓作为自己的姓氏。子女出生以后，父母可以协商以谁的姓作为子女的姓氏，不管是随父姓还是随母姓，法律都是允许的。不过，目前我国多数子女都随其父亲的姓。

也有一些人会认为，公民有权决定自己的姓名，父母起名是对子女的自我命名权的干涉。而事实是，子女在出生时并无民事行为能力，父母决定子女的姓名是在行使亲权。子女成年后，是可以通过姓名变更手续改变自己的姓名的，可以由父姓改为母姓，或由母姓改为父姓。

在现实生活中，大多数的非婚生子女都随母姓，当然也是可以随生父的姓的。继子女可以使用其父或母再婚前使用的姓，也可以随后父或后母的姓。如果继子女已有辨别能力，应尊重其意见。如果继子女还小，其成年后，有权利决定自己随生父或生母或继父或继母的姓。

对于收养关系，《中华人民共和国收养法》（以下简称《收养法》）第二十四条规定：经当事人协商一致，养子女可以保留原姓。同时该条又规定，养子女可以随养父的姓，也可以随养母的姓，这与《婚姻法》第二十二条的规定是一致的。

48. 忠诚协议是否有效?

案情回放

1996年9月，高大、帅气的温立强与文静漂亮的易秀清大学恋爱四年后如愿以偿地双双被分配到北京某国营建筑材料公司工作。半年后，他们走进了婚姻的殿堂。过上了温馨而幸福的小日子。随着可爱儿子温阳的降生，使幸福的小家庭更是增添了很多温馨与快乐。

一家三口的生活虽然幸福、快乐，但是经济上并不富裕。眼看着一些大学同学下海经商过上了富裕的生活。有些眼红的小夫妻俩经过商量后决定，由温立强辞职下海创业，易秀清则继续留在公司并负责孩子的抚养教育。

2003年春季，满怀着理想的温立强背着简单的行囊及多年的积蓄，南下广州、深圳、浙江等地考察，在广州郊区一家建材厂找到了一份工作。当温立强拿到第一个月3000元的工资后，除了留下800元生活费外，全部给妻子汇了过去。在一年多的打工过程中，温立强一边怀着对妻儿的思念，一边潜心学习建材生意的经验。

2004年秋天，满怀着收获以及思念的心情，温立强辞职回到了妻儿的身边。经过与妻子商量，决定自己开办一个建材经销公司。夫妻俩便拿出多年的积蓄，又从银行贷款、向亲友借贷，终于凑齐了所需的40万元启动资本。经过两个月的筹备，温立强的建材经销公司在北京朝阳区的某建材城开业了。

由于正赶上北京建筑行业发展的大好形势，加之温立强善于经营、勤于忙碌，建材公司不到一年半的时间就获利颇丰，不但还清了所有欠债，而且还有20万元的盈余。温立强用赚来的钱买了一辆中档轿车，生意更是如虎添翼。到2007年年底，温立强夫妻已经拥有了5套住房、三间门市、两辆轿车、两辆货车、两家建材公司。为了全力抚育孩子照顾辛苦的老公，妻子易秀清也辞职做起了全职太太，一家三口的幸福生活可谓到了人人羡慕的程度。

可是好日子总是那么短暂。自从易秀清做起了全职太太后，发现丈夫出差的次数越来越多了、回家团聚的日子越来越少了，而且到家也是衣来伸手、饭来张口、倒头就睡。不要说跟易秀清说说悄悄话了，就连儿子也顾不上多看几眼、多哄哄，总是喊好累好累，对温柔贤惠的妻子更是连碰都不碰。

一次周末，易秀清带着儿子去自己家郊区的另外一套房子里看看。在打扫房间时意外地发现床下一个废弃的避孕套，这让秀清大感震惊，马上意识到老公温立强肯定有问题了，心中不禁充满了无名怒火。但是易秀清还是压制住了自己，决定采取秘密侦查，以便验证自己的判断。

经过半个多月的秘密侦查，易秀清发现老公温立强手机中一条吴丽丽发的漏删的暧昧短信以及与吴丽丽的多次的通话记录、老公身上几处浅浅的牙印。但是没有侦查到那套新房里老公与女人的苟且行为。于是易秀清又加强了对老公温立强的跟踪。她发现老公的车经常停在建材城附近的一家宾馆门前。

她便委派一个朋友在经过秘密尾随后，发现老公进入了该宾馆301房间，随后看到一名年轻漂亮的女子也进入了该房间。易秀清在得到消息后马上赶到宾馆敲开了301房间的门，吓得目瞪口呆的老公温立强如实交代了自己的婚外情事实，并与妻子易秀清签订书面的保证协议，表示痛改前非，如再发生暧昧、出轨行为，同意离婚，将夫妻共有的所有房产和车辆都归妻子所有。

在妻子易秀清的要求下到公证处办理了公证手续。在开始的短暂的几个月里，老公温立强能够坚持每天回家，也能偶尔尽到做丈夫的义务和做父亲的责任了。然而，好景不长，温立强以工作忙为由又回到了以前夜不归宿的状态。由于上次的教训，温立强的行动更加隐秘了，妻子秀清竟然一时抓不到任何把柄，但这根本无法消除对他的怀疑。终于，功夫不负有心人。在一天晚上，妻子秀清委派的人在丈夫就餐的饭店门口蹲守，当丈夫跟一名年轻漂亮女子回到车上后，车子很久没有开动。

易秀清悄悄来到车旁，看到里面有动静，她拿着相机打开闪光功能、摁动快门将老公与一名女子在车内苟且的行为拍下来。第二天，易秀清便委托了律师将老公温立强一纸诉状起诉到北京市某区人民法院：要求离婚、儿子归原告易秀清抚养、全部房产和车辆归原告易秀清所有，公司股权、存款平均分割，等等。被告老公答辩称夫妻感情尚好，坚持不离婚。

法院判决

法院认为被告长期不尽丈夫和父亲的责任义务，与婚外异性屡有出轨行为，已经使原被告感情破裂，准予二人离婚。同时法官认为，被告与原告的保证协议不违反法律规定，认定有效。判决儿子温阳归原告抚养，八套房产归原告所有，四辆机动车归原告所有，夫妻共同存款六十万元原被告各三十万元，一个公司的股权归原告所有，一个公司股权归被告所有，被告按月支付儿子抚养费一千元。

律师说法

本案中，原、被告出具的保证协议书属于忠诚协议，符合我国婚姻法律的规定，合法有效。

《婚姻法》第四条规定：夫妻应当互相忠实，互相尊重；家庭成员间应当敬老爱幼，互相帮助，维护平等、和睦、文明的婚姻家庭关系。

这就是法律对夫妻之间忠诚义务的规定。但这一条规定仅是一项法律精神和法律原则，不具有可操作性，且根据《婚姻法解释一》规定："当事人仅以婚姻法第四条为依据提起诉讼的，人民法院不予受理，已经受理的，裁定驳回起诉。"不过，本案中，被告基于法律规定的夫妻忠诚义务，向原告出具的忠诚保证书具备可操作性，一旦出现保证书中的事实发生，在离婚时就可以依照执行了。

夫妻忠实义务是婚姻关系最本质的要求，是关系到婚姻关系是否稳定的关键。虽然对于违反夫妻忠实义务的行为可能还没有达到重婚、与人非法同居等严重程度，一方如何承担相应的责任，法律也尚未作出具体明确的规定。但法律也未明文禁止当事人双方自行约定。

本案中，被告向原告出具的忠诚保证书，是被告没有受到任何胁迫的情况下自愿的行为，内容也没有损害任何第三方的利益。属于婚姻法规定的抽象的夫妻忠诚义务的现实具体化，符合婚姻法的原则与精神，因而应该受到法律保护。

49. 什么是第三者?

案情回放

李卫林和申小燕在好朋友田静的撮合下相识、相知并决定喜结连理。由于李卫林的父母早逝，自己也没什么积蓄，两个人的婚房就成了李卫林最为头痛的问题。还好，申小燕是家里的独生女，申家父母就拿出了自己多年的积蓄帮他们小两口付了新房的首付。

结婚前，申家父母把李卫林叫到了家里，郑重其事地把自己心爱的女儿交给了李卫林，并对李卫林说："卫林啊，小燕是我们老两口的心头肉，懂事是挺懂事的，就是有点儿敏感和多疑，她需要你付出比别人多的爱对她，你能做到吗？"李卫林赶紧地说："爸，妈，你们就放心吧！我一定会对小燕好的，绝不让她受一点儿委屈。"

就这样，李卫林和申小燕在亲朋好友的祝福声中步入了婚姻的殿堂。婚后的生活甜蜜而幸福，小两口过得很是滋润。然而，随着时间的推移，柴米油盐酱醋茶占据了生活的重心。李卫林由于工作上的压力和不顺也很少能有时间给予申小燕过多的浪漫与温馨，生活的平淡让从小受父母娇惯的申小燕很不适应，并且她的敏感与多疑也使得两个人之间开始了频繁的争吵。生活的不如意让李卫林心烦意乱，而此时他又丢掉了工作，苦闷的他只好借酒消愁，这就更增加了他们两个之间的矛盾。

这天，李卫林又喝多了，吵架归吵架，可看着喝得不省人事的李卫林，申小燕还是心疼啊。她好不容易把李卫林扶到了床上，帮他盖好了被子，突然他在李卫林的枕头边上发现了一个首饰盒，打开一看是一个漂亮的项链。申小燕一想，两个人的结婚纪念日就要到了，这一定是丈夫送给自己的礼物。想到这里，她的脸上露出了幸福的微笑。

很快，李卫林又找到了新的工作，两人的关系似乎应该好一点了，可申小燕却丝毫感觉不到丈夫对自己的关心。结婚纪念日这天，申小燕叫来了好友田静，一起做好了饭等李卫林回家来庆贺。可等来的却是李卫林加班的电话，这让申小燕很是生气。又一想，男人嘛，以事业为重是应该的，他不是给自己买礼物了吗？这样一想，申小燕就没太往心里去。可接连几天下来，李卫林都是一下班就睡觉，睡醒了就去上班了，根本就没提过项链的事情，这不禁让申小燕产生了怀疑。

周五这天，两人约好了等李卫林一下班就一同去看申小燕的父母并在那里吃饭。申小燕想去看看老公的新公司，所以中午就赶到了老公的单位附近。可让她没想到的是，她却看到自己的老公与别的女人在一起亲密地吃饭，而那个女人的脖子上戴的正是那天自己在老公的枕头边上看到的项链。看到这里，申小燕立即给李卫林打电话问他在哪儿？自己几点去找他一起去父母家？可李卫林接了电话却说自己正跟一大帮同事在吃饭呢！晚上可能会加班就不去岳父母家了，让申小燕自己去。眼看着丈夫在说谎骗自己，申小燕的疑心就更大了。于是，她就在好友田静的陪同下去找了跟丈夫一起吃饭的那个女人，并警告她离李卫林远点。

李卫林得知此事后很是生气，他告诉申小燕那个人叫于娜，是自己的老乡，也正是在她的介绍下自己才找到现在的新工作的，自己跟她之间根本就没什么。可申小燕就是不听李卫林的解释，一气之下，李卫林就收拾东西搬到外面去住了。李卫林走后一直都没有回家，这让申小燕很是担心。于是她找到了田静，想让田静陪自己去找一趟李卫林，以和好如初。

可令她没想到的是，当她跟田静来到李卫林的公司门口时却看见李卫林和于娜有说有笑很亲密的样子。申小燕生气得要回去，田静也很后悔地说："真不知道李卫林原来是这种男人，想当初我还极力撮合你俩呢！真是对不起了！"田静的话让申小燕更是生气，她产生了离婚的想法。

可离婚得分财产啊，她哪能把财产分给这个没良心的李卫林呢？于是，她就与田静一起天天去李卫林的公司门口守候，寻找李卫林出轨的证据。结果她们发现每天中午李卫林都会跟于娜去同一家餐厅吃饭，于是她俩就拍了很多的照片。

之后，申小燕就以李卫林有第三者为由，向法院提起离婚诉讼。法庭上，申小燕出示了自己拍到了李卫林与于娜在一起吃饭的照片，还请田静为自己做了证人。并说出了自己一直耿耿于怀的项链的事情。

而李卫林则解释说，那个项链是老乡冯刚为了追求于娜让自己转交给于娜的，也就是这样一个见面的机会使他加入到了于娜所在的公司，并跟于娜成了同事。两个人一起吃饭也是为了让于娜增进对冯刚的了解，没想到却引起了申小燕的误会。李卫林承认自己因忙于工作而疏忽了申小燕，他说他会改的，他并不想与申小燕离婚。

法院判决

法院在审理后认为，申小燕所提供的证据和田静所做的证言并不能证明于娜是第三者，并且申小燕与李卫林的夫妻感情并未完全破裂，故依法驳回了申小燕的诉讼请求。

律师说法

有配偶者与他人同居是认定夫妻感情破裂的标准之一。

在社会上，“第三者”常被称为“小三”、“姘头”、“情人”、“相好的”等。

本案是一个因误解别人是“第三者”而产生感情纠纷的典型案例。申小燕因为敏感和多疑而把于娜看成了影响自己与丈夫感情的“第三者”，而事实上却是因为她与丈夫没能够好好沟通而产生的误解。而现实中，所谓第三者确实是婚姻纠纷中存在的一个热门词。那么，什么才是“第三者”呢？

1984 年在最高人民法院《关于贯彻执行民事政策法律若干问题的意见》中，第一次明确规定了“第三者”的概念和“第三者介入”的概念。最高人民法院《关于贯彻执行民事政策法律若干问题的意见》第三条规定：因第三者介入而导致离婚纠纷，首先要分清是非责任，对有过错的一方和第三者介入或喜新厌旧而离婚的，处理财物时应照顾无过错一方和子女利益。

过去，人民法院一般在处理通奸姘居等侵害他人婚姻家庭的行为时，都是照这项法规办理的。目前，新的婚姻法和司法解释没有第三者的称谓，而是引入了“有配偶者与他人同居”的概念，并将之认定为夫妻感情破裂的标准。司法解释并且规定，所谓“有配偶者与他人同居”是指“有配偶者与婚外异性，不以夫妻名义，持续、稳定地共同居住”。

可见，虽然偶尔通奸也被普通民众认为是破坏婚姻的第三者，但是，偶尔通奸行为不被法律认定为夫妻感情破裂的标准，也就是说，法律上认为偶尔通奸不足以导致夫妻感情破裂。

50. 哪些证据可以认定为第三者?

案情回放

李诺与宋斌两人同在一家单位上班，在日益的接触中，两人逐渐地产生了感情，在亲朋好友的祝福声中他们举办了婚礼。由于李诺是单位里的骨干又是宋斌的顶头上司，这让作为男人的宋斌有点儿在同事面前抬不起头来。“男人都得以事业为重，女人终究要回归家庭”，出于对这种传统观念的认识，同时也为了支持自己丈夫的事业，李诺在与宋斌商量后主动向单位递交了辞呈，并利用自己的关系把丈夫扶上了领导岗位。

走上领导岗位的宋斌在工作中更加的努力，逐渐的他不仅深得领导的信任，而且也在下属中为自己树立了威信。而回归家庭后的李诺免不了会有一些失落，对比自己之前的叱咤风云，生活中的柴米油盐让她倍感无趣。好在丈夫回家后会给她讲一些单位的趣事，为她带来了不少的乐趣。

可是随着时间的推移，丈夫开始以各种理由在外逗留，回家的时间越来越晚了。这让李诺感到很不舒服，她觉得自己为老公付出了那么多，却得到了这样的结果，很是委屈。她甚至怀疑丈夫在外面有了外遇。于是，在单位当惯了领导的李诺开始了对宋斌的“审问”和“调查”，面对李诺凶悍的质问和查看自己手机的行为，宋斌感到了厌烦，对李诺越发冷淡起来。

后来，李诺怀孕了，而宋斌在此时却收到了下属潘一一的热切表白。潘一一的温柔与对自己的依赖跟李诺的强势比起来让宋斌更加的心动，他不可抑制地爱上了潘一一。可面对怀着孕的李诺，他又怎么好意思提离婚呢？于是，他跟潘一一开始了不为人知的地下恋情。宋斌专门为潘一一租了房子，两个人经常一起下班去吃饭，然后就回潘一一那里。在这种情况下，宋斌对李诺的关心越来越少了，就在这个时候，李诺与宋斌的儿子出世了。

此时的宋斌因为要周旋于李诺和潘一一之间而严重地影响了工作，工作业绩大幅度下滑，领导对他表现出了极大的不满，而关于他与潘一一之间的流言蜚语也遍布了整个公司。后来，公司领导为了整顿公司纪律，开除了潘一一，给予了宋斌严重的警告，并让宋斌作了书面检讨。

宋斌与潘一一的事情一经曝光，李诺就从以前的同事口中知道了这些事情。她没想到自己一心一意为这个家为宋斌的付出却换来了这样的结果，她欲哭无泪。而宋斌却并没有意识到自己给李诺带来的伤害，与潘一一依然是藕断丝连。这让李诺感到很是愤怒，她怎么能够总这样忍受下去呢？面对宋斌的我行我素，李诺想到了离婚。可看着襁褓中的儿子，李诺不禁悲从中来，不能就这么便宜了宋斌，一定要去法院告他有“第三者”，只有这样自己才能多分财产，才能够为自己营造一个美好的未来。

可法律讲究的是证据，证据又在哪里呢？李诺想到了自己曾经的领导杨路山，如今的杨路山也是宋斌的直接领导，只要他能给自己作证，自己一定能够胜诉。于是，李诺就抱着孩子约见了杨路山，在她泪流满面的苦苦哀求下，看在他们孤儿寡母的分儿上，杨路山同意给李诺作人证，并把宋斌写给单位的书面检讨提供给了李诺作证据。

就这样，李诺一纸诉状把宋斌告上了法庭，以宋斌和“第三者”潘一一长期同居导致夫妻感情破裂为由，请求法院判决自己与宋斌离婚，夫妻财产全判归自己所有。

法院判决

法院在审理后认为，在婚姻关系存续期间，宋斌与婚外异性潘一一有长期同居关系，严重伤害了李诺的感情，导致夫妻感情破裂，故依法判决宋斌与李诺离婚。由于宋斌是导致婚姻关系解除的过错方，故判决夫妻共同财产中，价值一百万元的房产归李诺所有，四十万元银行存款和价值二十万元的轿车归宋斌所有。

律师说法

认定配偶与他人同居行为的事实需要有充足的证据。

在现实生活中，有将近一半的离婚案件都涉及了婚外情问题，但是真正符合法律上规定的有配偶者与他人同居行为的却寥寥无几。因为这种行为见不得阳光、多为秘密行动，证据上很难取得。

因此，受害一方，由于无法取得有力的证据在离婚时很难维护自己的合法权益。通常，当事人所能够提供的电话清单、通话记录、短信内容、亲密照片、证人证言等，其证明力相对来说比较小，法院不会因这些证据而直接认定对方有过错。那么，究竟哪些证据才可以认定“第三者”呢？

通常，法院会取信的能够直接认定“第三者”的证据有：

1. 书面证据：对方因婚外情被曝光，在情急之下写的表示悔改的“保证书”、“道歉书”等；以及对方单位在查实其婚外情后对其作风问题作出处理的书面材料；还有就是对方与

“第三者”之间的书信往来。

2. 电子证据：对方与“第三者”之间的短信、电子邮件或电话录音等，但短信、电子邮件均应先做一公证，再提交法院为宜。

3. 视频证据：把对方与“第三者”捉奸在床的视频录像或照片，收集此类证据要注意不能侵犯隐私权。单独的亲密或做爱的视频、照片也仅仅能证明通奸事实，还不足以认定有配偶者与他人同居事实。如果没有其他证据佐证，单独的视听资料也很难被法院采信。

51. 什么是重婚?

案情回放

杨雪蓉与荣志军都是外地来京的打工者，1993 年两人碰巧在同一家饭馆打工，杨雪蓉是饭馆的服务员，荣志军是厨师。因为工作的关系，两人经常在一起聊天吃饭，彼此就变得熟悉起来。一次，饭馆里的客人喝酒后闹事，欺负杨雪蓉，荣志军看不过去就上去为杨雪蓉打抱不平，结果两人却因为此事都被饭馆经理给开除了。

不管怎么说，荣志军都是因为自己而被饭馆开除的，为此杨雪蓉很是过意不去，出于感激她经常会到荣志军的住处去帮忙收拾家务并照料荣志军的生活。相同的处境遭遇以及一直以来对杨雪蓉的爱慕让荣志军鼓起勇气向杨雪蓉表达了自己的感情。他对杨雪蓉说:“雪蓉，虽然我没有什么钱，但我可以保护你，绝不让任何人欺负你。”面对荣志军的表白，杨雪蓉并没有当场就答应，她说她要好好考虑一下。

之后的几天，杨雪蓉一直在想荣志军的话，独身一人在外闯荡对于一个女孩子来讲确实太难了，她确实需要一个能够保护自己的人。后来，当荣志军再一次向她表白之际，她就直接答应了下来。这让荣志军感到无比的欣喜，他告诉杨雪蓉虽然自己没什么钱，但一定会对杨雪蓉好的。于是，两个人就一起回了荣志军的老家，在亲朋好友的见证下举办了婚礼。结婚后没多久，两个人又一起回到了北京。

回到北京后，激情过后自然要面对平淡的生活，两个人又开始找工作。可转眼间两个月过去了，两个人却谁也没有找到合适的工作。眼看着生活费已经快花没了，荣志军急坏了，可越是着急越是找不到工作，他的心情也因此越来越差。而就在此时，杨雪蓉却告诉他自己找着工作了，有个好心的老板让自己去他的饭馆工作，这让荣志军感到很不是滋味，心里产生了很大的落差。

他急切地问杨雪蓉说："那个老板是男的还是女的？"当他听杨雪蓉说是男的时，他怀疑地说："他是不是看上你了？"杨雪蓉生气地说："神经病！我找到工作了你不高兴也就算了，还整天胡思乱想。"荣志军虽没再说话，可第二天他却跟踪杨雪蓉去了她打工的饭馆，看到了那个在路口接杨雪蓉的老板张有朋。张有朋的风度翩翩让荣志军感到异常的自卑，他就更加地怀疑杨雪蓉了。

自此之后，荣志军显得越发的堕落，他总想找一个工资待遇都比杨雪蓉强的工作，以为自己赢回男人的尊严。可就是这种高不成低不就的心态让他更难找到满意的工作，为此他开始酗酒，开始猜疑杨雪蓉与张有朋之间有不正当关系，还不时会到张有朋的饭馆去闹事。

这让杨雪蓉很是头疼，无奈之下她只好主动辞去了张有朋饭馆的工作，换了一份保姆的工作。随着杨雪蓉的辞职，荣志军的工作也有了着落。可通过此事，杨雪蓉对他越发的失望了，可毕竟已经办过婚事了，能过就凑合着过吧！抱着这样的心态，一晃 7 年过去了，杨雪蓉跟荣志军的生活淡而无味，节衣缩食，为此杨雪蓉连孩子都不敢要。

一个偶然的机会，杨雪蓉又一次撞见了张有朋，如今的张有朋已经离婚了，他不仅要打理饭馆的生意还要照顾家里的孩子，一个人忙得是焦头烂额。为了帮助张有朋，杨雪蓉瞒着荣志军去张有朋家做了保姆。可“世上没有不透风的墙”，荣志军最终还是知道了杨雪蓉现在的雇主就是张有朋，他以为他俩的关系一直没断，怪不得这么多年来杨雪蓉一直不想要孩子呢！

想到这里，他气坏了，从此，他开始时不时地找借口打骂杨雪蓉，杨雪蓉因为受不了他的蛮横无理和家庭暴力，最终决定跟他离婚。由于两人当时并未到民政部门领取结婚证，杨雪蓉就起草了一份分手协议让荣志军签字，但荣志军就是不肯签字，无奈之下，杨雪蓉把分手协议留给荣志军后就自顾自地搬走了。

与荣志军分手后的杨雪蓉告诉张有朋自己已经跟荣志军说清楚了，于是就继续留在张有朋家当起了保姆。朝夕的相处让两个人的心越来越近，张有朋的孩子也越来越依赖杨雪蓉，半年后，他们顺理成章地走到了一起，并到民政局去领了结婚证。

正当两个人准备开始婚后的幸福生活时，杨雪蓉却收到了法院的传票，荣志军以涉嫌重婚罪为由把她给告了。

法院判决

法院在审理后认为，杨雪蓉与荣志军的感情确已破裂，虽然他们并未领取结婚证，但他们是在1994年2月1日前结的婚，属于事实婚姻。故杨雪蓉与荣志军需要到相关部门办理了离婚手续后才能与张有朋结婚。不过由于杨雪蓉的重婚并不存在主观上的故意，所以并不构成刑法上的重婚罪。经法院调解，杨雪蓉与荣志军互相取得谅解，荣志军撤诉。

律师说法

重婚罪是故意犯罪，主观上不存在故意的重婚不构成犯罪。

我国民法上的重婚与刑法上的重婚罪还是有一定区别的。婚姻法上认定的重婚，并不以当事人的主观故意为要件，只要其出现重叠婚姻关系的客观事实就会构成重婚。而在刑法上认为重婚罪是以行为人的主观故意为要件的。比如，第三人明知他人有配偶而与之结婚的就会构成重婚罪，而不明知的则不构成重婚罪。婚姻法对重婚的认定，不管第三者是否明知，只要有客观存在就构成了民法上的重婚。

本案中，无论是张有朋还是杨雪蓉，他们所构成的重婚并不存在主观上的故意，所以杨雪蓉的行为不构成重婚罪。

52. 一方出轨怎么办?

案情回放

李新国与张佳佳是大学时期的同学，也是一对当时被众人羡慕的情侣。大学毕业后两人在各自的工作都趋于稳定后就办理了隆重的婚礼，决定牵手一生。

婚后的生活虽然算不上富裕，但经过小两口兢兢业业的打拼，三年后，两个人买了真正属于自己的房子。搬进新家后，张佳佳激动不已，她寻思着自己也应该把心收收回归家庭了，也好要个小宝宝。

然而，正当张佳佳憧憬着美好的未来之际，她却发觉李新国变了。他不再像以前那样在意自己、疼爱自己，而是开始了没完没了的应酬，有时候甚至会彻夜不归。张佳佳偶尔埋怨一句，就会招来他的一顿极不耐烦的训斥，甚至还开始动手打张佳佳了。

面对丈夫的这一系列变化，张佳佳很是委屈，她不明白这到底是怎么了？当她把这一切告诉自己的好友时，好友提醒她说："会不会是李新国有外遇了……"真是一句话提醒了梦中人啊！张佳佳一下子就意识到李新国可能真的是在外面有人了，从他的行为上就可以确定，他肯定是出轨了。

想到这里，张佳佳一下子就没了主意，她急切地问好友说："从他对我的态度来看，他肯定是在外面有人了。我该怎么办呢？”好友提醒她说：“你最好能够暗地里收集一些证据，这样将来离婚的时候你就不会吃亏了。”听了好友的话，张佳佳愣了一下，她对好友说：“可我不想离婚啊！我们俩的感情基础很好，我应该给予他信任，这样他内心明白后就一定会再回到我身边的！”

就这样，虽然张佳佳怀疑丈夫出轨但却依然不闻不问。这天，李新国回到家里，两个人又因言语不和吵了起来，李新国断然提出了离婚，可张佳佳就是不同意，她真的不愿意放弃自己用心经营了这么多年的家和感情，可又能怎么办呢？盛怒之下，李新国甩门而去。

其实张佳佳的怀疑没错，李新国确实出轨了。与张佳佳吵完之后，李新国就去了情人何小溪那里，他俩的关系已经维持有一年多了，何小溪一直催着李新国离婚，如今李新国终于提出来了，两个人在一起好好地庆贺了一番。

言谈中，何小溪提醒李新国说：“新国，你这一离婚，财产可是要分她一半的啊！有没有什么办法可以少分她点？这样咱们将来的日子也能好过一些。”李新国觉得何小溪说得很在理，也正是何小溪的话让他想到了一个绝妙的办法。

之后，李新国找到了自己的父母。李父李母是那种凡事都依着儿子的人，宠儿子宠惯了。于是在李新国的授意下，老两口拿着儿子刚刚给自己写的落款却是买房前日期的欠条把儿子李新国和儿媳妇张佳佳告上了法庭，以欠钱不还为由请求法院判决李新国和张佳佳归还欠款20万元。

这给张佳佳来了个突然袭击，对于这笔欠款，她真的是毫不知情。此时的她已经意识到李新国和他父母是合伙欺负她，可她却拿不出任何的证据来，只好把这么多年来与李新国的共同存款20万元拿出来还给了李新国的父母。

之后倍感委屈的张佳佳不堪忍受丈夫和公婆的别有用心，

主动到法院起诉离婚，以李新国出轨在先为由，请求法院判决二人离婚。并且，因李新国是过错方，因此请求法院把共同房产判给自己，算作对自己的损害赔偿。李新国同意离婚，但是否认自己与婚外异性有出轨行为。

法院判决

法院在审理后认为，张佳佳有义务对自己主张的事实提供证据。虽然张佳佳认为李新国有出轨行为，但是未能提供证据。其理由不成立。故依法判决二人离婚，各自拥有房屋的一半产权。

律师说法

有配偶者与他人同居是感情破裂和受害方获得精神赔偿的依据之一。

《婚姻法》第四十六条规定，有下列情形之一，导致离婚的，无过错方有权请求损害赔偿：

（一）重婚的；

（二）有配偶者与他人同居的；

（三）实施家庭暴力的；

（四）虐待、遗弃家庭成员的。

本案中，李新国在与张佳佳结婚后，未能忠实于夫妻二人的感情，在与情人何小溪相识后就同居生活在了一起，属于有配偶者与他人同居的情形，是过错方，应该依法对张佳佳进行损害赔偿；并且李新国与父母伪造债务骗取张佳佳财产的行为也构成了犯罪。

然而，打官司打的是证据。没有证据当然无法证明所主张的事实。由于张佳佳对婚姻的依赖与侥幸心理而没有注意搜集证据，也就没有任何的证据能够证明李新国与何小溪有同居的事实，其合法权利当然无法获得法律的保护。当然，如果离婚后，张佳佳能够知晓这一切并拿到证据，还是可以起诉重新分割财产的。届时，李新国和他的父母都将受到法律的严惩。

张佳佳的案例给我们以深刻的启示，那么我们在现实的婚姻生活中如果遇到或察觉对方有出轨迹象时该怎么办呢？律师在此提醒广大读者，一定要注意收集证据。比如照片、录音录像、证人、保证书、协议书、租房证明，等等。这些证据要达到能够证明你的配偶与婚外异性存在长期、稳定的同居事实的程度才可以对你的合法权利有所保证。需要注意的是，几张亲密照片、几段录音录像也许能够证明存在通奸行为，但还不能够证明与他人同居的事实。

53. 一方书写的遗嘱对另一方有效吗？

案情回放

张万石和李淑兰于20世纪70年代经人介绍后成立了家庭，婚后两人一直相亲相爱，生活虽算不上富裕，但很是幸福。唯一让张万石感觉不太满意的就是他们结婚都10年了，可李淑兰却未能生下一男半女，这让张万石总觉得缺点什么，心里一直为此不大痛快。

所以渐渐地他学会了喝闷酒，喝醉酒后就开始为这样或那样的原因找李淑兰的毛病，一个原本幸福美满的家庭从此开始有了很多无谓的争吵。

在张万石与李淑兰家的附近有一个小饭馆，自从张万石迷上喝酒后就成了这里的常客。饭馆的老板娘是一位30多岁的单身女性，名叫孙丽芬，生得干净利落，与这里的食客都很合得来。张万石在这里喝酒时总是最后一个离开，一来二去就与老板娘成了无话不谈的好朋友。

一次，张万石因生活琐事与李淑兰争吵后又跑到小饭馆喝闷酒，在把食客们都送走后，孙丽芬又一次坐到张万石的对面与他聊起天来。张万石把自己一肚子的委屈和不满都倒给了孙丽芬，孙丽芬很是同情与理解张万石，在酒精和感情的作用下，张万石与孙丽芬发生了性关系。事后，虽说张万石有点儿后悔，但孙丽芬并没有因此事而纠缠张万石，这让张万石很是感激，所以总会时不时地照顾孙丽芬的生意。

一个月后，张万石的妻子李淑兰在经过医院的确诊后才肯定地告诉他自己怀孕的消息。这让张万石很是欣喜，从此，他就不再喝酒了，而是开始在家里悉心地照料妻子，再也没有去过孙丽芬的小饭馆喝酒，而孙丽芬也从没有找过他。

几个月后，李淑兰为张万石生下了一个可爱的女儿，取名张莹。这可高兴坏了张万石，他在侍候妻子满月后，又一次来到了小饭馆喝酒，本想着能与孙丽芬一起分享做父亲的喜悦，可他却意外地看到了挺着个大肚子的孙丽芬。

原来，就是在那一晚，他却让孙丽芬怀上了孩子。这该怎么办呢？孙丽芬并没有因此而要求什么，她只是告诉张万石，不久后自己将关闭小饭馆专心地把孩子生下来，然后就会带着孩子去别的区县。她让张万石放心，自己一个人也能把孩子照顾好。张万石感动于孙丽芬的知情达理，留下了孙丽芬的联系方式后两个人就分别了。

后来，孙丽芬生下了一个男孩，取名张浩。张万石只是从偶尔的通话中知道孙丽芬带着孩子在别的区县开饭馆，但却从没跟他们见过面。只是会在一些特别的日子里，瞒着家人给张浩寄点礼物或生活费。

就这样，一转眼就过去了 20 年，张莹已经出落成了一个亭亭玉立的大姑娘。而每当看到女儿的同时，张万石就会想到自己从未谋面的儿子，他真的想知道自己的儿子究竟长什么样子，想知道他们娘俩这么多年是怎么过来的？想知道张浩在没有父爱的情况下成长得是否健康？是否快乐？

正当张万石纠结于此时，他却被意外地查出了癌症晚期，知道自己将不久于人世之际，他也没有了那么多的顾忌，他想在自己离世之前见一见自己的儿子，于是他拨通了孙丽芬的电话。

当孙丽芬知道这一切后就带着儿子偷偷地约见了张万石，张万石强忍着病痛去见了自己的儿子，并与他们母子谈了很久。他向儿子和孙丽芬道歉说自己对不起他们母子，没能让张浩享受到家庭的温暖，也没能够给予张浩自己应该给的父爱，他知道一个人带孩子的辛苦与无奈。听了他的话，从小对父亲耿耿于怀的张浩原谅了父亲，而孙丽芬也从没有因此怪过张万石。

这让张万石很是感激，在了解到他们娘俩现在还居住在出租房中时，为了弥补内心的愧疚，他带着张浩与孙丽芬来到了公证处立了一份遗嘱，遗嘱中声明自己百年之后，两套房产中用于出租的那套房产由孙浩继承，而现在居住的房产归李淑兰所有。存款 40 万元中 20 万元属于李淑兰，而属于自己的那一半则由张浩继承 10 万元，张莹继承 10 万元。

张万石去世半年后，张浩就带着遗嘱和张万石写给李淑兰的忏悔信来到李淑兰家要求按遗嘱继承财产。可一直被蒙在鼓里的李淑兰哪里受得了这个打击，她跟女儿张莹都不肯按张万石的遗嘱分给张浩财产。张浩一气之下把李淑兰和张莹告上了法院，请求法院判决按遗嘱依法分割张万石的遗产。

法院判决

法院在审理后认为，张万石的遗嘱合法有效，并判决张万石的遗产房产一套由张浩所有，属于张万石的二十万元存款中十万元存款由张浩所有。

律师说法

夫妻一方立遗嘱只能对夫妻共同财产中属于自己的部分进行处理，超过自己的部分是无效的。

《继承法》第十六条规定：公民可以立遗嘱将个人财产指定由法定继承人继承或赠给法定继承人以外的人。夫妻双方对夫妻共同财产享有共同的权利、承担共同的义务，双方享有平等的财产处分权。

也就是说，公民可以立遗嘱将个人财产指定由法定继承人的一人或数人或非法定继承人继承。《最高人民法院关于贯彻执行〈中华人民共和国继承法〉若干问题的意见》第三十八条规定："遗嘱人以遗嘱处分了属于国家、集体或他人所有的财产，遗嘱的这部分，应认定无效。"因此，配偶中一方将夫妻共有财产赠给子女和朋友，如未经另一方同意，该配偶擅自处分共有财产的遗嘱应认定部分无效。

本案中，张万石的两处房产和存款系他与李淑兰的夫妻共同财产。如果他在遗嘱中处分两处房产和全部存款，就会侵犯李淑兰的合法权益，根据《继承法》第二十六条的规定，对该遗嘱所涉及的共有财产，应分出一半归配偶所有，其余一半由遗嘱指定的继承人继承。

如果立遗嘱的被继承人的配偶先于立遗嘱的被继承人死亡的，对立遗嘱的被继承人的配偶的财产应按照法定继承办理，遗嘱中擅自处分应属配偶的财产的部分应认定无效。而事实上，张万石只是就其拥有的一半财产所有权进行了处分，所以他的遗嘱是合法有效的。

54. 夫妻一方将房产卖掉有效吗？

案情回放

唐莉与王宇在恋爱三年后结婚，婚后的生活充满着柔情蜜意，小两口在彼此的鼓励中奋发努力，没用几年的时间两个人就买下了两套房产，产权证上登记的都是王宇的名字。唐莉对两人的状况很是满意，可就在她对未来寄于更加美好的愿望时，却发现了王宇的异常表现。

她发现王宇不再像从前那样一下班就回家了，每次她做好饭很久都等不来王宇，于是自己只好单独吃饭休息，而王宇总是深更半夜才会回家。这让唐莉不禁起了疑心，她开始怀疑丈夫在外面有了外遇。

让她更加确定这一点的是，此时的王宇又一次变成了结婚前的月光族，一个月下来竟然没有任何的积蓄。更让唐莉生气的是，王宇居然开始时不时地找各种借口朝自己要钱了，那他的钱究竟花在了哪里呢？难道真的是在外面养了个小情人吗？为了解开心中的疑惑，唐莉决定跟踪王宇，看一看他最近到底在干些什么，是什么事情花了他那么多钱？

这天，唐莉早早地下班守在了王宇单位门口，等王宇下班后，她发现王宇跟几个男同事一起上了一辆车，于是她赶紧打了辆出租车跟踪而去。这一去不要紧，唐莉终于发现了王宇的秘密，原来他是染上赌博了。

王宇每天下班后都和这几个同事一起到一家小型赌场去赌钱，结果可想而知，自然输得多赢得少了，所以他的工资卡才会月月都留不下钱的。这一发现不要紧，可给唐莉气坏了，她立即没收了王宇的工资卡，限制了他的各项支出，希望用此办法让王宇戒掉赌瘾。可她的办法能奏效吗？

令唐莉感到伤心的是，此后的王宇依然是我行我素，甚至夜不归宿，唐莉对他很是失望。可王宇却解释说，自己没钱去赌，只是跟同事一起去看看，难道不赌只看还不行吗？对此，唐莉半信半疑，事情真的是这样吗？

随着王宇一天天的夜不归宿，他工资卡上的钱也越来越少，直到几个月后，他的工资卡再也没钱打入了，这是怎么回事呢？唐莉去了王宇公司后才知道，原来王宇已经被单位开除了。

自打王宇染上赌博后，王宇就经常迟到，上班时也没有精神、总是心不在焉，结果经常出差错，给单位造成了不小的损失。单位在扣除他几次工资后并警告，希望他能够改正，可却没想到他的表现反而越来越差，单位在无奈之下只好开除了他。

唐莉在听到这个消息后很是生气，想想自己为这个家所付出的一切，她真的心有不甘啊！如今王宇没有了收入，自己总得想点办法吧？自然而然的，她想到了他们的另一处房产，如果把那处房产出租出去，每月的租金收入不就相当于一个人的工资吗？

既然王宇现在已经这样了，自己也不能逼他太紧，等他想明白后，自然就会回头的。想到这里，唐莉便在家里找到钥匙，直接来到了自己与王宇的另一处房产处。可令她没想到的是，在自己的房子中，居然有人在大张旗鼓地装修，这是怎么回事啊？一气之下，唐莉报了警。

经过警察的调查后唐莉才知道，原来王宇瞒着自己私自把他们的这一处房产卖给了一个叫沈萍的人，在自己房子里装修的工人就是沈萍找来的，因为房子已经过户给了沈萍，所以现在完全有权利来进行装修。

知道这一切后，唐莉被激怒了。她找到了王宇质问，王宇知道事情败露后就向唐莉坦白了一切。原来在唐莉没收了王宇的工资卡后，王宇很是生气，在赌友们的“支持”下，他并没有放弃赌博，而是用打欠条的方法欠下了别人很多钱。到最后，人家开始找他要债，他在躲躲藏藏中想到了卖房还债，于是他瞒着唐莉拿到了房产证，并与沈萍签订了购房合同，将房子卖给了沈萍。

唐莉对王宇的做法很是不满，为了要回自己的房子，她以房子是她与王宇的共同财产为由向法院提起了诉讼，请求法院判决王宇与沈萍的房屋买卖无效。

法院判决

法院在审理后认为，虽然该房屋是王宇与唐莉在夫妻关系存续期间购买的，确实属于夫妻共同财产。但沈萍却对此并不知情，鉴于沈萍有偿且按市场价购买了该房，并已办理了产权过户手续，其没有过错，从维护第三人合法权益的原则出发，房屋买卖关系应认定有效。因此，对于唐莉要求确认房屋买卖无效的诉讼请求，法院依法驳回。

律师说法

《婚姻法》第十七条规定：“夫妻在婚姻关系存续期间所得的下列财产，归夫妻共同所有：（一）工资、奖金；（二）生产、经营的收益；（三）知识产权；（四）继承或赠与所得的财产，但本法第十八条第三项规定的除外；（五）其他应当归共同所有的财产。”所以，本案中王宇与唐莉的此套房产属于夫妻共同财产。

《婚姻法解释一》第十七条对“夫或妻对夫妻共同所有的财产，有平等的处理权”的规定，作出了明确的解释：“（一）夫或妻在处理夫妻共有财产上的权利是平等的。因日常生活需要而处理夫妻共有财产的，任何一方均有权决定。（二）夫或妻非因日常生活需要对夫妻共有财产作重要处理决定，夫妻双方应当平等协商，取得一致意见。他人有理由相信其为夫妻双方共同意思表示的，另一方不得以不同意或不知道为由对抗善意第三人。”

本案中，房产证上只有王宇一个人的名字，沈萍支付了全部房款并进行了产权过户，属于善意第三人，所以该房屋买卖关系是合法有效的。除非唐莉有证据证明沈萍在购买房屋过程中存在重大过错或与王宇恶意串通等，才可向房屋所在地的人民法院提起诉讼，请求确认该合同无效。

律师提醒：婚后购买的房产不管写夫妻双方谁的名字都属于夫妻共有财产，未经另一方签字同意买卖房产不合法。但只要购房人与卖方之间不存在恶意串通、转移财产或其他恶意，且办理了产权过户手续，第三人所取得的房产就是善意的和受法律保护的。需要提醒的是，如果房产尚未办理过户登记时，夫妻另一方可以申请法院撤销，但擅自卖房一方必须要承担违约责任。

55. 收养的孩子有继承权吗？

案情回放

潘玉明夫妇是北京京郊的农民，家里共有 4 间平房，老两口膝下有一双儿女，儿子潘虎，女儿潘莹。一家人本来生活得其乐融融，可潘虎小时候的一次高烧，却因耽误了治疗而最终落下了残疾。这让老两口的心中很不是滋味，总感觉愧对儿子。

随着年龄的增长，眼看着潘虎已到了成家的年龄，老两口甚是着急，正所谓“男大当婚，女大当嫁”，可又有哪家的姑娘愿意嫁给自己这个身有残疾的儿子呢？老两口为儿子的婚事愁坏了，托了这个托那个，终于在别人的介绍下，潘虎与同为残疾人的临村姑娘崔青相爱了。为了让儿子结婚，老两口专门腾出两间房给儿子住，剩下的两间，老两口住一间，女儿住一间。

儿子结婚后，老两口略感宽慰，没多久就开始为儿子的下一代着急，总催着儿子儿媳趁早要一个孩子，这样老两口也能帮他们看看孩子，将来老两口百年之后也有人可以替自己照顾身有残疾的儿子儿媳了。可时间一天天地过去了，儿媳的肚子就是不见动静，到医院检查后才知道儿媳根本就不能生育，这该怎么办呢？老两口经过深思熟虑之后决定为儿子儿媳抱养一个孩子。

后来，经人介绍他们得知有一家人刚生下一个女儿但因家庭条件不好想送人，老两口知道后便不顾年迈体弱，坚持把女孩抱了回来，并办理了正规的收养手续。为女孩起名潘媛媛，希望这个孙女长大以后能够承担起照顾潘虎夫妇的责任。就这样，一老一少两对夫妇开始用自己的爱尽心竭力地养育并呵护这个小女孩，潘媛媛在爱的滋润下一天天长大。

然而，“天有不测风云，人有旦夕祸福”。十年之后，正当潘玉明夫妇享受着这难得的天伦之乐时，儿子潘虎却因病抢救无效死亡，儿媳妇崔青在儿子死后也回了娘家，后来又远嫁他乡。可怜的潘媛媛一下子就变成了孤儿，潘玉明夫妇承受着“老年丧子”的悲痛，对孙女潘媛媛更加的疼爱。从此，潘媛媛便由爷爷、奶奶抚养与未出嫁的姑姑潘莹生活在一起，小媛媛从小就对姑姑特别的依赖，在她眼中姑姑就像是自己的母亲一样。可是后来，潘莹出嫁了，小媛媛只能与爷爷奶奶相依为命、相互照应着生活在4间平房中。

一转眼又是十年过去了，潘媛媛已经长成了一个漂亮的大姑娘，并且已经参加了工作，便承担起了照顾爷爷奶奶的责任。潘玉明夫妇很是感激孙女对自己的孝敬与照顾，对潘媛媛更是疼爱有加。为了避免今后因财产问题产生什么纠纷，老两口就亲自到房管部门将自己的房产证过户到了潘媛媛的名下。没多久，潘玉明夫妇也去世了。

潘玉明夫妇去世后没多久，潘莹就找到了潘媛媛，要求潘媛媛搬出这4间平房，称自己才是这4间平房的合法继承人，潘媛媛是个外人，无权利继承。直到此时，潘媛媛才了解到自己的身世，她没想到自己一直尊敬的姑姑居然这样对待自己。一时间她心如刀绞，泪水夺眶而出。可她认为自己就是在这里长大的，并且还赡养了爷爷奶奶，爷爷奶奶已将房产过户给自己，自己就是这里的合法主人。

潘莹见潘媛媛根本就不理会自己，所以一气之下就把潘媛媛告上了法庭，以潘媛媛是养女无权继承为由，请求法院判决哥哥留下的两间房和父亲留下的两间房均由自己继承。

法院判决

法院在审理后认为，潘媛媛是潘虎合法收养的女儿，其拥有继承权。潘玉明夫妇将4间房中的两间给潘虎夫妇居住并没有办理过户，不发生赠与的效力；将其中一间让潘莹居住也没有办理过户，也不发生赠与的效力。因此，4间房属于潘玉明夫妇共有的财产。潘玉明夫妇生前将4间房过户到潘媛媛名下，视为对潘媛媛的赠与行为，合法有效。因此，法院判决驳回潘莹的诉讼请求。

律师说法

养子女与婚生子女一样享有平等的继承父母遗产的权利。

我国《收养法》第十一条规定："收养人收养与送养人送养，须双方自愿。"本案中，潘媛媛的亲生父母将她送给有能力抚养的人收养是因为潘虎夫妇结婚后不能生育，愿意收养，符合收养关系成立的条件。《收养法》第十五条还规定："收养应当向县级以上人民政府部门登记。"本案中，潘媛媛的收养手续合法，所以其与养父母间的权利义务关系适用于法律上父母子女关系的规定。

我国《继承法》第十条规定："继承遗产的第一顺序：配偶、子女、父母。"这里所说的子女，包括婚生子女、养子女和有抚养关系的继子女。本案中，如果潘玉明将两间房屋赠与潘虎并办理了过户手续，如果潘玉明在生前没有将房屋过户到潘媛媛名下，那么，潘媛媛有权继承父亲潘虎的部分遗产，因为潘虎早于潘玉明夫妇去世，潘媛媛作为代位继承人依法有权继承爷爷奶奶的遗产。

56. 过继的孩子有继承权吗？

案情回放

孙大成与孙二贵还有孙丽梅是亲兄妹，三人自幼父母双亡、相依为命。后来，在大哥孙大成的张罗下，孙二贵和孙丽梅都成立了自己的小家庭，并有了自己的孩子。而孙大成却因为弟妹的事耽误了自己，所以一直未娶，膝下无后。

随着时间的推移，孙大成也上了年纪，看着弟弟妹妹都是儿女双全，而自己却是孤苦伶仃一个人，他的心里很不是滋味。想到将来自己年老时无人照顾的情景，他不由得为自己的将来担忧起来。20世纪80年代，已经年满40岁的孙大成想到弟弟孙二贵家有二个儿子一个女儿，于是他便向弟弟提出，想让弟弟把二儿子过继给自己。

孙二贵很是感激从小到大大哥对自己和妹妹的照顾，于是他跟妻子商量后，就找到了妹妹孙丽梅，在亲戚朋友的见证下把二儿子孙正楠过继给了孙大成当儿子。出于“养儿防老”的传统观念，过继子女的方式，无论是在我国的古代还是在现代都是屡见不鲜的。从此，孙正楠就跟孙大成生活在了一起。看到大哥从此不再是孤身一人，而是有人在身边照顾了，孙二贵和孙丽梅的心里很是欣慰。

时间在一天天地过去，孙正楠长大后也娶妻并生子，为此孙大成一天到晚都乐呵呵的，他把孙正楠看成了自己的亲生儿子，享受着天伦之乐，祖孙三代在孙大成自己的小院里，其乐融融地生活在一起。

然而，世事难料，就在孙大成满足于自己的晚年幸福生活之际，却在一次去跟小孙子买玩具的路途中出了车祸，最终因抢救无效而死亡。面对孙大成的死亡，全家人都处于一种悲痛中不能够自拔。后来，在公安机关和交管部门的配合下，找到了肇事司机并结了案。之后，孙正楠就以儿子的身份领回了孙大成的遗体并为孙大成办理了后事。

可令孙正楠没想到的是，当他沉浸在悲痛中还没来得及整理孙大成的遗产时，姑姑却已经私自拿走了孙大成的房门钥匙，称这个家是大哥的，自己有继承权。孙大成的小院里有3间房，孙正楠一家住1间，孙大成1间，还有1间放一些杂物。姑姑孙丽梅的做法让孙正楠很是伤心，他认为他是孙大成的儿子，只有他才是孙大成唯一的合法继承人，所以他根本就不理会姑姑的所作所为。

正当双方闹得不可开交之际，肇事者又送来了死亡赔偿款33万元，孙正楠以孙大成儿子的身份将这笔死亡赔偿金据为己有。他的行为一下子就激怒了姑姑孙丽梅，在孙丽梅的怂恿下，孙二贵也加入到了争夺孙大成遗产的行列中。因双方都不肯让步，最终，孙丽梅连同孙二贵一起起诉了孙正楠，以孙正楠不是合法继承人为由，请求法院判决由孙丽梅和孙二贵依法分割孙大成的遗产。

法院判决

法院在审理后认为，因孙正楠与孙大成之间并未办理合法的收养手续，因此二人之间并不存在法律上的父子关系，孙正楠不能作为第一顺序继承人继承孙大成的所有财产。因孙大成生前没有结婚，父母也早已不在人世，其没有合法的第一顺序继承人。所以，其胞弟孙二贵和胞妹孙丽妹作为第二顺序法定继承人有继承孙大成遗产的权利。

但由于孙正楠和孙大成一起共同生活过，他们之间存在一定的相互扶助行为，孙正楠有权获得孙大成的部分遗产。故判决孙大成的死亡赔偿金三十三万元孙二贵、孙丽梅、孙正楠各十一万元，三间房屋每人分得一间。

律师说法

没有办理合法收养手续的，不属于养父母与养子女法律关系。

我国法律并不承认“过继”的说法，根据收养法的相关规定，收养应当向县级以上人民政府民政部门登记，收养关系自登记之日起生效。本案中，由于孙正楠与孙大成之间并未办理收养手续，因此孙正楠全部占有孙大成遗产是无法律依据的。

在大多数人看来，本案中的继承人就应该是孙正楠。所以未免会为孙正楠的遭遇感到惋惜，但法律看的是证据，这就给我们敲响了警钟，提醒我们如果要过继子女就一定要办收养手续，切不可因是至亲，就忽略必要的法定手续，否则就没有法律证据能够证明所过继子女的合法身份，随之也将失去很多权益。

当然，如果因为各种原因没有办收养手续，也可以事先签订遗赠抚养协议，《继承法》第五条明文规定：“继承开始后，按照法定继承办理；有遗嘱的，按照遗嘱继承或者遗赠办理；有遗赠抚养协议的，按照协议办理。”这样就可以用法律的武器保证养子女的权益了。

57. 后老伴的孩子能否继承自己的遗产？

案情回放

黄建中与妻子结婚三年后，妻子为他生下儿子黄铮后因没坐好月子而落下了病。四年后，妻子因病去世。为了不影响儿子黄铮的心理，为了照顾儿子的情绪，妻子病逝后黄建中就一直没有再娶，他害怕自己再婚后会影响黄铮的健康成长。而今，儿子黄铮已经20岁了，长大成人并且已经参加了工作，黄建中终于可以松一口气了。

闲下来的黄建中突然间感觉到了孤独和寂寞。在别人的介绍下，他认识了马兰英。马兰英的爱人在5年前因病去世，爱人的病花光了家里的所有积蓄，还迫使他们不得不卖掉了家里的房子，可却最终未能够把她丈夫的病治好。丈夫去世后，马兰英就跟女儿白雪相依为命地生活在了租来的房子里。

如今女儿白雪已经15岁了，她一颗操碎了的心暂得以安宁。然而，女儿整天都有自己的事做，似乎已不像先前那么的依赖自己，这让马兰英在略感欣慰的同时也多少有一些失落。相同的经历让两个人越谈越投机，两人的感情迅速升温，相约一起度过今后的人生。

两个人商量着先领结婚证，然后马兰英带着女儿白雪一起到黄建中家来住。黄建中在多年前与妻子一起买下了一套三居室，正好够他们一家四口住。可他们的结合能够得到孩子们的认同吗？孩子们会持什么态度呢？

马兰英在与黄建中商量好后，就专门与正在读高中的女儿正式谈了此事，令她没想到的是女儿白雪很是通情达理。白雪心疼地对妈妈说："妈，我知道这些年你为我付出了很多。如今，我已经长大了，我很能理解你与黄叔，你也有权利去追求属于自己的幸福。"

马兰英在得到女儿的同意后就迅速地找到了黄建中，可令她没想到的是，黄建中却给她带来了坏消息。黄建中告诉马兰英，当他把自己想与马兰英结婚的消息告诉儿子黄铮时，黄铮很是生气。他说："爸，您这么多年都过来了，何必再去结婚呢？如今我也能赚钱了，你不必再为我操心劳累了，干吗不享享清福呢？非要给家里再添两个人，人多了矛盾也多啊！"

面对黄铮的反对，黄建中不知道该怎么办。正当他为此事发愁时却得知白雪同意他们的婚事，他不禁开始感叹白雪的通情达理，也下定决心再劝劝儿子，如果实在劝不动，即使黄铮不同意，这婚他黄建中也得结。

可是，为了婚后各方都能够和谐相处，黄建中还是要尽力地劝解儿子，否则将来家里不和对他们各方都不好啊！这天，趁着儿子在家，黄建中又一次提起了自己要与马兰英结婚的事。黄铮不耐烦地说："爸，您怎么就那么不死心呢？不管你怎么说我就是不同意！"黄铮的话一下子激怒了黄建中，他开始数落儿子的不是："你怎么这么不懂事？哎！都是我给惯的，你看看人家白雪多通情达理，你要有人家一半我就知足了。"

黄铮听了不以为然地说："呵呵，我要是她，我也通情达理，其实她们娘俩为的就是你的这套房子，你怎么就不明白呢？"黄建中一听顿时明白了儿子不同意自己婚事的原因。他对儿子说："嗨！你原来是担心这套房子啊？你就放心吧！白雪又不是我的亲闺女，跟我没有任何血缘关系，所以她是没权利继承我的这套房产的。再说了，这套房子是我跟你妈一起买的，是我的婚前财产，跟她们娘俩没关系，将来就是你的！”

黄铮一听，信以为真，说：“爸，你说的是真的？如果是真的，那我就不反对你们了。”黄建中笑笑说：“当然是真的了！实在不行我哪天给你立个遗嘱，这你总该放心了吧？”黄铮则说：“得了，立什么遗嘱啊？净想不吉利的事。还是先办你们的婚事吧，这样也就多个人照顾你了！”

解决了儿女的问题后，黄建中就与马兰英一起去领取了结婚证。之后，马兰英就与白雪一起搬到了黄建中的房子中共同居住，一家人其乐融融地生活在了一起。

8 年后的一天，黄建中突发脑溢血去世，一家人被笼罩在了阴郁之中。可就在办理完黄建中的丧事后不久，黄铮就以结婚为由，要求马兰英与白雪搬出父亲的房子。这让马兰英与白雪很是不能够接受，黄铮自然遭到了断然地拒绝。

于是，黄铮一气之下把马兰英与白雪告上了法庭，并出示了一份母亲去世前留给自己的遗嘱，将房产中属于自己的份额全给黄铮继承。在黄铮看来，父亲黄建中跟自己说的一点儿没错，这套房产是自己的亲生母亲在世时和父亲一同购买的，与马兰英无关，而白雪只是黄建中的继女，跟黄建中没有任何血缘关系，所以无权继承黄建中的遗产。而马兰英则认为自己和黄建中是合法夫妻，至少应该有一半的房产属于自己，而白雪作为黄建中的继女，也有权分得遗产。

法院判决

法院在审理后认为，该房屋确实属于黄建中与前妻的共同财产，由于黄铮手中有亲生母亲的遗嘱，所以该房屋的一半产权归黄铮所有。另一半属于黄建中的遗产则应由作为第一顺序继承人的黄铮、马兰英、白雪三人共同继承。

律师说法

我国《继承法》规定，遗产按照下列顺序继承：“第一顺序：配偶、子女、父母。第二顺序：兄弟姐妹、祖父母、外祖父母。”这里所说的子女，包括婚生子女、养子女和有抚养关系的继子女。马兰英与黄建中结婚时，白雪刚刚15岁，与黄建中多年来一起共同生活，形成了抚养关系，符合法律规定。

所以，白雪属于黄建中的法定的第一顺序继承人。黄建中前妻去世后，前妻的遗嘱已将自己所拥有的那一半房屋留给了黄铮，而另一半房产则属于黄建中的个人财产。

该房屋属于黄建中在再婚前已经取得的财产，按照《婚姻法》的规定属于其婚前个人财产，而并不是他与马兰英的共同财产。因此黄建中死后，马兰英和白雪可以和黄铮一样作为第一顺序继承人，共同分割属于黄建中的那份房产。

58. 一方被宣告死亡后又出现婚姻关系还有效吗?

案情回放

2002 年，金良与戚娟相恋三年后携手步入了婚姻的殿堂。婚后的生活并不像金良当初憧憬的那样柔情蜜意、举案齐眉，两个人一下子还适应不了家庭的平淡，所以总会因为一些鸡毛蒜皮的小事争吵。但争吵归争吵，两个人的感情基础还是蛮好的。但戚娟一下子很难适应婚后柴米油盐酱醋茶的生活，而金良也被结婚时买房子车子的贷款压得有点儿喘不过气来，再加上与戚娟时不时地争吵，金良有种身心俱疲的感觉。

这天，单位领导把金良叫到办公室，告诉他说有一个出国工作的机会，本来想派他去，但考虑到他刚结婚没多久，所以想先找他商量一下。在了解到去国外工作的薪水是国内的 3 倍时，金良动心了，想想自己与戚娟越来越多的争吵，也许分开一下会更好。于是，他在没有跟戚娟商量的情况下就答应了。

当戚娟听到金良要出国的消息后，她很是生气，虽说两人有时免不了有争吵，可她真的不愿意分离啊！她责怪金良不跟她商量，金良则安慰她说："没事的！我这不也是想早点把咱们的贷款还清吗？趁着现在我们还年轻，多赚些钱，将来就会好过一点。再说了，我就去两年，很快的。等我回来后咱们就要个孩子。"

就这样，在依依不舍中，金良离别了戚娟，踏上了异国的土地。两年中，两人经常会通通电话，说一些知情的话，过得倒也浪漫，感情也更加的牢固了。就这样，两年很快过去了，戚娟也用金良寄过来的钱还清了贷款。就在戚娟望穿秋水等待金良回家的时候，却突然间与金良失去了联系，金良之前的电话怎么打也打不通了。

这让戚娟很是担心和着急，她按照之前金良给自己的地址寄信过去，却没想到一段时间后都被退了回来，说查无此人。戚娟好难过，她真的不甘心就这样没有了丈夫的消息。于是，她又跑到了丈夫国内的单位问有没有丈夫的消息，可丈夫原先的单位却告诉戚娟说，金良在完成单位安排的项目后本应归国，可他却提出了辞职，跳槽去了国外的其他公司。如今，金良两年的签证已经到期，他在国外属于非法滞留，单位也没有办法找到他。

这样的结果让戚娟很是伤心，她好后悔当初没有阻止金良去国外，如果自己当初加以阻止，那就不会有今天的结果了。不过戚娟相信，丈夫一定还活着，在不久的将来，自己一定能够等到他的归来。

戚娟 22 岁与金良结婚，24 岁就失去了金良的消息，之后戚娟又在等待中度过了 4 年，可金良却并没有出现。亲朋好友们都非常同情戚娟的遭遇，他们都劝解戚娟："想开一点，你都等他这么多年了他还是没有回来，你总不能一直这样下去吧？总该为自己的将来打算吧？"

就这样，在亲朋好友的帮助下，在戚娟 28 岁这年，法院作出了宣告金良死亡的判决。之后，戚娟又经人介绍认识了童刚，两人相恋后没多久，就在亲朋好友的祝福声中喜结连理。婚后，戚娟搬出了她与金良的房子，并把房子、车子等与金良的共同财产都赠送给了金良的父母，希望两位老人能够安度晚年。

可是，令所有人都没想到的是，2010 年，金良居然从国外回来了。当他听说戚娟再婚后就立即找到了戚娟，说戚娟仍然是他的妻子。戚娟委婉地拒绝了金良，并告诉金良说自己现在生活得很幸福。这让金良很是气愤，他没想到自己为了这个家在外面受苦这么多年却换来了这样的结果，盛怒之下，他先是到法院撤销了死亡宣告，然后就以重婚罪为由把戚娟告上了法庭，请求法院判决戚娟与童刚的婚姻无效。

法院判决

法院在审理后认为，戚娟在金良杳无音信 4 年后向法院申请宣告金良死亡，符合相关法律规定，在金良被宣告死亡后，戚娟与金良的婚姻关系自行消灭。因此戚娟与童刚的婚姻是有效的，故驳回了金良的诉讼请求。

律师说法

一方被宣告死亡后，婚姻关系也随之消灭；另一方可以再婚。

《中华人民共和国民法通则》规定，公民有下列情形之一的，利害关系人可以向法院申请宣告死亡：下落不明满四年；因意外事故下落不明，从事故发生之日起满二年；战争期间下落不明的，下落不明的时间从战争结束之日起计算。本案中，金良下落不明已满 4 年，故戚娟向法院申请宣告其死亡是合法的。

那么，一方被宣告死亡后又出现，双方的婚姻关系到底有没有效呢？《最高人民法院关于贯彻执行〈中华人民共和国民法通则〉若干问题的意见（试行）》第37条规定："被宣告死亡的人与配偶的婚姻关系，自死亡宣告之日起消灭。死亡宣告被人民法院撤销，如果其配偶尚未再婚的，夫妻关系从撤销死亡宣告之日起自行恢复；如果其配偶再婚后又离婚或者再婚后配偶又死亡的，则不得认定夫妻关系自行恢复。"由此可见，当一方被宣告死亡后又出现时，如果其配偶未再婚，则夫妻关系可自行恢复；如果其配偶已再婚，不论其后来是否单身，双方原先的婚姻关系都是无效的。所以，法院驳回金良的诉讼请求是有法律依据的。

59. 一方更换门锁不让另一方回家怎么办？

案情回放

薛文彬与张小菊是同一家单位的职工，随着两人的相知相恋，两个人相约共度此生。于是，2000 年 1 月 1 日，在亲戚朋友的见证下，两个人举办了婚礼。

婚后的生活充满了柔情蜜意，两个人一同上班，一起下班，让周围的人都羡慕不已。更让两个人高兴的是，两年后，女儿沅沅降生了。从此，一家三口的生活中充满着欢声笑语，一家人平淡且快乐地生活在一起！

然而，天有不测风云，一个突如其来的灾难袭击了这个原本幸福美满的家庭。2010 年的一天，张小菊在单位上班时突然昏迷，送到医院后被查出了尿毒症。噩耗传来，薛文彬悲痛欲绝。为了挽救妻子的生命，薛文彬拿出了家里所有的积蓄，还向亲戚朋友借了一些钱，为张小菊做了肾脏移植手术，总算是挽救了张小菊的性命。可出院后的张小菊却因为病情严重，不久后便双目失明，失去了生活上的自理能力。

在这种情况下，张小菊也没有办法再上班了。于是，她只好向单位办了病退手续。此后，家中的所有重担都落在了薛文彬一个人的肩上。薛文彬不仅要照顾生病的妻子和年幼的女儿，还要负责家里所有的开销和张小菊的后续治疗费用。薛文彬的工资本身就不高，这样下来，不仅自己累得要死，每个月的工资还不够花，更甭说还别人的钱了。

薛文彬哪里过过这样的日子啊？他被这种现状急得焦头烂额，心中的压力与日俱增。逐渐的他对老婆孩子开始失去耐心，动不动就发火或打骂。对此，张小菊刚开始还能够理解，并不跟他太过计较。可面对薛文彬的怨声载道，特别是对孩子的打骂，张小菊忍无可忍，就开始了反击。于是，一个原本幸福美满的家庭一时间充满了火药味。

这天，他俩又因为经济问题大吵了一架，张小菊一气之下就带着女儿回了娘家。张小菊以为丈夫气消了之后就会来接她们娘俩回家，可没想到一转眼几个月过去了，别说来接她们了，薛文彬甚至连个电话都没给她打过。无奈之下，张小菊只好带着女儿自己回去了。然而，她却在自家门前吃了个闭门羹。不知何时，丈夫已将家里的门锁更换，她跟女儿是有家也不能回了。在寻找薛文彬未果的情况下，张小菊又带着女儿回到了娘家。

此后，张小菊多次打电话给薛文彬要求回家，并让薛文彬支付自己与女儿的生活费、医疗费和学费，都遭到了薛文彬的断然拒绝。为此，张小菊很是伤心，她没想到薛文彬会如此的薄情寡义，根本就不念及两人曾经的深情和幸福，居然会对自己和女儿如此的冷淡。

半年之后，张小菊忍无可忍，她一纸诉状将薛文彬告上了法庭，以薛文彬不让自己和女儿回家、拒付生活费为由，请求法院判决薛文彬犯遗弃罪，并支付自己与女儿这一段时间以来的生活费等共计一万元。

法院判决

法院在审理后认为，薛文彬不让自己的妻女儿回家并拒付生活费的行为已经触犯了法律，但考虑到张小菊与薛文彬的感情基础不错，为了解决这对母女的实际问题，在法院的调解下，薛文彬认识到了自己的错误，他决定用自己的实际行动来弥补过错。于是，他把妻女接回了家中，也支付了妻女这段时间的生活费等一万元，并承担了女儿的抚养费。

律师说法

一方更换门锁不让另一方及子女回家的行为在法律上已经构成了遗弃。

那么当我们遇到这种情况时该怎么办呢？最好能够采取报警等方式为自己保留证据。如果感情还在不想离婚，可以通过相关部门进行调解。如果确实想离婚，则可以通过离婚诉讼提出请求，要求进行财产分割，并让对方支付精神损失费。

60. 婚姻期间一方借的债必须夫妻共同偿还吗？

案情回放

袁晓波大学毕业后即贷款创业，为自己闯出了一番天地，也顺利地还清了当初的贷款。如今的他已经成了一个名副其实的小老板，事业如日中天。不过唯一让他不太满意的就是自己的个人问题。

由于这两年把全部精力都放在了事业上，所以就一直没能够全身心地谈一场恋爱，家中的父母为此事也总催他，想着法子帮他介绍对象。虽然袁晓波并不太喜欢相亲，但耐不住父母的唠叨，再加上自己也确实不小了，于是他就在父母的安排下开始相亲了。

可虽然相了好多次亲，却没有一个自己能够看中的，正当他决定放弃的时候，他却意外地发现了欧苗苗。端庄秀丽的欧苗苗一看就是一个大家闺秀，袁晓波一见倾心，从此开始了热烈的追求。

欧苗苗生性温柔，对事业有成的袁晓波也很喜欢。就这样，经过近半年花前月下的恋爱之后，两个人决定结婚。结婚前，袁晓波向欧苗苗提出了自己的想法，他希望结婚后，欧苗苗能够辞去自己的工作，专门在家中做自己的贤内助，以便相夫教子。

对于袁晓波的这个要求，欧苗苗考虑之后还是答应了下来，不过她也提出了自己的要求：自己在照顾好家的同时希望能够有丰富的业余生活，这一点希望袁晓波能够支持。并且，因自己结婚后就没有了工作，而袁晓波在经营公司时经常会有资金往来。所以，她希望袁晓波在向别人借款时能够在欠条上注明欠款为个人债务，不属于夫妻共同债务。对于欧苗苗的要求，袁晓波也很痛快地答应了下来。在领结婚证之前，他们两人还为此专门签订了一份婚前协议。

之后，两个人就在双方家长的张罗下举行了隆重的婚礼。婚后，欧苗苗如约辞去了工作，在家里做起了全职太太。而袁晓波在生意上有账务和资金往来时，也按协议规定，直接就在欠条上注明其所欠款属个人债务，与妻子无关。就这样，两个人在相亲相爱中过得很是美满，转眼间就过去了两年，欧苗苗也为袁晓波生下了一个大胖小子，这让袁晓波精神大振，比以前更加的努力了。

可是，世事难料，就在欧苗苗被幸福包围着的时候，袁晓波的公司却出了问题。财务携款私逃，公司一下子就陷入了危机。袁晓波赶紧报了案，可破案需要时间啊！袁晓波等不及，着急上火的他根据自己所掌握的一些蛛丝马迹就踏上了寻找犯罪嫌疑人的征程。

他这一去不要紧，公司没有了主事的，员工走的走，供货商、客户等也开始找上门来，这所有的一切都让欧苗苗应接不暇。更让她难过的是，家里的开支也成了问题，无奈之下，她只好把孩子送到婆婆那边，自己则去找了工作。

当欧苗苗被眼前的事情整得身心俱疲的时候，袁晓波的哥们周伟民出现了，欧苗苗以为他是来帮自己的，就很热情地接待了他。可令欧苗苗没想到的是，周伟民居然拿出了一张 20 万元的欠条，要欧苗苗还。欧苗苗对袁晓波这样的哥们失望极了，她以是袁晓波的个人债务为由，拒绝还钱，并把周伟民赶出了家门。

可没过几天，欧苗苗就收到了法院的传票。原来，周伟民以欠款不还为由，请求法院判决袁晓波还自己的欠款20万元，并以欧苗苗与袁晓波是夫妻为由，追加欧苗苗为被告，让其与袁晓波共同偿还。

法院判决

法院在审理后认为，袁晓波在欠条上已经明确注明“此欠款为个人债务，与妻子欧苗苗无关”，所以可以认定为此为个人债务，欧苗苗无须偿还。故判决袁晓波偿还周伟民欠款二十万元。

律师说法

婚姻关系存续期间一方所负债务原则上由夫妻共同偿还。

《婚姻法解释二》第二十四条规定：“债权人就婚姻存续期间夫妻一方以个人名义所负债务主张权利的，应当按夫妻共同债务处理。但夫妻一方能够证明债权人与债务人明确约定为个人债务，或者能够证明属于婚姻法第十九条第三款规定情形的除外。”

《婚姻法》第十九条第三款规定：“夫妻对婚姻关系存续期间所得的财产约定归各自所有的，夫或妻一方对外所负的债务，第三人知道该约定的，以夫或妻一方所有的财产清偿。”

本案中，袁晓波在给周伟民的欠条上已经注明“此欠款为个人债务，与妻子欧苗苗无关”的字样，故袁晓波欠周伟民的20万元应由袁晓波独自偿还。由此可见，婚姻期间一方借的债并非必须由夫妻来共同偿还，只要能够证明债务为个人债务或第三人知道夫妻间财产归各自所有的约定，此债务就属于夫或妻一方的个人债务，应由其单独偿还。

第三篇
律师教你离婚维权

61. 一方能否对瘫痪的一方提出离婚？

案情回放

王大宇与丁玉萍通过相亲认识后彼此感觉并没有什么不妥，于是在双方家长的张罗下，两人于 2000 年结婚。虽然并没有多么牢固的感情基础，但婚后的生活中两人并没有什么矛盾产生，相处得还算和睦。

由于两个人都是单位的普通职工，工资收入都比较低，生活上难免拮据。俗话说“贫贱夫妻百事哀”，贫困的生活困扰着两个人婚后的生活。虽然双方家长都在催促着两个人早日要个孩子，可一想到养育孩子的高昂费用，两个人就会不由得退缩了。

面对这种情况，王大宇很是苦闷，毕竟自己是个男人，得挑起家里的重担啊！那么，该怎么办呢？思来想去，王大宇决定跑运输。前些年学过车也有驾照，只要凑点钱买辆车，自己家里的生活一定会好起来的！想到这儿，王大宇把自己的想法告诉了妻子丁玉萍，丁玉萍早就渴望能够早点富起来了，夫妻俩一拍即合。2002 年，两个人找亲戚朋友借了些钱，买了一辆车，王大宇也到单位去办了离职手续，自己开车跑起了运输。

开始的日子免不了会很辛苦，但两个人的日子也随着王大宇的跑运输而好了起来。2004 年两个人仅用了两年时间就把亲戚朋友们的钱给还上了。这让王大宇感到更有奔头了，他想着自己再赚两年钱就可以换一个大一点的房子，然后再要个孩子了。丁玉萍也对未来充满了希望，王大宇真正地成为了家里的顶梁柱。

然而，天有不测风云。就在王大宇与丁玉萍对未来充满美好希望的同时，2006 年，王大宇意外地出事了，在这次交通事故中，王大宇虽说捡回了一条命，但却被截去了下肢，从此瘫痪在床，生活失去了自理能力。

家里的顶梁柱倒了，全家的重担一下子压在了丁玉萍一个人的身上。她除了要上班，还要照顾王大宇的一日三餐和生活起居。刚开始的两年里，生活上还算过得去，丁玉萍还能忍受，两个人也就相安无事。可时间一长，随着两个人积蓄的减少，两个人之间的矛盾就暴露出来了，不稳定的婚姻基础开始出现了裂缝。

特别是想到自己一个人的工资根本不够支付家里的开支时，丁玉萍动摇了，想想两个人也没有孩子。于是，丁玉萍向王大宇提出了离婚。“离婚？离婚了，我怎么办？”面对丁玉萍离婚的要求，王大宇很是愤怒，他坚决不同意离婚。无奈之下，丁玉萍于 2009 年两次向法院提起了离婚诉讼，但由于王大宇的坚决反对，为了维护两个人之间的感情，也为了让给他们两人和好的机会，法院依法判决两人不准许离婚。

面对法院的判决，丁玉萍很是无奈，她决定安下心来照顾王大宇。可王大宇却因为丁玉萍这两次的起诉离婚而心生怒气，再加上久病在床，所以情绪很不稳定，两个人之间的隔阂越来越深，争吵也越来越多，两个人好不容易培养起来的感情也消失殆尽。

2010 年，丁玉萍再次向法院提出离婚，称双方感情确已破裂，但考虑到王大宇长期瘫痪在床，离婚后生活肯定会更加艰难，而丁玉萍又换了一份工资待遇都比较好的工作。所以丁玉萍表示要把所有共同财产都留给王大宇，除此之外，还会给予王大宇适当的经济补偿。

法院判决

法院在审理后认为夫妻感情确已破裂，于是就耐心地劝导了王大宇，使他认识到两个人已无和好的希望，所谓“强扭的瓜不甜”，王大宇最终同意离婚。丁玉萍也根据法律规定，给予了患病在身的王大宇适当的经济扶助，双方最终调解离婚。

律师说法

离婚的唯一标准是感情破裂。

我国《婚姻法》第二十条明确规定：“夫妻有互相扶养的义务。”当夫妻中的一方因病或伤或其他原因而出现生活困难时，另一方不能因此而放弃对方，不履行自己的扶养扶助义务。但在现实生活中，当夫或妻一方因故致残或瘫痪或成为植物人时，另一方提出离婚的情况也颇为多见。本案中，丁玉萍的前两个离婚诉讼之所以未得到法院的支持，主要是从夫妻感情乃至社会的稳定与和谐等方面考虑的，毕竟夫妻双方在一起生活多年还是有一定的感情基础的。

但我国《婚姻法》主张婚姻自由，只要符合法律规定的结婚条件或离婚条件，就会得到支持。本案中，当确定丁玉萍和王大宇夫妻感情确已破裂时，法院最终还是通过调解，说服王大宇同意离婚了。

不过，《婚姻法》第四十二条规定：“离婚时，一方生活困难，另一方应从其住房等个人财产中给予适当帮助。具体办法由双方协商。协商不成，由人民法院判决。”本案中，王大宇在与丁玉萍离婚时下肢已经残废，瘫痪在床，生活不能自理，且还需大量的后续医药费用，两个人的共同财产也不足以维持其基本生活水平。所以，法院判决丁玉萍给予其适当的经济扶助是有法律依据的。

62. 一方有精神疾病，另一方能提出离婚吗?

案情回放

黎春梅与孙连成是大学同学，两人经过了朦胧的初恋与激情的热恋后决定毕业后就结婚。毕业后，两人又因为工作的问题一直没能走进婚姻的殿堂。一直到2004年，两个人相恋8年后，在双方工作都比较稳定的情况下才最终牵手一生。

婚后刚满两年，两个人就用这些年来的积蓄买了房和车，从此过起了城市中的小资生活。因为有比较好的感情基础，两个人整天一块上下班，孙连成每天都开车去黎春梅的单位接送她上下班，这让黎春梅单位的那些小姐妹都羡慕不已，谁不想找一个像孙连成这样知冷知热、疼爱老婆的老公啊!

黎春梅当然心知肚明，她为自己当初的选择感到欣慰。随着时间的推移，两个人的感情非但没有丝毫的减少，反而与日俱增，越来越亲密。这天，孙连成因单位有应酬就没去接黎春梅下班，黎春梅只好坐公交车回家了。

到了晚上，孙连成的同事打电话给黎春梅，说孙连成喝多了，让黎春梅去接他。黎春梅赶到饭店时，孙连成已经是胡话连篇了，黎春梅赶紧把他扶住，准备打车回家。这时，孙连成拿出自己的车钥匙递到了黎春梅的手中，迷迷糊糊地说:“老婆，这次你开车带我回家……”黎春梅瞥了孙连成一眼说:“我又不会开车，怎么带你回家啊？咱们还是打车走吧！”就这样，黎春梅打车把醉醺醺的孙连成带回了家。

由于车停在饭店，第二天两人只好坐公交车去上班了。下班时，孙连成去饭店取车，黎春梅则又坐公交车回家了。孙连成回到家中后跟黎春梅说：“老婆，你也去学车吧。这样我们两个人可以交替着开，万一哪天再像昨天那样，你就可以把车开回来了，这样就会省去很多不必要的麻烦。”

让孙连成没想到的是，黎春梅在听了他的话后，立即不假思索地拒绝说：“不行！我不学！”孙连成很是奇怪：“为什么啊？”黎春梅怯生生地说：“我有点儿害怕……”孙连成笑笑说：“有什么好害怕的？不就开个车吗？”“反正我就是害怕，我不学！”“哎！真拿来你没辙。”

事情就这样过去了，黎春梅不想去学车，孙连成也没有勉强她。2008 年的一天，两人在上班的途中，突然有一个人蹿到了车前，眼看着就要撞上了，坐在副驾驶位上的黎春梅忽然尖叫了起来，亏得孙连成来了个急刹车才最终没有酿成悲剧，那个人只是被蹭破了点皮，并无大碍。

当孙连成处理好这一切并告别路人回到车里时，才发觉黎春梅像变了个人似的蜷缩在车里，身体在不断地瑟瑟发抖，孙连成一碰她，她就会尖叫着躲避。孙连成感觉事情不妙就赶紧跟单位请了假，把黎春梅送到了医院。医生的诊断结果让孙连成很是郁闷——应激性精神障碍。他不明白，如此寻常的一件事情怎么就会让妻子患上精神病呢？

他的疑惑在岳父岳母那里找到了答案，原来黎春梅在小时候遭遇过一场极为惊险的车祸，车祸后她由于惊吓过度就出现过精神上的问题，但经过治疗后就痊愈了，谁也没想到这次车祸会让她的旧病复发。

知道这一切后，孙连成顿时气不打一处来，他有一种被人欺骗的感觉。黎春梅和家人居然向自己隐瞒了她结婚前的精神病史，这让他很是生气。但考虑到黎春梅正在住院，他也就没有发作，把愤怒压到了肚子里。经过为期一年的全面治疗后，黎春梅康复出院，病情已基本稳定。可回到家中的黎春梅却发现孙连成变了，动不动就会朝自己发火，也不再情愿接送自己回家了。

这天，孙连成又发火了，感觉甚是委屈的黎春梅再也忍不住了，两个人吵了起来。争吵中，孙连成把憋在肚子里的话都说了出来，他认为黎春梅隐瞒精神病史，欺骗自己与她结婚，严重地伤害了自己的感情。黎春梅则解释说自己也没想到会旧病复发，自己嫁给他是因为爱他，可孙连成根本就不听她解释，而是一纸诉状把黎春梅告上了法庭，以黎春梅患有精神病为由，要求法院判决两人离婚。

法院判决

法院在审理后认为，孙连成和黎春梅夫妻感情基础很好，婚后双方感情也很和睦，只是因为孙连成不满黎春梅隐瞒自己精神病史的行为，双方才会产生争吵，其实二人之间还是有感情的。况且，经过治疗后，黎春梅的病情已趋于稳定，只要孙连成能够真切地给予黎春梅关心和理解，二人还是可以和好的。故判决不予准许二人离婚。

律师说法

在离婚诉讼中，是否准予离婚的法定理由是我国《婚姻法》第三十二条规定的“感情确已破裂，调解无效”。本案中，孙连成和黎春梅的感情还在，所在并未达到离婚的法定条件。

关于离婚的理由，《婚姻法》第三十二条规定了“婚姻感情确已破裂、经调解无效准予离婚”的五种情形。其中第五种情形规定“其他导致夫妻感情确已破裂的情形”，主要是指夫妻一方犯有精神疾病，而判决离婚仅限于以下情形：一方在婚前隐瞒了精神病、婚后久治不愈的；婚前知道对方患有精神病而与其结婚，对方提出离婚的；夫妻一方在共同生活期间患精神病且久治不愈的。由此可见，夫妻中一方患有精神病并不是另一方提出离婚的充分条件，法院是不会根据一方是否患有精神病而判决其是否离婚的。

本案中黎春梅虽然对丈夫孙连成隐瞒了其婚前的精神病史，但经过治疗后她的病情已经趋于稳定，并且他们夫妻双方的感情基础比较好且婚后又生活得比较和谐，双方感情并未完全破裂。所以，法院判决不予准许孙连成的离婚请求是正确的。

63. 有过错方起诉离婚法院会不会判离？

案情回放

赖剑强与王兰兰经人介绍后很快就结了婚，婚后的生活虽算不上激情满怀，但两人之间过得倒也相敬如宾，生活上很是和谐，惹得很多人都羡慕不已，特别是王兰兰的好朋友杜小燕，更是对赖剑强欣赏有加。一直单身的杜小燕总会以赖剑强为标准寻找男友，可在交往一段时间后总会不欢而散，这让她总是有点儿不甘心，不知不觉中竟有点儿嫉妒王兰兰。

随着赖剑强工作的不断提升，在考虑了各种因素后，王兰兰回归了家庭，决定在家专心地相夫教子，以支持丈夫的事业发展。在王兰兰的支持下，赖剑强的事业如日中天，很快，房子车子就都有了，两个人的生活开始富裕了起来。

由于王兰兰总是一个人待在家中，有时不免有点儿孤单，所以她常会把做化妆品直销生意的好朋友杜小燕请到家中来，一来两个人可以聊聊知心的话，二来也可以买点杜小燕的化妆品，杜小燕自然乐得其所。

为了两个人来往起来更加的方便，杜小燕还专门在王兰兰的小区附近租了一套房子。此后，杜小燕就经常地光顾王兰兰与赖剑强的家，这样不但与王兰兰的关系更加的亲密了，与赖剑强也熟悉了起来。

随着日子一天天地过去，王兰兰忽然间发现赖剑强对自己越发的冷淡起来。可每每她向杜小燕说出自己的怀疑时，杜小燕总是安慰她说：“兰兰，我看你是多心了吧？也许他最近工作比较忙吧，你应该理解他才对。像他这样的好男人，打着灯笼都难找啊！”杜小燕的话总是能够迅速地打消王兰兰的疑虑，她想丈夫可能是因为最近压力比较大的缘故吧，所以也就没再往心里去。

然而，让王兰兰没想到的是，半年后，丈夫赖剑强居然向自己提出了离婚，这对她来说简直就是当头一棒。她问赖剑强为什么，赖剑强则说对她没有感情了，这让王兰兰很是伤心。她没想到自己这么久以来的付出居然换来这么个结果，倍感委屈的她克制不住自己就与赖剑强吵了起来，面对王兰兰的哭泣，赖剑强则摔门而出。

王兰兰很是伤心，此时的她好想找一个人诉说一下自己内心的委屈，于是她出门就去杜小燕家。这一去不要紧，她发现了一个惊天的大秘密。就在她刚走近杜小燕的楼门口时却发现丈夫的车停在这里，在她一愣神的工夫，丈夫赖剑强已经搂着杜小燕从楼里出来了，两个人坐上车不知去了哪里。

看到这一幕的王兰兰终于明白丈夫为什么会跟自己离婚了，原来是自己的好朋友捣的鬼，她真想冲上前去扇她一个耳光，但考虑到就在自家小区附近，所以还是强忍着没有发作。但她的心已经被伤透了，她一路哭着回到了娘家。当她弟弟知道了这一切后，就鼓励她离婚，可她不想离婚，因为她现在没有工作，离了婚该怎么生活啊？

弟弟鼓励她说：“工作是可以再找的，我们可以去咨询一下律师，看有没有什么办法可以让你在离婚时多分些财产。毕竟赖剑强是过错方。”

真是一席话提醒了梦中人，在弟弟的陪同下，王兰兰找到了律师咨询。之后，她拖着不与赖剑强离婚，趁这个机会与弟弟一起跟踪赖剑强和杜小燕，还拍了很多他们在一起的照片。这天，两个人又跟踪他们来到了一家宾馆，当发现他们开房后，两个人就冒充宾馆服务员冲了进去，把赖剑强与杜小燕堵在了房间里，王兰兰的弟弟还拍了照片并录了像。

发现事情败露后，赖剑强主动承认错误并请求王兰兰原谅，而且还写了保证书，保证书里不但承认与杜小燕同居的事实，还保证不再与杜小燕来往，云云。为了自己多年辛苦经营的这个家，王兰兰选择了原谅。之后的半年里，赖剑强表现得一直都很好，并且他还想方设法地把王兰兰当初拍的照片和录像都骗了过去并销毁了。大概又过去两个月后，王兰兰突然间收到了法院的传票，原来是丈夫赖剑强以夫妻感情破裂为由要求离婚。

此时的王兰兰欲哭无泪，她已经把所有的证据都给赖剑强了。正当她不知道该怎么办时，弟弟却告诉她不用担心，因为弟弟早已悄悄地把那些证据做了备份，保证书原件尚在手里保存。于是姐弟俩就带着这些证据去法院应诉了。

法院判决

法院在审理后认为，二人夫妻感情确已破裂，而导致感情破裂的原因是赖剑强与婚外异性杜小燕同居造成的。因此，赖剑强是过错方，证据确凿，应对王兰兰予以补偿。故判决准许二人离婚，夫妻共同财产价值五十万元的一套房屋归王兰兰所有，价值二十万元的家庭轿车和十万元存款归赖剑强所有。

律师说法

与婚外异性同居是导致感情破裂、判决离婚的原因之一。

《婚姻法》第三十二条规定：男女一方要求离婚的，可由有关部门进行调解或直接向人民法院提出离婚诉讼。人民法院审理离婚案件，应当进行调解；如感情确已破裂，调解无效，应准予离婚。

对于离婚诉讼，法院的法定判断标准就是夫妻感情是否破裂，或者夫妻一方在婚姻生活中是否存在重大过错，如重婚、实施家庭暴力、虐待等婚姻法规定的准予离婚的情形。如果夫妻双方感情确已破裂经调解无效时，不管起诉的一方是过错方还是无过错方，法院都会准予双方离婚，而不会因为原告是过错方而判决其不准离婚。

不过，在分割夫妻共同财产时，法院会依据法律规定，少分或不分给过错方财产，无过错方也可向过错方请求适当的补偿。

64. 分居两年能否离婚？

案情回放

林科和李丽是同一个村的村民，两个人在媒人的介绍下相识，之后没多久就在双方家长的张罗下结婚了。两人于2007年2月结婚，结婚没多久，林科便要与自己的好友一起南下去打工，这让李丽很是不能接受。

正沉浸在幸福的婚姻爱情生活中的她，想到就要与自己心爱的人分离，她心里很是不高兴。她对林科说："不行，我不让你走！你走了，留下孤零零的我该怎么办啊？"林科耐心地解释说："我出去打工，还不是为了咱们这个家好吗？我是一个男人，得撑起这个家啊！既然我娶了你，我就应该让你过上富足的生活！"

李丽虽然能够理解林科的想法，但她对林科还是依依不舍，她真的不敢想象自己一个人在家的日子。忽然，她像想到了什么似的，眼前一亮，兴奋地对林科说："要不你把我带上？我们一起去打工好吗？"

林科则说："老婆，我也想把你带上。可我要去的地方不知道状况如何，万一条件太差，我可不想让你去受苦。还是我先去吧，等我把那边打点好了，我再安排你过去，咱们就能团圆了，好吗？"

2007年4月的一天，李丽一直把林科送到了火车站才依依惜别，望着远去的列车，李丽无奈地回到了家里。孤单的李丽一个人孤独地坐在自己结婚的新房里，回味着自己与林科短暂而甜蜜的爱情生活，她泪流满面，真的好想好想林科啊！就这样，为了这个家的美好未来，李丽与林科开始了两地分居的生活。

李丽与林科的家跟李丽公婆的家并没在一起，从她家到公婆家和到自己娘家的距离差不多。所以，自从林科走后，孤单的李丽总会在一早起床后就跑到娘家去蹭吃蹭喝，只是在晚上吃过晚饭后才会回自己的家。李丽的父母当然不会对她有什么意见，可时间长了，李丽的嫂子则表现出了对她明显的不满。面对这种情况，李丽当然也不想让父母为难，眼看着就要过年了，她决定不再去父母家了，在家安心地等待着丈夫林科的归来。

然而，令李丽失望的是，她并没有等到丈夫林科的归来，而是接到了他回不了家的电话。无奈，李丽又去娘家过的春节。春节后，她也不好意思去父母家了，只好一个人百无聊赖地待在家中。

待在家中的李丽无事可做，于是就经常跑到隔壁邻居曾凡的家中看人家打牌，一来二去，李丽就跟曾凡熟了起来。家中如果需要换个灯泡什么的，李丽就会请曾凡到家中来帮忙。转眼又一年过去了，年底林科还是没有回来，说刚好接一工程，得到 2009 年的 5 月份才能完工，到时候一定回来。

曾凡也刚刚 20 出头，以种地为生，平时没事的时候就经常与邻居们在一起打牌，由于家中贫困，暂未娶上媳妇。相仿的年纪，再加上彼此的熟悉，李丽和曾凡之间处得像朋友一样，所以不免就引来了一些好事者的闲言碎语。

俗话说“好事不出门，坏事传千里”，李丽与曾凡之间的流言火速传遍了全村。李丽的公公婆婆当然也听到了这一切，他们哪里听得了这个？所以立马就打电话通知了林科，林科听到后顿时火冒三丈，刚好工程也接近了尾声，他就马不停蹄地赶回了家中。

2009 年 5 月，李丽为林科的归来高兴不已，却没想到林科一到家就质问起了自己与曾凡之间的事情。李丽说“身正不怕影子斜”，她告诉自己和曾凡之间是清白的。可面对李丽的解释，林科根本就听不进去，盛怒之下，他向李丽提出了离婚，李丽当然不同意。一气之下，林科就起诉到了法院，以自己与李丽分居两年为由，请求法院判决两人离婚。

法院判决

法院在审理后认为，林科与李丽的分居并非感情不和所致，林科之所以要跟李丽离婚是因为误解了李丽与曾凡的关系，其实林科与李丽之间的感情还是有的，经过了解是能够解除误解并和好如初的。故判决不准许二人离婚。

律师说法

因感情不和分居两年以上的视为感情破裂，可以判决离婚。

《婚姻法》第三十二条规定：男女一方要求离婚的，可由有关部门进行调解或直接向人民法院提出离婚诉讼。

人民法院审理离婚案件，应当进行调解；如感情确已破裂，调解无效，应准予离婚。

有下列情形之一，调解无效的，应准予离婚：

（一）重婚或有配偶者与他人同居的；

（二）实施家庭暴力或虐待、遗弃家庭成员的；

（三）有赌博、吸毒等恶习屡教不改的；

（四）因感情不和分居满二年的；

（五）其他导致夫妻感情破裂的情形。

一方被宣告失踪，另一方提出离婚诉讼的，应准予离婚。

由此可见，“因感情不和分居满两年且调解无效”才是准予离婚的情形之一。本案中，李丽与林科的分居两年并不属于感情不和，而是因为其他原因分居达两年之久，这并不符合法定离婚的条件。再者两人之间也不具备其他法定离婚的理由，二人的感情还未完全破裂，所以法院的判决是正确的。

65. 分居两年可以自动离婚吗?

案情回放

马涛高中毕业后便待业留在了家中，由于家境贫寒，父母的身体又不好，身为独生子的他只好边打零工边留在家中照顾父母。随着年龄的增长，转眼间马涛已经到了成家的年龄。2003 年，在父母的安排下，马涛与邻村的姑娘方惠认识并结了婚。

婚后的生活虽然并没有太多的柔情蜜意，但方惠的到来却大大地减轻了马涛的负担，结婚不到一年，方惠就成了照顾家内外的一把好手。有了这样的贤内助，马涛根本就不用再担心父母的身体和家中的事情了。可是，望着这个家徒四壁的家，马涛心中很不是滋味，他不想再过穷苦的日子了，他要靠自己的能力让这个家富裕起来，让自己的父母和妻子过上富足的生活。

为了改变现状，马涛决定借些钱去城里经商，他的想法得到了方惠的支持。方惠鼓励他说：“你就放心地去吧！家里的一切都有我呢！”对于方惠的理解，马涛很是感激。于是他向亲戚朋友们借了些钱，2004 年他告别了父母和妻子，自己去城里闯荡去了。

到了城里，马涛选了一个有发展的行业，从最底层做起，积累了很多的经验和知识以及社会资源。他把省吃俭用下来的工资一半给家里，一半与借来的钱存在一起，以做将来的创业资金。2006 年，马涛开始自立门户，本来几个月一回家的他，因为创业初期的忙碌，开始很少有时间回家了，只是偶尔会寄些钱回家。随着时间的推移，马涛回家的次数越来越少，并且对方惠也越来越冷淡，两个人之间的争吵也越来越多了。

2008 年春节过后，马涛以感情不合为由，向方惠提出了离婚。此时，他们的孩子已经 4 岁了。为了孩子，方惠死活不同意离婚，马涛的父母也强烈反对。为此，马涛在与方惠大吵一架后去了城里，之后就再也没回过家。一直到 2010 年，村里传开了马涛在城里与别的女人同居的消息。

据一个老乡说，他在城里打工时，看见过马涛跟别的女人在一起很亲密。听到这个消息，方惠很是伤心和委屈，但她却并没有因此而放弃照顾马涛的父母。面对善良的方惠，马涛的父母也感到很是过意不去，就催促方惠去城里找马涛一趟，也好证实一下马涛是不是真的有什么不轨行为。方惠倒是真想过去求证一下，可她却放心不下老两口的身体，老两口让方惠放心，他们自己也能照顾得了自己。

于是，在安排妥当家里的一切后，方惠就带着孩子坐上了开往城里的长途车。一路辗转、几经周折，她终于找到了马涛的公司，可当时的马涛已经下班，方惠就在公司员工的帮助下找到了马涛的住处。

然而，令方惠没想到的是，当她轻轻地叩响马涛的房门时，开门的却是一个无比妩媚的女人。她问方惠说："你找谁啊？"方惠以为自己走错了，刚要说"对不起"时，里面却传来了马涛的声音："娜娜，谁呀？""不知道。"娜娜娇气地回答道。方惠顿时气不打一处来，她狠狠地扇了那个被马涛唤作"娜娜"的女人一个耳光："不知道？我今天就让你知道我是谁！"

面对方惠，马涛不但不做任何的解释，反而厉声对方惠说："方惠！你真是不可理喻！你有什么权利打她？我告诉你，我跟你分居已有两年之久，已经算是自动离婚了，你是没有权利管我的事情的，我们应该各奔东西才对。"

面对马涛的说法，方惠一下子呆住了，这是真的吗？分居两年就会自动离婚吗？那我该怎么办？孩子该怎么办呢？疑惑中，方惠拉起了一旁哭闹的孩子，带着孩子去咨询了律师。经过律师耐心的解释后，方惠了解到她与马涛现在还是合法夫妻。但想到马涛对自己的态度时，她知道两个人的感情已经无法挽回了，于是方惠委托律师向法院提起了离婚诉讼，以马涛在与自己婚姻存续期间跟他人非法同居为由，请求法院判决两人离婚，并依法多分夫妻共同财产。

法庭上，马涛以自己与方惠因感情破裂分居两年算自动离婚为由，不认为自己与他人同居就是过错方，所以也就不同意调解并多分方惠财产。

法院判决

法院在审理后认为，马涛与方惠因感情破裂而分居两年且调解无效，故判决两人离婚。因方惠替马涛照顾双亲多年，马涛又是过错方，故依法分割其夫妻共同财产的三分之二归方惠所有，孩子由方惠抚养，马涛按月支付抚养费。

律师说法

离婚需要履行法定手续，自动离婚之说没有法律根据。

我国法律规定，解除夫妻间的关系须通过以下途径：

一、双方自愿离婚，已就子女抚养和财产分割达成一致意意见的，应亲自到民政部门办理离婚登记，双方的婚姻关系方可解除。

二、如一方要求离婚，另一方不同意，要求离婚的一方应通过离婚诉讼来解决婚姻存废的问题。起诉后，人民法院会通过审理，根据“夫妻感情是否确已破裂”的法定标准来决定是否准许其离婚。

本案中，马涛所说的“分居两年即自动离婚”的说法是没有任何法律根据的。虽然《婚姻法》第三十二条中规定“因感情不和分居满两年的”可视为夫妻感情确已破裂，应准予离婚。但因“感情不和分居满两年”只能说明双方感情确已破裂，已经达到了离婚的条件，却不能说明双方可以自动离婚。是否准许双方离婚，需要通过人民法院依法判决。

66. 一方赌博另一方能否离婚？

案情回放

吴娇和曹喜自由恋爱三年后，于2003年12月在民政部门登记结婚。婚后初期，双方的感情还不错，可谓夫妻恩爱。然而，2004年年底，曹喜就职的企业因为破产倒闭了，曹喜不得已下岗，此后就一直没有再参加工作。非但如此，由于他整日在家待着无所事事，不久之后便在几个小混混的引诱下染上了赌博的恶习。任凭吴娇怎么样规劝，曹喜就是听不进去，终日里沉迷于其中，这让吴娇很是失望。

2005年年底，曹喜在一次赌博中被公安机关带走，之后因赌博而被判入刑一年。面对曹喜的被判入狱，吴娇并没有因此而嫌弃他。相反，吴娇觉得这是上天给曹喜的一次重新做人、改头换面的机会，也是给他们这个家的一个机会。

所以，吴娇并没有放弃曹喜，而是坚持等他出狱，她希望出狱后的曹喜能够痛改前非，戒掉赌博，然后找个工作，两个人一起好好地过日子。2006年年底，曹喜出狱后，对吴娇表达了自己的感激，并信誓旦旦地向吴娇承诺："今后再也不赌了，一定好好工作，重新做人。"面对曹喜改过的决心，吴娇很是高兴，她开始千方百计地求人帮曹喜找工作。

然而，每当吴娇兴高采烈地从介绍人处得到工作信息后，曹喜不是嫌太脏，就是嫌太累，要不就是觉得工资太低，这可急坏了忙得团团转的吴娇，她没想到如今的曹喜会变成这样，总是想着不劳而获，世上哪有这样的工作啊？

可为了不打击曹喜，她也没说什么，只是托别人再帮着找找。可面对曹喜的这种态度和挑剔劲，还有哪个人愿意帮他找工作啊？吴娇只好让曹喜先待在家中，自己一个人赚钱养家。她不图别的，只要曹喜不再赌博，她就已经很知足了。

2007 年年初，曹喜以与朋友做生意为由向吴娇要了一万元钱，为了支持曹喜的事业，吴娇毫不犹豫就拿出了自己辛辛苦苦、好不容易攒下来的一万元钱，她希望曹喜能真的投身事业，不再沾赌博的边。

可让吴娇没想到的是，不到两个月，曹喜居然又找她要钱，说是生意上需要周转。吴娇不禁心生疑虑，问曹喜说："你做的是什么生意？前期投入多少钱？哪块周转资金不够需要钱？"面对吴娇的质问，曹喜却含含糊糊地答不上来，只是说这些方面由朋友负责，自己也不太清楚。

曹喜的回答引起了吴娇的警觉，她担心曹喜被骗，于是就问曹喜朋友的电话，她好查问一下，也帮曹喜把把关。可吴娇的问话却激怒了曹喜，他说自己很信任朋友，朋友是绝对不会骗自己的。为了不跟曹喜吵架，吴娇也就没再僵持下去，只说过几天才能筹到钱给曹喜。不过，吴娇也因此多了个心眼。

这天一早，吴娇偷偷地向单位请了假，在曹喜面前却佯装去上班，之后便悄悄地守候在自家的楼门口隐蔽处。曹喜以为吴娇已经上班走了，自己就锁好家门出去了。吴娇一路跟踪着曹喜来到了隔壁小区，曹喜在一家房门处像对暗号似的轻轻地敲了三下门，门就开了。曹喜进去后，吴娇在门口听见了里面的对话，她的肺都快要被气炸了。

原来，曹喜是来这里赌博的，之前管自己要的那一万块钱全都输了，无奈又找自己要，却没想到自己这次给的不痛快，因为钱暂时还没拿到手，曹喜只好给别人打欠条了。所以心里很不爽快，不免多唠叨了几句。门外的吴娇听得真切，她拼命地敲打着房门，以报警为要挟，终于见到了正在赌博的曹喜。见自己已经被吴娇识破，曹喜也就不再隐瞒，嘲笑吴娇太傻，被自己骗得团团转……

吴娇被彻底的激怒了，她没想到自己真心的对待，换来的却是如此的结果，既然曹喜无心悔改，自己坚持下去又有什么意义呢？于是，吴娇向法院提起了离婚诉讼，请求法院判决二人离婚。

吴娇在诉状中说，婚后的曹喜自从失业后就对家里的大小事情不管不问，并且还赌博成瘾，被判入狱；出狱后不思悔改，甚至以做生意为名欺骗自己，拿自己辛苦攒下来的钱去赌博。这对自己造成了很大的伤害，严重地影响了双方之间的夫妻感情。如今，双方的感情已完全破裂，故请求法院判决准予双方离婚。

法院判决

法院经审理后认为，虽然吴娇和曹喜是自由恋爱结婚，且曹喜也不同意离婚。但婚后不久曹喜就染上了赌博，被判入狱后却仍未有悔改的表现，反而骗取家庭成员的钱又参与赌博，其行为对夫妻感情造成严重伤害，依据《婚姻法》及相关司法解释的规定，法院认为双方感情确已破裂，故判决，准予二人离婚。

律师说法

一方有赌博、吸毒等恶习且屡教不改的，视为感情破裂，可以判决离婚。

本案中，我们应该关注的焦点在于：一方赌博另一方能否提出离婚，而赌博是不是法院判决离婚时应当考虑的因素？

《婚姻法》第三十二条规定：一方有赌博、吸毒等恶习且屡教不改的，若另一方提起离婚诉讼，并且不同意调解，那么法院就应当判决离婚。

《关于人民法院审理离婚案件如何认定夫妻感情确已破裂的若干具体意见》中规定，一方好逸恶劳、有赌博等恶习，不履行家庭义务、屡教不改，夫妻难以共同生活的，可以认定夫妻感情破裂，从而判决双方离婚，如果无过错方提出赔偿请求的，法院应予以支持。从以上规定可以看出，法院在判决夫妻双方是否离婚时，一方的吸毒、赌博等恶习也会成为考量的重要因素之一。

当然，这些法律规定仅仅适用于有恶习一方屡教不改的情形，如果仅是偶尔出现一次，后经教育也已成功戒掉的，就不会构成屡教不改，法院也就不会据此判决双方离婚。

本案中，曹喜在因赌博入刑出狱后依然不思悔改，还骗取吴娇的钱用于赌博，越陷越深，所以法院的判决是正确的。

67. 一方受到虐待可否离婚？

案情回放

江丽萍师专毕业后，到某村的学校担任教师。年轻漂亮的她很招人喜欢，引得了周围很多人的追求，这其中也包括本村的村民马景成。马景成是村里的电工，在一次上班的途中偶遇江丽萍。

当时，江丽萍的自行车坏了，她怕因此而耽误给学生上课，因此很是着急。正巧碰到了马景成，马景成便骑自己的车主动把江丽萍送到了学校，之后又帮江丽萍修好了自行车并送了过来。

为此，江丽萍很是感动，两个人就此成为了好朋友。在日益增多的接触中，江丽萍被阳光帅气的马景成所吸引，而马景成也深深地爱上了年轻美丽的江丽萍。2005 年元月，江丽萍与马景成相恋一年后，在亲朋好友的祝福声中，携手步入了婚姻的殿堂。

他们婚后的生活很是美满幸福，2006 年年初，结婚刚满一年，江丽萍就为马景成生了一个男孩。孩子长得白白胖胖的很是可爱，马景成更是开心了。他努力地工作着，尽自己所能的照顾着自己的妻子和儿子，家中总是充满着欢声笑语。

休完产假后，江丽萍就又去学校上班了。上班后没多久，学校领导提出希望她能够响应国家只生一胎的号召，积极地采取避孕措施。对于领导的要求，江丽萍理解与赞成，她打心底里愿意这样做，她不想因此而失去自己热爱的教育事业。

于是，她回到家里，便跟马景成说了这件事情，没想到马景成听到这个事后的态度很是反常，他是坚决的不同意。这让江丽萍很是为难，她真切地希望丈夫能够支持自己的事业，可马景成却说什么也不答应。那么，理由呢？面对江丽萍的质问，马景成说："我们家已经是两代单传了，为此我们家没少在村里受气。别人总是欺负我们家人少，这次我非争这口气不可！"

对于马景成的说法，江丽萍很不能理解，她耐心地劝说："现在不一样了，家家户户都生一个。所以不再会有人欺负别人家人少了，那些都是封建思想……"不管江丽萍怎么说，马景成就是听不进去，这让江丽萍很是失望。

之后，江丽萍又多次抽时间来做马景成的工作，给他讲计划生育的好处。马景成不仅不听，甚至还要求江丽萍过两年等儿子长大点再生个孩子。这让江丽萍很是生气，盛怒之下的她瞒着马景成于 2008 年到乡医院做了绝育手术。

江丽萍的行为彻底激怒了马景成。马景成知道后，一改往日的体贴与包涵，开始对江丽萍又打又骂。两个人的生活从此由相敬如宾变成了争吵不断，而马景成也由此开始酗酒，稍有不顺心就会打骂江丽萍。面对这种状况，江丽萍很绝望。2010 年，由于无法再忍受马景成长期的打骂，江丽萍以遭受虐待为由向法院提出了离婚请求。

法院判决

法院在审理后认为，马景成因江丽萍做绝育而对其长期打骂的行为已经构成了虐待，导致二人感情破裂，故依法判决二人离婚，孩子由江丽萍抚养，马景成按月支付抚养费。

律师说法

夫妻一方虐待另一方的，视为感情破裂，可以判决离婚。

我国《婚姻法》第二条规定“实行计划生育”。这既是我国《婚姻法》的一项基本原则，也是我国的一项基本国策。第十六条也规定“夫妻双方都有实行计划生育的义务”。实行计划生育是夫妻双方的共同责任，夫妻中的一方绝不能把这一责任单方面地推给另一方。本案中，马景成以自家两代单传在村里会受气为由，不同意江丽萍实行计划生育的做法是错误的。而他对已经实行了计划生育的妻子江丽萍非打即骂的行为更是错误的，已经构成了虐待行为。

我国《婚姻法》第三十二条规定“实施家庭暴力或虐待、遗弃家庭成员的，经调解无效，应准许离婚”。第四十六条规定：“虐待、遗弃家庭成员导致离婚的，无过错方有权请求损害赔偿。”所以法院的判决是有法律依据的。

68. 一方被遗弃可否提出离婚？

案情回放

2003年，22岁的李兰在媒人的介绍下认识了比自己大3岁的临村男孩郑凯，不久两人便确立了恋爱关系。由于双方都已到了结婚的年龄，在双方家长的催促下，两个人很快就去民政部门领取了结婚证，并在家长的张罗下举办了婚宴。

自从他们结婚的那天起，李兰的婆婆就一心盼望着李兰能给他们老郑家生一个大胖小子，郑凯也盼子心切，希望自己能够早一天当上父亲。面对婆婆与丈夫对男孩的如此期待，李兰真的很害怕，她怕万一自己要是生一个女孩该怎么办？

结婚没多久，李兰就真的怀孕了。得知这个消息后，婆婆与丈夫都非常的高兴，丈夫为她买来了补品，婆婆也不再让她做家务活了。这样一来，李兰的思想压力就更大了。一天晚上，她怯生生地问郑凯说："老公，你说万一要是生个女儿怎么办？……"

郑凯一听，马上制止了李兰，他有点儿不高兴地说："别瞎说，怎么可能呢？你个乌鸦嘴！"李兰有点儿委屈地说道："我只是在说万一……"李兰的话让郑凯有点儿生气："什么万一啊？没有万一！"面对这种情况，李兰真的很无语，丈夫都这样了，更甭说婆婆了。

很快，分娩的日子到了。李兰被丈夫与婆婆送到了医院，李兰在产房里声嘶力竭地喊叫着，婆婆与丈夫则着急地守候在产房门外，等待着喜讯传来。一段时间后，李兰的喊叫声停止了，随之传来的是婴儿的啼哭声，郑凯与母亲相视一笑。

这时，医生从产房出来了，郑凯的母亲急切地问道："男孩女孩？"医生白了她一眼说："哪有这样的家属？不问问产妇怎么样？上来说问是男是女？你们就不关心产妇的身体吗？"郑凯说："呵呵，大夫，凭您的技术产妇肯定不会有什么问题的！你就赶快告诉我是男是女吧！"

医生笑了笑说："恭喜你们了，是位千金！"医生的话音刚落，不曾想，郑凯的母亲一下子就昏倒在地了。醒过来后，连产房的门都没进，就自顾自地回家了。而郑凯则唉声叹气地留在了李兰的身边。面对这一切，李兰泪流满面，事情果真被自己言中了。

从医院回到家后，李兰就没见到过婆婆。原来，婆婆一气之下搬到女儿家去住了，明摆着不想看见李兰和孙女。非但如此，婆婆甚至不让郑凯伺候月子中的李兰。这一切的一切都让李兰悲痛欲绝，她没想到封建的重男轻女思想会如此的影响深远。无奈之下，李兰搬回了娘家。

可让她没想到的是，郑凯居然在婆婆的调唆下向自己提出了离婚，可孩子才刚满六个月啊！还好，郑凯的离婚诉讼被法院依法驳回了。但在此后的一年多里，李兰却再也没有找到过郑凯，家里的门锁也已被郑凯更换掉。

而自从出院后，郑凯就没再给过李兰母女俩一分钱的生活费，虽然有娘家人的帮助，但李兰母女的生活还是极为困难，营养也跟不上。在多次索要抚养费无果的情况下，李兰以遗弃罪为由向法院提起了诉讼，并请求法院判决二人离婚。

法院判决

法院在调查审理后认为，郑凯的行为确已构成遗弃罪，故判处郑凯拘役3个月，准许李兰与郑凯离婚，孩子由李兰抚养，郑凯每月付给抚养费。

律师说法

夫妻一方遗弃另一方视为感情破裂，可以判决离婚。

我国《婚姻法》第二条规定："保护妇女、儿童和老人的合法权益。"第三条规定："禁止家庭成员间的虐待和遗弃。"本案中，李兰因为生了女孩，而受到丈夫的遗弃，这是严重违反婚姻法基本原则的。根据我国《刑法》第一百八十二条的规定，虐待家庭成员情节恶劣构成犯罪的，必须追究其刑事责任。

郑凯遗弃妻女，已构成遗弃罪。根据《婚姻法》第三十二条规定："实施家庭暴力或虐待、遗弃家庭成员的，经调解无效，应准许离婚。"所以，人民法院的判决是正确的。

69. 屡受家庭暴力能否离婚?

案情回放

罗璇是一个刚满20周岁的农村女孩，由于天生长得漂亮又善解人意，自然就有很多人追求。在众多的追求者中，罗璇只喜欢阳光帅气的陈亮。经过花前月下的恋爱后，两个人你情我愿，希望能够共度此生。可陈亮和罗璇的家境都不富裕，根本就没钱结婚，于是两个人决定一起到外面去打工，等挣了钱后回家办一个风风光光的婚礼。

可正当两个人激动地憧憬着未来的时候，罗璇家却出事了。她的哥哥本是家里的顶梁柱，可却不幸身亡。罗璇的父亲因为长年生病欠下了很多的外债，本指望罗璇的哥哥能够把这些钱还上，可老天偏不随人愿——把罗璇的哥哥带走了。

面对哥哥的离世，罗璇很是伤心，在这个家中哥哥是最疼她的人。如今哥哥走了，自己就该把家里的担子挑起来。办完哥哥的丧事后没多久，债主们就都找上了门来，逼着罗璇的父亲还钱。债主们问:“罗老汉，如今你儿子不在了，家里赚钱的人没了，你拿什么还我们钱？什么时候还？”罗璇的父亲好说歹说，可债主们就是不依不饶，一定要其近期内还钱。

就在这个关口，村民王林生说他可以替罗家还钱，不过罗家要把罗璇嫁给他才成。老两口就把目光投向了罗璇，罗璇一下子没了主意，只好去找陈亮商量，可陈亮家也没钱，陈亮就劝罗璇跟自己一起偷偷地跑到城里去打工赚钱。可罗璇没那个勇气，如果她离开了，年迈的老爸老妈该怎么生活啊？债主们会放过他们吗？

就这样，陈亮走了，罗璇无奈地嫁给了王林生，王林生也如约替罗璇的父母把欠的债全部还上了。债是还上了，可罗璇的人生悲剧却从此开始了。结婚后的王林生把自己经营不善面临倒闭的一个饭馆和家里的一切都交给了罗璇打理，自己则做了甩手掌柜，整日与一班小混混在一起，不是打牌就是喝酒，家中所有的重担都落在了罗璇一个人的身上。

而王林生却对她没有一丝的怜惜，稍有不顺就会拿她出气，特别是打牌输了时或者酗酒之后，他总认为自己替罗璇的父母还了债，罗璇就应该听自己使唤，好好地伺候自己。一年后，他们的饭馆倒闭关门了，罗璇也被打得体无完肤、遍体鳞伤。

这天傍晚，王林生又醉醺醺地回来了。他一进门就找罗璇要钱，罗璇说没有，他给了罗璇一个耳光之后，就开始数落并刺激起罗璇来。罗璇稍有反击，他就拳打脚踢。在他翻遍屋子找不到钱时，便又开始威胁罗璇给他拿钱，罗璇不拿，他就卡住了罗璇的脖子，看到罗璇因呼吸困难而晕厥后，王林生吓坏了，赶紧地打了120，经过120的急救，罗璇终于捡回了一条命。想想这一年多来王林生对自己的折磨和打骂，罗璇泪流满面，她好后悔当初没有听陈亮的话，跟陈亮一起去城里打拼……

于是，罗璇想到了离婚，可王林生就是不同意。本来罗璇跟王林生之间就没有什么感情，一想到王林生对她疯狂的打骂，她就好害怕，她实在是受不了了，该怎么做才能够逃脱王林生的魔掌呢？

在咨询律师后，罗璇以长期遭受王林生的家庭暴力为由，向法院提起了离婚诉讼。并提出了医疗费及精神损害的赔偿要求。

法院判决

法院在审理后认为，王林生的行为已经构成了对罗璇长期的人身侵害，属于家庭暴力，导致二人感情破裂，故依法判决两人离婚，王林生支付罗璇因家庭暴力而产生的医疗费及精神损害赔偿。

律师说法

夫妻一方对另一方实施家庭暴力导致感情破裂，可以依法判决离婚。

《婚姻法》第三十二条规定："实施家庭暴力或虐待、遗弃家庭成员的，经调解无效，应准许离婚。"本案中，王林生对罗璇非打即骂的行为使罗璇屡次遭受家庭暴力达两年之久，在这种情况下，法院判决其二人离婚是正确的。

《婚姻法》第四十六条规定："实施家庭暴力导致离婚的，无过错方有权请求损害赔偿。"王林生多次对罗璇实施家庭暴力，罗璇在提出离婚的同时，向法院提出损害赔偿，完全符合此项规定，她是有权获得有关医疗费及精神损害费的赔偿的。法院会依据有关证据作出相应的判赔数额。

70. 一方犯罪另一方能否离婚?

案情回放

张文东和梁小雨自由恋爱3年后，于2004年在亲朋好友的祝福声中喜结连理。婚后的生活过得美满幸福，两个人举案齐眉、互敬互爱，快乐地享受着这温馨的二人世界。

2006年，正当两人商量着准备要一个孩子之际，张文东的单位却因为经营不善倒闭了，张文东从此被迫下岗，生孩子的计划为此不得不延迟。

下岗后的张文东挤入了找工作的行列，可现在的工作哪有那么好找的？几经周折，他还是没有找到理想的工作，自信心不禁大受打击。面对张文东的失意，梁小雨安慰他说："文东，咱们不着急。要不你就在家待一段时间，反正我的工资肯定够咱们家的日常开销的。"面对梁小雨的理解，张文东很是感动，从此他就待在家里做起了家庭妇男。

一开始倒是没感觉什么，可时间长了，身为男人的张文东感到了从未有过的自卑和压抑。每当妻子把工资交到他手里的时候，每当他自己想买点礼物送给梁小雨的时候，他的内心就会有一种耻辱感，他觉得身为一个男人的自己简直活得太窝囊了，怎么能够靠老婆来养活呢？

随着时间的推移，张文东的这种感觉越来越强烈，他不想这样的无能，他总想靠自己活着，送老婆东西总不能花老婆的钱吧？张文东思索着……

这天，梁小雨下班后，张文东已经准备好了饭菜。梁小雨洗手后过来吃饭时，张文东送给梁小雨一件礼物。梁小雨很是高兴地打开后发现是一台佳能的单反机，她高兴极了，很是感谢张文东。这是她早想买的东西，要不是张文东下岗在家减少了收入，她早就买了。

不过，她善意地提醒张文东说："文东，买这个得不少钱吧？咱这个月的开销还够吗？"张文东笑笑说："你就放心吧！这个是我用这几天跟哥们学做生意赚的钱买的，没用家里的钱！"梁小雨一听乐坏了："真的吗？"张文东说："当然是真的了！"梁小雨激动得热泪盈眶，说："老公，你真厉害！"

此后，每隔一段时间，张文东就会送梁小雨礼物，有时是笔记本电脑，有时是LV的包，每次都让梁小雨异常的感动。可张文东却说："老婆为这个家这么辛苦，我得好好犒劳犒劳。"虽说梁小雨对于张文东的生意也有过一些疑问，但却都被张文东给搪塞过去了。由于梁小雨每日都忙于工作，所以也就没再多问。

可这天梁小雨下班后刚要跟张文东一起吃饭时，家里却来了不速之客——警察找上门来了，一进门就逮捕了张文东。警察的做法让梁小雨百思不得其解。警察在搜查到张文东送给梁小雨的相机、笔记本、LV包等赃物后告诉梁小雨，这些全是张文东偷来的。面对这突如其来的打击，梁小雨悲痛欲绝，她真的不理解张文东为什么要这么做？好好的一个家就这样被破坏了。

后来，张文东因犯盗窃罪被判处有期徒刑三年。面对这样的结局，梁小雨很是郁闷，一气之下她向法院提起了离婚诉讼，以张文东犯罪伤害了夫妻感情为由，请求法院判决两人离婚。

法院判决

法院在审理后认为，双方感情基础好，张文东犯有盗窃罪虽然对梁小雨的感情造成了伤害，但是张文东犯罪的动机却是因为出于对梁小雨的爱。因此，为了挽救他们的婚姻，为了让张文东在狱中好好改造重新做人，法院对双方进行了调解工作。在法院的调解中，梁小雨真切地理解了张文东的内心世界，所以她撤诉了，决定等张文东出狱。

律师说法

一方犯罪并不是可以判定双方离婚的法定理由。

也许很多人都有疑问："一方犯罪后另一方能否提出离婚？"我国《婚姻法》主张婚姻自由，离婚和结婚一样，都属于婚姻自由的一个方面，也是法律赋予公民的一项基本权利。所以，即使一方犯罪了，另一方也是可以提出离婚的。

在一方犯罪服刑期间，另一方如果想离婚的话，可以向当地人民法院提起离婚诉讼。人民法院在接受离婚诉讼请求后，就会向监狱单位去函去人，让犯罪的一方作出口头或书面的答辩，了解相关情况。然后，人民法院就会根据刑期的长短，夫妻感情的好坏，以及实际情况等各方面的情况来作出综合的分析判断，然后依法作出判决。

但是，我们必须要明白"一方犯罪并不是可以判定双方离婚的法定理由"，关键是夫妻感情是否破裂，以及犯罪一方刑期的长短。本案中，张文东被判 3 年，并且其夫妻二人的感情很好，并未完全破裂，所以法院调解其和好的做法是正确的。

71. 一方有第三者可以离婚吗？

案情回放

马诺与吴军于2002年恋爱结婚，婚后的感情本来一直都很好。唯一遗憾的是一直到2007年，两个人都结婚5年了，可却一直没能生育一个孩子。为此，吴军很是着急，他们家可是三代单传啊，他虽不指望能够生个男孩传宗接代，可至少得有个孩子吧？吴军的着急，马诺看在眼里，急在心里，可这事急不来啊！该怎么办呢？

马诺不得不求助于医院，经医院检查后最终确定：吴军没有问题，问题出在马诺身上。这下吴军有理了，他对马诺的态度越来越差了，特别是在外面有了什么不顺心的事后，他就会拿马诺出气，马诺明知自己理短，所以也就只好忍气吞声。

可马诺的忍让却并没有换来吴军的宽容，现在的马诺对于吴军来说就像是保姆。马诺明显地感觉到了吴军对自己的不屑与埋怨，她把这一切都归罪于自己的不能生育。于是，她开始拼命地找医院来医治自己的病，只要医生说有效的药，即便再苦再难下咽，她都会强迫自己喝下去。

可即使如此，吴军不但不理解反而越来越冷淡，甚至有时候会夜不归宿。马诺虽然心里不舒服，但她却认为：只要自己把病看好了，就一定能够让吴军重新回归家庭。可是，马诺的想法真的就能实现吗？

2009年的一天，马诺在给吴军洗衣服时，在他的衣服口袋里发现了一张医院妇科的诊断证明，证明一名叫曾倩的人怀孕了。这张诊断证明给了马诺当头一棒，她没想到吴军会背着自己在外面找第三者，望着那张诊断证明，她欲哭无泪。

晚上，吴军像一个没事人一样回家了。他看了一眼面无表情的马诺就又开始数落起她来："我说，你拉张驴脸给谁看呢？"马诺顿时气不打一处来，她"啪"的一声就把那张诊断证明拍在了桌子上，说："还不是让你给气的？你给我解释一下，为什么在你的衣服口袋里会有一个女人的怀孕证明？"

吴军一看事情已经败露，就没好气地说："怎么了？你生不了，我就不能找别人生啊？"马诺盛怒之下给了吴军一个耳光："无耻！"吴军也火了："难道我想要个孩子有错吗？是你不能给我啊！"说完，他拿起自己的东西就走了。

吴军走了，马诺气坏了，想想结婚7年来的点点滴滴，她真的不想放弃这个家，更不想放弃吴军，可面对这样的结果，她又能怎么办呢？

第二天，马诺来到了医院做例行检查，医生兴奋地告诉她：她的病已经好了，可以生孩子了。马诺听到这个好消息激动坏了，她赶紧做了一桌好菜并打电话把吴军叫了回来，她真的很想挽回这个家，挽回她与吴军之间的感情。然而，当她兴奋地把自己能怀孕的消息告诉吴军的时候，吴军却面无表情。

马诺说："吴军，只要你肯让曾倩打掉孩子，我就原谅你！咱们生一个咱们自己的孩子。"可吴军却死活都不同意，他甚至希望等曾倩生下孩子后，马诺能帮着抚养，这让马诺很是不能接受，她感觉自己与吴军的婚姻已经走到了尽头，和好无望了。

于是，她委托律师向法院提起了离婚诉讼，以吴军有第三者为由，请求法院判决二人离婚并要求赔偿精神损害抚慰金10万元。吴军在法庭上承认自己与一名叫曾倩的女孩长期同居，并承认曾倩已经怀上了自己的孩子。但是吴军声称与曾倩同居是为了让曾倩帮自己和马诺生个孩子，所以不同意离婚。

法院判决

法院在审理后认为，这是一起第三者介入的离婚案件，通过庭审调查已经查明吴军与婚外异性同居的事实，吴军的行为对马诺构成了感情伤害，导致二人感情破裂。在调解无效的情况下，法院依法判决二人离婚，作为过错方，吴军应赔偿马诺精神损害抚慰金三万元。

律师说法

一方与婚外异性同居是夫妻感情破裂的表现之一，无过错方可以依此请求法院判决离婚。

《婚姻法》的基本原则之一是一夫一妻。在婚姻关系存续期间，夫妻中的一方与第三者同居无形中破裂了一夫一妻的基本制度，是造成夫妻感情破裂的法定理由。受害方不但可以依法要求离婚，而且可以要求过错方赔偿精神损害抚慰金。

需要注意的是，法律只规定了一方与婚外异性同居属于法定离婚的理由。所谓与婚外异性同居，根据司法解释规定，是指与婚外异性长期、稳定的同居关系。因此，如果，一方仅与婚外异性偶尔有通奸关系，或者暧昧关系，还不足以认定导致感情破裂。受害方是不能依此要求离婚的。

72. 一方失踪，另一方能离婚吗？

案情回放

张晓桐与徐玉婵于2004年恋爱结婚，婚后的生活平淡中带着温馨与和谐，徐玉婵与张晓桐都很知足。只是两个人都是单位的普通职员，收入不太高，房子又是个小一居，所以一直以来两个人也没敢要孩子。

张晓桐是一家证券公司的职员，他知道，只有付出努力才能够有所收获！必须要在工作中创造业绩才能够升职，升职后才会有高工资，才能够让自己与妻子过上富足的生活。所以，张晓桐对待工作可谓废寝忘食，他把自己的大部分业余时间也都用在了钻研工作上。

真是功夫不负有心人啊！两年后的2006年1月，张晓桐因业绩突出被提升为单位的部门主管。这可美坏了徐玉婵，她专门为丈夫摆了一桌庆功宴，希望丈夫能够再接再厉，创造更好的业绩。两个人还商量着过两年等钱攒的差不多了就换个大房子，然后再要个孩子。

日子在一天天的过去，升职后的张晓桐也拿到了两倍于自己以前的工资，两个人快乐且美满地生活着，共同憧憬着美好的未来。2006年7月的一天，张晓桐回到家后神秘地交给妻子徐玉婵一个信封，徐玉婵打开后一看是一万块钱，她奇怪地问："这是什么钱啊？"

张晓桐笑着说："这是除工资之外，单位特意给我的奖金。"徐玉婵一听激动坏了，她想如果这样下去，那他们换大房子的日子就越来越近了。她哪里知道，这根本就不是单位给张晓桐的什么奖金，而是张晓桐利用职务之便，私自动用客户的资金炒股赚的。

之后的每一个月，张晓桐都会给徐玉婵一笔钱，少则一万元，多则几万元，都说是单位给的奖金，徐玉婵并没多想就全部给存了起来。一直到 2007 年 8 月的一天，两个人攒的钱差不多了，准备要换一套大一点的房子。可就在这个关键的时候，张晓桐却一直没有再给徐玉婵钱，徐玉婵问张晓桐说："怎么最近你们单位没给你发奖金啊？"张晓桐一愣，而后说道："哦，单位最近效益不好！"徐玉婵听了也就没再说什么。

一个月后的一天，两个人吃过晚饭正要休息之际，张晓桐忽然吞吞吐吐地对徐玉婵说："老婆，万一哪天我不在了，你一定要好好照顾自己！"徐玉婵听了有点儿莫名其妙，她赶紧摸摸张晓桐的前额，说："没发烧啊！我说你最近怎么了？魂不守舍的不说，还净说些莫名其妙的话！"张晓桐似乎想要对徐玉婵说些什么，但他欲言又止，只是说："没什么，我给你开玩笑呢！"

这天，徐玉婵下班做好饭后就给张晓桐打电话，可怎么打也打不通，整整一晚上张晓桐都没有回来。第二天一早，徐玉婵刚要给张晓桐的单位打电话询问情况，家里却来了两个不速之客——警察，说张晓桐涉嫌挪用公款，要对他们家依法搜查。随着调查的深入，徐玉婵才了解到，原来这两年来张晓桐所谓的奖金，全部都是挪用公款私自炒股赚来的。

由于最近股市不太景气，张晓桐的投资几乎全部赔了进去，当他无法再对此隐瞒时，人就失踪了。此后，有人说张晓桐畏罪潜逃了，有人说张晓桐畏罪自杀了。可徐玉婵却怎么也找不到张晓桐，可谓"活不见人，死不见尸"。至此，徐玉婵终于明白了张晓桐之前那些莫名其妙的话。她决定等他回来，因为她相信，只要张晓桐活着，他就一定会跟自己联系的。

然而，徐玉婵在等待中度过了3年，可却始终都没有等到张晓桐的消息。为了方便张晓桐找她，她依旧住在原来两个人的一居室里，家里的电话也不敢换，单位也不敢轻易调动．可3年了，张晓桐就如同从人间蒸发了一样。在亲朋好友的劝阻下，2010年9月，徐玉婵无奈地向法院提起了离婚诉讼。

法院判决

法院在审理后认为，张晓桐失踪已满3年之久，却始终下落不明，杳无音讯。故经过依法公告送达开庭传票，判决二人离婚。

律师说法

一方被法院宣告失踪，另一方可以请求法院判决离婚。

最高人民法院《关于适用〈中华人民共和国民事诉讼法〉若干问题的意见》第一百五十一条规定：“夫妻一方下落不明，另一方诉至人民法院，只要求离婚，不申请宣告下落不明人失踪或死亡的案件，人民法院应当受理，对下落不明人用公告送达诉讼文书。”

本案中，张晓桐失踪达3年之久，徐玉婵申请离婚的做法是符合法律规定的。通常对于这类案件，法院会根据其婚姻的实际状况来依法判决其是否离婚，如果判决离婚就属于公告离婚。

当然，如果一方失踪已满两年，如果希望法院顺利判决离婚，另一方可以在起诉离婚前先向法院申请宣告失踪。当失踪方依照法定程序被宣告失踪后，另一方再到法院起诉离婚。此时，法院就会依照《婚姻法》第三十二条第四款规定的“一方被宣告失踪，另一方提出离婚诉讼的，应准予离婚”，依法判决其离婚。通常，失踪人失踪两年后，法院就可以依法宣告其失踪。

73. 军人不同意离婚法院能判离吗?

案情回放

2002 年，唐瑛技校毕业后在家待业，由于已经到了结婚的年龄，家里的门槛几乎都被媒人们踢断了，可唐瑛就是没有一个中意的，这让父母很是着急。这天，媒人又来了，说这个人唐瑛保准满意，是谁呢？媒人告诉唐瑛，就是住在村西头的萧家的儿子萧树。

一听到萧树的名字，唐瑛就想起来了，萧树比自己大两岁，小时候两个人还经常在一起玩，自打萧树高中毕业后两个人就没再见过面。从媒人的口中唐瑛得知，萧树在部队里考上了军校，如今已经从军校毕业被分配到了边疆工作。

出于一种对军人的天生的好感，以及对萧树的熟悉，唐瑛出人意料地答应了这门亲事。由于萧树在部队工作，只有休假时才能回来。于是，两个人就开始了鸿雁传书，让一封封书信传达着彼此之间的爱慕、思念与牵挂。

2003 年，萧树休探亲假回到了老家，直到此时两个人才正式见面。因为萧树一年只有一次假期，时间比较紧，两个人就在家长的安排下迅速地举办了婚礼。之后，唐瑛便随军也到了边疆，开始了两个人的婚后生活。

边疆的气候变化很大，还时不时地伴有沙尘暴，这让唐瑛很难适应。再加上人生地不熟的，也没几个能说知心话的人，唐瑛便产生了回家的想法。看着为了自己而来边疆受苦的唐瑛如此难以适应这里的生活，萧树很是心疼，于是在 2004 年休探亲假的时候，他就把唐瑛送回了老家。

从此，两个人开始了两地分居的生活，其中的艰辛自不必说。一开始唐瑛并没觉得有什么不好。可时间长了，看着别人都是成双结对、双宿双飞，唐瑛未免感觉很是失落，她好想念远在边疆的丈夫啊！可丈夫一年只有一次探亲假，而自己又适应不了那里的生活，注定两个人只能过聚少离多的生活。此时的唐瑛开始怀疑自己当初的选择究竟是对还是错？

在经过一段时间激烈的思想斗争后，唐瑛决定还是再等等，看看情况再说。2005 年，唐瑛在家待了一年后，萧树又一次回家探亲了，唐瑛满心欢喜地过着这难得的二人世界。然而，因为双方有一年没有在一起了，各自都过惯了单身生活，唐瑛与萧树之间似乎有了一种陌生感，双方必须得重新试着去适应对方，这让唐瑛感到甚是苦闷，她真的害怕两个人的感情因为距离而产生裂痕。

于是，唐瑛提出了想让萧树转业到地方上的想法，可萧树想都没想就拒绝了唐瑛。他不想因为儿女私情就轻易地放弃自己的理想与事业。萧树的态度激怒了唐瑛，她真的不想再过这样的日子了。于是，她向萧树提出了离婚，而萧树却认为两个人的感情还在，所以不同意离婚。结果，唐瑛一气之下就起诉到了法院，请求法院判决二人离婚。

法院判决

法院在审理后认为，因为作为现役军人萧树不同意离婚，况且双方的感情还在，并未完全破裂，所以依法判决不准许二人离婚。

律师说法

军人一方无重大过错的离婚案件须以军人同意离婚为前提条件。

《婚姻法》第三十三条规定：“现役军人的配偶要求离婚，须征得军人同意，军人一方有重大过错的除外。”而在《军队贯彻实施〈中华人民共和国婚姻法〉若干问题的规定》中对此还做了特别规定：“配偶一方是地方人员，军人一方不同意离婚的，政治机关不得出具证明，但经政治机关查实军人一方确有重大过错的除外。”

这两项法律规定只适用于夫妻一方是军人、另一方是非军人的离婚案件，如果双方都是军人或双方都不是军人，则不适用。本案中，萧树与唐瑛的婚姻完全符合此规定，所以唐瑛要想离婚，必须要征得萧树本人的同意，如果萧树不同意且萧树本人也不存在重大过错，就不能离婚。所以法院的判决是正确的。

那么，什么是重大过错呢？《婚姻法解释一》规定：“有重大过错是指：重婚或有配偶与他人同居的；实施家庭暴力或虐待、遗弃家庭成员的；有赌博、吸毒等恶习屡教不改的。”本案中，萧树并无此类重大过错，且双方的感情还在，所以法院的判决是有法律依据的。

74. 什么情况下丈夫不得提出离婚?

案情回放

汪雷与陶娜在上学时期就互有好感，中专毕业后两个人都待业在家，所以整日里约会看电影，彼此享受着恋爱的甜蜜。看着两个孩子已经到了结婚的年龄，双方的家长就张罗着为他们举办了婚礼。

可结婚跟恋爱毕竟不一样，从恋爱时的甜言蜜语一下子过度到了结婚后的油盐酱醋，汪雷和陶娜谁都适应不了，动不动就会为一些生活中的琐事发生争吵。两个人的心中都感到很后悔，谁都没想到恋爱时那么喜欢自己的人，结婚后居然如此不堪地对待自己，可谁都没从自己的身上找找原因。

渐渐的，两个人开始故意疏远对方，汪雷时不时地会跟哥们一起去打牌喝酒；而陶娜总会去跟那些还在过着单身生活的姐妹们一起去逛街。可毕竟两个人都没有工作，生活上的开支随着两个人的随意挥霍开始捉襟见肘。无奈之下，两个人都在父母的安排下找到了工作，开始了朝九晚五的生活。随着工作的忙碌，两个人开始渐渐地学着体谅对方，相互之间不再那么疏远了，有了一种为了美好生活而共同奋斗的感觉。

可上班没多久，陶娜就怀孕了，没办法，她只好辞去了工作，安心地待在家中待产。这样一来，家中的重担就自然而然地压在了汪雷一个人的肩上。可汪雷刚上班没多久，微薄的工资根本不够一家三口的开销。虽说孩子还没出生，可不得给孩子准备出生后的各种生活用品吗？还得照顾陶娜的营养，只有营养跟得上，将来孩子生下来才会健康啊！想想这些，汪雷真的很后悔不该这么早就结婚，可既然已经结婚了，他只能扛着。

日子一天天地过去了，陶娜的肚子也一天天地大了起来，行动也变得不方便了。她开始在家里支使汪雷干这干那，可汪雷从小到大哪里做过什么家务啊？所以不免会让陶娜不满意，而陶娜就会为此大发脾气，也许是孕期反应的缘故。可汪雷哪里懂得这些，在他眼中，陶娜变得是越来越嚣张，越来越不可理喻了。

从此，两个人的生活中再一次开始了不断的争吵。汪雷埋怨陶娜不理解自己，还对自己挑三拣四；陶娜则数落汪雷不知道心疼自己，毕竟自己为他怀了孩子……总之，两个人就是“大吵三六九，小吵天天有”。

这天，在两个人又一次大吵之后，陶娜一气之下就回了娘家。在娘家人的耐心劝告和仔细分析后，陶娜认识到了自己的错误，她觉得自己都是快要当妈的人了，应该改改脾气了。可毕竟已经回到娘家来了，碍于面子问题，她并没有主动回家，而是在娘家安心地养胎，只等着汪雷消气后来接自己，也好给自己一个台阶下。可让她没想到的是，她并没有等到汪雷来接她，却收到了法院的传票。

原来，陶娜回娘家之后，汪雷越想越气，他觉得自己以前的美好生活都被陶娜给搅乱了。否则，现在的自己也不会这么的辛苦，她不但不理解自己的辛苦，还对自己态度那么差……汪雷越想越气，越想越觉得无法容忍。特别是看到陶娜回娘家后居然对自己不闻不问的，所以一气之下就向法院提起了离婚诉讼，以夫妻感情不和为由，请求法院判决二人离婚。

收到法院传票后的陶娜很是伤心，想想自己不久后就要分娩，看在即将出生的孩子的份儿上，她也不愿意离婚啊。特别是，她现在已经认识到了自己的错误，所以她不同意离婚。

法院判决

法院在审理后认为，陶娜在怀孕期间，汪雷提出离婚是违法的，所以依法驳回了汪雷的诉讼请求。在法院的调解下，汪雷认识到妇女在怀孕期间，脾气不好是孕期特有的现象，自己应多加关心和照顾才是。于是，陶娜与汪雷互为自己的错误向对方道了歉，两个人和好了。

律师说法

女方在怀孕期间，男方不得提出离婚。

我国的《婚姻法》赋予了公民自由结婚和离婚的权利，但这种权利并不是无条件的，更不是绝对的。即使离婚也不能违反社会公德，更不能损害他人的利益。特别是当妻子在生理上有其特殊性，法律就会对妇女进行特殊保护。那么，在哪些情况下丈夫不得提出离婚呢？

《婚姻法》第三十四条规定："女方在怀孕期间，分娩后一年内或中止妊娠后六个月内，男方不得提出离婚。女方提出离婚的，或人民法院认为确有必要受理男方离婚请求的，不在此限。"这并不是禁止男方提出离婚，而是为了保护广大女性朋友的合法权益，在时间上对男士的离婚权进行了适当限制。

不过，限制并不是绝对的，如果有特殊情况使法院认为确有必要，法院就可以受理男方的离婚诉讼。这些特殊情况包括：①婚前或婚后，女方自愿与他人发生两性关系而导致怀孕的；②女方有虐待、遗弃婴儿的行为；③女方对男方有危及生命、人身安全的可能；④女方在怀孕期间或分娩后一年内下落不明的。

75. 结婚8年后，一方婚前的财产可以成为共同财产吗？

案情回放

范丽薇与宋思聪已经恋爱多年，两个人商量着于2002年12月喜结连理。但由于宋思聪家在外地，工资又不高，他根本就没有钱买城里的房子。范丽薇的父母心疼自己的女儿，不想自己的女儿跟着宋思聪租房过日子，于是老两口就拿出了自己一生的积蓄，在2010年10月为女儿买了一套房子，并落户到了女儿的名下。对此，范丽薇与宋思聪很是感激，两个人在把新房装修好后就于2002年12月到民政部门去办了结婚登记手续。

由于结婚时范丽薇刚满20岁，她觉得自己还年轻，所以不想太早要孩子。只要一想到要了孩子之后，女人就得变成家庭主妇，范丽薇就害怕，她想好好地享受一下自己的青春，快乐地过只属于自己与宋思聪的二人世界。可宋思聪却不这么想，他老家在农村，且家里又只有他一个男孩子，父母亲早就催他要孩子了。只是看范丽薇玩心太大，他才没好意思催促要孩子的事，可在他的心里，早就想有一个自己的孩子了。毕竟他比范丽薇大5岁，也该要个孩子了。

2006年，他们结婚都4年了，宋思聪想着范丽薇也该收收心了吧？于是，他就向范丽薇提出了自己想要一个孩子的想法，可范丽薇一听宋思聪想要孩子就会马上打断他的话："打住啊！我可不想那么快就变成黄脸婆，我现在还小呢！你没看现在很多人都30岁以后才要的孩子吗？咱们就再等几年吧，等我30岁了，一定给你生个孩子！"

宋思聪一听可气坏了："什么？你要等到30岁才生孩子啊？那不还得等6年吗？""是啊！"范丽薇一脸的无所谓，可宋思聪却火了："不行，你能等，可我老家的父母等不了！看到咱们的下一代，一直是他们老两口的心愿！"范丽薇则没好气地说："反正我不管，我就要等到30岁。"范丽薇的话激怒了宋思聪，两个人的关系开始变得紧张起来，但却并没有闹到要离婚的地步。

只是此后的宋思聪，在外面的应酬开始多了起来，有时候甚至会夜不归宿。这让范丽薇有点儿生气，不过她以为宋思聪工作忙，再加上自己没给他生孩子也自觉理亏，所以也就没太往心里去。

转眼间就到了2011年元月，宋思聪与范丽薇的生活变得平淡而缺少激情，眼看着两个人的关系越来越紧张，双方之间的交流沟通也越来越少，范丽薇意识到：该要个孩子了！否则，这段婚姻可能会就此终结。于是，范丽薇就来到了医院，准备先做个孕前检查，如果自己身体没问题的话，就回家把自己的决定告诉宋思聪，也好缓和一下双方之间的关系。

可是，让范丽薇没想到的是，在医院的走廊里，她却看到宋思聪在陪着一个挺着大肚子的女人进行孕检，那种关切与小心翼翼让范丽薇一眼就能够断定——这个女人怀的一定是宋思聪的孩子。盛怒之下的范丽薇一下子就冲到了宋思聪和那个女人的面前，二话不说，就打了两个人一人一个耳光。面对这突如其来的变故，宋思聪惊呆了，那个女人泪流满面，而范丽薇则痛哭流涕地跑回了自己的家中。

晚上，宋思聪回来了，他并没有责备范丽薇白天的行为，他说他理解范丽薇，既然她都看见了，两个人就和平分手吧。范丽薇悲痛欲绝，她告诉宋思聪，自己今天去医院就是想做一下孕前检查，准备为宋思聪生个孩子。宋思聪冷笑了一下说："晚了，一切都晚了。我对你已经没有感情了。"

面对绝情的宋思聪，范丽薇见已无法挽回两个人的婚姻，也就同意了离婚。可在财产分割的问题上，两个人却出现了争执。对于平分存款两个人都没意见。可对于房子，范丽薇则认为这是自己的婚前财产，宋思聪无权分割。而宋思聪却认为两个人结婚已经满 8 年，婚前财产已经成为共同财产。因为双方争执不下，最终就闹到了法院。

法院判决

法院在审理后认为，该房产系范丽薇的婚前财产，宋思聪无权分割。

律师说法

在没有双方约定的情况下，一方的婚前财产不会随着婚姻的延续而变为夫妻共同财产。

1993 年 11 月 3 日，最高人民法院出台了《关于人民法院审理离婚案件处理财产分割问题的若干具体意见》，其中规定："一方婚前的房屋，婚后双方共同使用，经过 8 年可视为夫妻共同财产。"但是，2001 年 4 月 28 日，全国人大常委会对《婚姻法》进行了修改，新《婚姻法》第十八条明确规定："一方的婚前财产为夫妻一方的财产，该财产不因婚姻关系的延续而转化为夫妻共同财产。但当事人另有约定的除外。"也就是说，依据新《婚姻法》，属于公民个人的婚前财产，无论是结婚8年后还是更多年后，都属于公民的个人财产。新《婚姻法》公布实施后，旧的法规已经失效。

因此，本案中，房子属于范丽薇的婚前个人财产，在其与宋思聪离婚时，宋思聪是不能分割的。法院的判决是正确的。

需要提示的是，夫妻双方可就婚前财产和婚后财产的归属进行自由约定。也就是说，一方的婚前财产可以通过双方约定的方式变为夫妻共同财产。当然，这个约定应当以书面形式为宜。

76. 离婚时财产该怎么分?

案情回放

钟晓强自幼丧父，母亲一人含辛茹苦地把他养大，如今他已长大成人，在一家公司就职，虽说工资并不太高，但也算可以。看着儿子已经长大并且也有了一份稳定的工作，钟晓强的母亲很是欣慰，如今她唯一需要操心的就是儿子的婚姻大事。

俗话说“男大当婚，女大当嫁”，眼看着儿子已经到了结婚的年龄，身为母亲能不着急吗？这天，母亲问钟晓强说：“强子，你看妈一个人把你拉扯大也不容易，如今你也该成家了。妈想知道你有没有女朋友，没有的话，妈就托人给你介绍一个。”钟晓强听了母亲的话，赶忙说：“妈，我的事你就别操心了！其实我现在就交着一个女朋友。”母亲一听就乐了：“是吗？那你怎么不把她带来让妈看看呢？”

钟晓强若有所思地说：“妈，其实这个人你认识。就是上次我喝多了送我回家的小丽。”母亲一听就不高兴了：“是她啊？不行，我不同意。她不是外地来京的打工妹吗？只是在咱们小区附近的饭馆打工，工资又不高，这种情况，将来你们怎么生活啊？”钟晓强看母亲不同意，也表明了自己的态度：“我不管，反正我就是要跟她在一起。”母亲无奈地摇了摇头。

一个星期天的下午，钟晓强刚要出去找小丽，就被母亲拉住了，非要让他去公园里见邻居张阿姨给介绍的一个女孩不行。钟晓强受不了母亲的苦口婆心，最终勉强答应去见一面应付一下，毕竟人家女孩已经到了，不能让张阿姨下不了台吧？

然而，钟晓强并不知道，就在他跟张阿姨介绍的龙小曼在公园里聊天之际，母亲却偷偷地叫来了小丽，让小丽远远地看钟晓强和龙小曼在约会，并告诉小丽说："我儿子已经有女朋友了，希望你不要再打扰他的生活。"小丽生气地离开后，钟母又趁钟小强不注意的时候偷偷地用钟晓强的手机给小丽发了一个分手的短信。小丽收到短信气愤不已，她想都没想就更换了手机号并辞职去了别处。

一直找不到小丽的钟晓强很是着急，当他听母亲说"小丽找了个有钱人走了"之后更是生气。于是，愤愤不已的他负气地与家境优越的龙小曼谈起了恋爱，并且顺理成章地结了婚。婚后，从小备受父母宠爱的龙小曼不习惯跟钟晓强的母亲挤在一起生活，便拿出自己多年的积蓄又向父母借了点钱，为自己与钟晓强单独购买了一套房子，并落户到了自己的名下。房子装修好后，两个人便欢天喜地地搬了进去，从此正式开始了两个人的婚后生活。

婚后的钟晓强才真正地了解到了龙小曼的强势。由于龙小曼的父母都是局领导，而龙小曼的工资又比钟晓强高得多，所以在钟晓强的面前她总是会不由自主地流露出自己高高在上的心态，自然对钟晓强就多多少少的有点儿不屑。

这让身为男人的钟晓强倍感压抑，在单位让领导训斥也就算了，可在家还得被老婆支使，他觉得自己连一点儿男人的尊严都没有，这让他很受打击。特别是龙小曼稍有不顺心就会拿房子说事，说钟晓强住的是自己的房子。这让钟晓强根本就感觉不到家的温暖，他好想念小丽的温柔与善解人意，自己真是一时糊涂才娶了这么个女人。

这天，钟晓强带着一身的疲惫回到家，刚要到洗手间洗手就被龙小曼叫了过来："你下楼给我买点烤鸡翅去，我想吃。"钟晓强一听，顿时气不打一处来："不去。想吃自己去买！"面对钟晓强反常的表现，龙小曼也火了："反了你了，你到底去不去？"

钟晓强说："不去！"龙小曼就训斥说："你说你窝不窝囊？真不像个男人，我怎么就嫁了你这样的一个人……"钟晓强越听越气，他再也忍受不了龙小曼的趾高气扬与飞扬跋扈了，说："怎么？后悔了？后悔了咱们就离婚！"龙小曼更是不甘示弱："离就离，谁怕谁啊！"

就这样，结婚不到一年，两个人就决定离婚了。可离婚了，财产该怎么分呢？对于工资，反正也没多少，两个人决定平分。可在房子上两个人却存在着重大分歧，龙小曼认为房子是自己买的，应该是个人财产；而钟晓强则认为房子是共同财产，应该共同分割。

两个人争执不下，最终龙小曼把钟晓强赶了出去，钟晓强一气之下把龙小曼告上了法庭，以感情不和为由请求法院判决两人离婚，并依法分割夫妻共同财产。

法院判决

法院在审理后认为，钟晓强与龙小曼感情基础薄弱，婚后争吵不断至感情破裂，应准许其二人离婚。两人婚后的工资、婚后购置的房屋均属夫妻共同财产，但龙小曼向其父母借的买房子用的钱应属共同债务。故依法判决二人离婚，共同财产平均分配，共同债务一人承担一半。

律师说法

在没有约定的情况下，婚后所得财产为夫妻共同财产。

我国《婚姻法》规定夫妻在婚姻关系存续期间所得的下列财产，归夫妻共同所有：

（一）工资、奖金；

（二）生产经营的收益；

（三）知识产权的收益；

（四）继承或赠与所得的财产；

（五）其他应当归夫妻共同所有的财产。

有下列情形之一的，为夫妻一方的财产：

（一）一方的婚前财产；

（二）一方因身体受到伤害获得的医疗费、残疾人生活补助费等费用；

（三）遗嘱或赠与合同中确定只归夫或妻一方的财产；

（四）一方专用的生活用品；

（五）其他应当归一方的财产。

夫妻可以约定婚姻关系存续期间所得的财产以及婚前财产归各自所有、共同所有或部分各自所有、部分共同所有。因这种约定如果是口头的，具有不确定性，极易发生纠纷，所以法律规定，该约定必须采用书面形式。

在离婚时，就需要对共同财产进行分割，在分割时我国的法律遵循男女平等的原则。对于夫妻的共同财产和共同债务，一般按一人一半分割。但如果夫妻一方有过错，在分割财产时就会适当少分或不分，具体怎么分，法院会根据具体情况来裁定。本案中，龙小曼在婚后以自己的名义购买的房屋属于婚后夫妻共同财产是没有疑问的，依法应该在离婚时平均分割。

另外，笔者个人认为，购房款由龙小曼婚前个人积蓄和其父母借款两部分组成。房屋产权虽属于夫妻二人，但龙小曼的个人积蓄和向父母的借款应该属于债务。那么法院在判决房屋归属及分割的同时，应该确认由二人偿还所负债务，也就是说，不但龙小曼父母的钱要还，龙小曼用于购房的婚前积蓄也要归还给龙小曼。因此，法院判决只将龙小曼父母的借款归还，对龙小曼婚前个人积蓄未做处理对龙小曼很不公平。

77. 离婚时一方持有的公司股权该怎么分割?

案情回放

郑磊与颜慧于2004年登记结婚，双方都是高级白领，收入稳定，结婚后夫妻间的关系相互也都维持得比较好，生活得美满而幸福。因为两个人的工作都比较忙，所以就一直没有要孩子。

2008年，两个人已经在海淀区拥有了两套住房、两辆车，小日子过得很是滋润。随着积蓄的增多，郑磊最终从单位辞职，与朋友合资开办了一家公司，郑磊出资的比例占全部资金的40%。成为公司的股东后，郑磊的收入也不像往日那么固定了，除了工资之外，还会有分红。

不仅如此，郑磊的时间也自由了，不必像以前那样朝九晚五、加班加点了。如今的郑磊已经成为了一名企业的重要负责人，应酬自然也就多了起来，经常会陪同客户一起去一些大型的娱乐场所，每日回到家中都是满身的酒气。这让颜慧很难适应，两个人之间的沟通与交流也日渐减少，感情变得越来越淡。

对于郑磊在外面纸醉金迷、歌舞升平的生活，颜慧一直是耿耿于怀。这天，郑磊回到家把手机放在桌子上就去洗澡了。这时，他的手机中突然来了一条短信，颜慧拿起来一看，是一个叫“沈彤”的人发来的，出于好奇，颜慧打开一看，上面写着："郑总！好久不见，真想你啊！我刚从老家回来，咱们明天老时间老地点见！"

颜慧一看就气不打一处来，她以为郑磊瞒着自己在外面有了外遇，于是她二话不说就跑进浴室与郑磊吵了起来，面对大吵大闹的颜慧，郑磊感到莫名其妙，他不知道自己什么时候做了什么事情让颜慧如此的生气，还说自己在外面养女人，他觉得颜慧很不可理喻，于是穿上衣服就准备出去。

而颜慧看到郑磊要走，以为他要去那个女人那里，就一下子拉住了郑磊说："你走走试试，你今天要是走出这个门的话咱们就离婚。"郑磊是一个最不爱受别人威胁的人，他说了一句："离就离！"然后甩开颜慧的手就自顾自地走了，家中只留下了泪流满面的颜慧。

虽说后来颜慧了解到沈彤是郑磊新认识的一个哥们，两个人正好有个项目要谈，所以最近约见的比较频繁，但颜慧与郑磊的感情却已经走到了尽头，不管她怎么做都难以再修复她与郑磊之间因种种原因而产生的感情裂痕了，于是最终两个人准备协议离婚。在离婚协议书上，郑磊提出关于财产分割的下列方案：

1. 海淀区的两套住房，夫妻二人一人一套。

2. 存款 20 万元及价值 10 万元的汽车一辆归颜慧所有。

3. 郑磊名下的一辆价值 25 万元的汽车归郑磊所有。

面对郑磊提出的这个看似公平的财产分割方案，颜慧并不同意。因为她认为郑磊在公司的股份也属于夫妻共同财产，应该平均分割。但郑磊却不同意颜慧的说法，郑磊认为，当时自己对公司的投资已经属于公司的财产了，而现在公司的赢利并不高，而他也一直在参与公司的生产经营，公司的其他股东也不同意有另外的新股东加入。所以，公司与颜慧是没有关系的，颜慧无权分割公司的财产。

两个人为此争执不休，颜慧一气之下就把郑磊告上了法庭，以夫妻感情不和为由，请求法院判决二人离婚，并依法分割共同财产，包括郑磊在公司的股份。

法院判决

法院在审理后认为，郑磊与颜慧夫妻感情确已破裂。郑磊所拥有的公司股权属于夫妻共同财产，应该依法平均分割。故依法判决二人离婚，两人协商好的房、车、存款等财产分割。对于郑磊在公司的股权问题，因公司其他股东同意颜慧成为公司股东，且其他股东明确表示放弃优先购买权，因此，法院判决郑磊和颜慧平均分割郑磊在公司的股权。

律师说法

婚后一方名义取得的公司股权属于夫妻共同财产。

最高人民法院关于适用《婚姻法解释二》第十六条规定：人民法院审理离婚案件，涉及分割夫妻共同财产中以一方名义在有限责任公司的出资额，另一方不是该公司股东的，按以下情形分别处理：

（一）夫妻双方协商一致将出资额部分或者全部转让给该股东的配偶，过半数股东同意、其他股东明确表示放弃优先购买权的，该股东的配偶可以成为该公司股东；

（二）夫妻双方就出资额转让份额和转让价格等事项协商一致后，过半数股东不同意转让，但愿意以同等价格购买该出资额的，人民法院可以对转让出资所得财产进行分割。过半数股东不同意转让，也不愿意以同等价格购买该出资额的，视为其同意转让，该股东的配偶可以成为该公司股东。

用于证明前款规定的过半数股东同意的证据，可以是股东会决议，也可以是当事人通过其他合法途径取得的股东的书面声明材料。

本案中，郑磊用于投资公司的出资属于他与颜慧的夫妻共同财产，离婚时，对郑磊所持有的公司 40% 的股权的实际价值应当作为夫妻共同财产依法分割。

78. 离婚后发现有共同财产还能不能要求分割?

案情回放

张胜南与陈佳佳于2005年牵手步入婚姻的殿堂，两个人一起过着朝九晚五的生活。婚后两个人的关系还比较不错，平淡中充满着温暖与祥和。

在2008年的金融危机中，张胜南所在的单位不幸倒闭，张胜南被迫下岗了。这样一来，家庭的重担就压在了陈佳佳一个人的身上。她多么希望丈夫张胜南能够早日找到新工作去上班，这样自己就不会有那么大的压力了。可下岗后的张胜南，似乎并不觉得有什么压力，他不但没有着急去找工作，反而迷上了买彩票。整日里围在彩票销售中心那边转悠，要不就是买报纸看上面的开奖结果，还专门在网上和电视节目中研究怎么能中大奖。

张胜南的表现让陈佳佳很是生气，她没想到自己的丈夫会如此的不争气。不给家里赚钱不说，还整天花钱去买彩票，这样下去，这个家非毁了不可。可自己又能怎么办呢？每日里看到丈夫沉迷于彩票，对家里的事情不闻不问，自己还得下班后去洗衣做饭……这所有的事情都让陈佳佳的心理感受到了极大的不平衡，她的心很痛也很纠结，她真的对张胜南彻底失望了，所以她想到了离婚。

面对陈佳佳提出的离婚，张胜南一开始并不同意，不管陈佳佳对他怎样的发脾气，怎么训斥他，他就是不同意。这让陈佳佳很是生气，她不知道自己该怎么做才能够摆脱掉张胜南，于是她想到了起诉离婚。

正当陈佳佳准备好了起诉材料，准备向法院提出离婚诉讼的时候，张胜南忽然间同意离婚了。陈佳佳虽觉得奇怪，但只要能够摆脱张胜南，她也顾不得多想了。于是，两个人就签好了离婚协议，并一起到民政部门办理了离婚手续，平均分割了两人的共同财产——房子。由于房子当时的价值是 100 万元，所以双方约定房子归张胜南所有，张胜南在一年内给付陈佳佳 50 万元。虽然不知道张胜南何时才能够还清自己的 50 万元，可至少自己眼不见心不烦，不跟张胜南在一起，心里清静。

可让陈佳佳没想到的是，离婚后不到一个月，张胜南就已经还清了自己的 50 万元。陈佳佳疑惑地问张胜南："你哪来那么多钱啊？"张胜南说："管朋友借的，不想欠你的钱。"陈佳佳也就没再说什么。

可是这天，陈佳佳在上班的路上碰到了当时的老邻居老李，老李告诉他一个意外的消息——张胜南买彩票中大奖了，整整中了 500 万元，交了税后还有 400 万元呢！这让陈佳佳顿时恍然大悟，怪不得张胜南当时那么痛快地跟自己离婚呢，还这么快就给了我 50 万元，原来他是中了大奖，怕我分他的财产，不行，我得找他去。

陈佳佳找到张胜南后要求依法分割张胜南的 400 万元，可张胜南却说那个彩票自己是与陈佳佳离婚后才买的。陈佳佳不信，可她又拿不出证据来。为了求证事实，陈佳佳在律师的帮助下找到了兑奖中心，最终查明张胜南的那张彩票是在他与陈佳佳离婚前买的，并且离婚的头两天就已经开了奖，也就是说张胜南在知道自己中奖后就与陈佳佳离了婚。所以这张彩票应该属于夫妻共同财产。

陈佳佳拿到证据后，在找张胜南索要未果的情况下，向法院提出了重新分割夫妻共同财产的诉讼请求。

法院判决

法院在审理后认为，彩票是张胜南在与陈佳佳夫妻关系存续期间购买的，应该属于夫妻共同财产，故依法判决张胜南给付陈佳佳二百万元。

律师说法

离婚后一方发现另一方隐瞒共同财产的可以在两年内要求分割。

从本案中我们可以看出，夫妻双方在离婚时由于种种原因没有分割的共同财产，即使双方离婚后，一方发现有未分割的共同财产后，也一样有权利分割这部分财产。但是法律保护当事人的权利也是有一定的限制的。

《婚姻法解释一》第三十一条规定：“当事人依据婚姻法第四十七条的规定向人民法院提起诉讼，请求再次分割夫妻共同财产的诉讼时效为两年，从当事人发现之次日起计算。”因此，如果离婚后发现有共同财产还未分割，发现的一方主张分割财产的话，必须在其发现后的两年之内提出。

79. 离婚时彩礼该不该返还?

案情回放

赵晓明自幼丧父，母亲又体弱多病，为了把赵晓明拉扯大，干不了重活的母亲只能靠捡破烂为生。如今，赵晓明终于长成了一个大小伙子，也在村里的一个工厂里找了一份相对稳定的工作，母亲终于不用再为他的衣食住行发愁了。可眼看着别人家的儿子一个个都成家了，赵晓明的母亲也开始为儿子的终身大事操起心来，她到处托人给赵晓明介绍对象。

介绍的人倒是挺多的，可人家姑娘只要一来到他们这个家徒四壁的家，就会立马变脸，没有谁愿意嫁到这样一个贫苦的家庭中来。这可急坏了赵晓明的母亲，为了给儿子成家，她甚至向媒人承诺，自己家可以出两万元的彩礼钱。要知道，当时一般人家的彩礼都在一万元到 1.5 万元，给两万元彩礼还是很有吸引力的。

2005 年元月，媒人又给赵晓明介绍了一个女孩子，这个女孩子名叫班小薇，长得还算可以。两个人见面后就开始了正式的交往。交往了一段时间后，两个人就紧锣密鼓地举办了结婚仪式，并于 2005 年 2 月到民政部门领取了结婚证，赵晓明的母亲也如约把两万元的彩礼钱交给了班小薇的娘家人。

赵晓明与班小薇结婚后，赵晓明的母亲为了还那东拼西凑来的二万元彩礼钱，不得不又重新捡起了破烂，她觉得只要自己的儿子跟儿媳妇过得好，自己辛苦点无所谓。可事实却让她很是失望。

结婚后的赵晓明本想拿自己的工资跟母亲一起还那借来的两万元彩礼钱，可班小薇却死活都不同意。为此她还控制了赵晓明的工资卡，每月只给赵晓明有数的零花钱，这让赵晓明的心里感到很是压抑。他很心疼从小到大与自己相依为命、为自己受尽苦难的母亲，他真的不忍心让母亲这么大年纪了还去捡破烂。为此，他对班小薇极为的不满，两个人本来就没有什么感情基础的婚姻存在着潜在的危机。

2005 年 8 月的一天，赵晓明下班后刚走到家门口，就听到了班小薇在家里训斥自己母亲的声音："你看你捡的都是些什么啊？脏兮兮的。你说你这么大年纪了，就不能干点别的？你不怕丢人我们还怕呢！"赵晓明的母亲哽咽着说："你怎么能这么说呢？我这么做还不是为了早点还清给你们结婚时借的钱啊？再说了，我这也是劳动所得，怎么会丢人呢？"班小薇哼了一声说："谁让你借钱了？你借的钱可跟我们没关系啊！别说得那么好听！"

听到这里，本来就对班小薇心存不满的赵晓明再也忍不住了，他推门而进，一上来就给了班小薇一个耳光："你怎么跟妈说话的？"班小薇被这突如其来的耳光一下子给打傻了，她顿了一顿，眼泪夺眶而出，咬着牙对赵晓明说："好啊！你居然敢打我？这日子没法过了！"

说着就开始收拾起自己的东西来，赵晓明的母亲一看这种状况就赶紧劝阻，可哪里劝得住啊？此时的班小薇本指望着赵晓明能够说句软话，可赵晓明却没有丝毫的歉意，不管他母亲怎么劝他，他就是不肯劝班小薇留下，甚至还说："你走，走了就别再回来！"

班小薇则立马回敬道："不回来就不回来，你以为我稀罕这个家？”赵晓明一听更气了：“把我的工资卡留下，赶紧给我滚！”班小薇则生气地把卡甩给了赵晓明，说：“好你个赵晓明，咱们走着瞧！”就这样，班小薇在与赵晓明大吵一架后搬回了娘家，而赵晓明也一直没有主动去接她回家。

2005 年 10 月，在娘家居住了两个月之久的班小薇向法院提起了诉讼，以感情不和为由，请求法院判决她与赵晓明离婚。

法庭上，赵晓明一开始并不同意离婚，他觉得为了结婚花的二万元彩礼钱很冤。后来他同意离婚了，但却提出让班小薇返还当初的彩礼二万元。

班小薇则认为两个人已经结婚并共同生活了半年多，所以彩礼不应当返还。

法院判决

法院在审理后认为，班小薇与赵晓明从相识到结婚时间相隔很短、感情基础较为薄弱，双方又一致表示同意离婚，所以班小薇要求离婚应予支持。但由于赵晓明收入较低，因为与班小薇结婚致使家中的生活更加窘迫，其母亲因此还捡起了破烂，赵晓明要求班小薇返还彩礼也符合相关的法律规定，故判决二人离婚，班小薇自判决生效后十日内一次性返还赵晓明 1.6 万元。

律师说法

结婚后彩礼也可以返还。

2004 年 4 月 1 日起实施的《婚姻法解释二》第十条中关于彩礼返还的问题有如下规定：“当事人请求返还按照习俗给

付的彩礼的，如果查明属于以下情形，人民法院应当予以支持：（一）双方未办理结婚登记手续的；（二）双方办理结婚登记手续但确未共同生活的；（三）婚前给付并导致给付人生活困难的。适用前款第（二）、（三）项的规定，应当以双方离婚为条件。”也就是说，离婚时只有符合上述三种情形之一的，男方才可以要求女方及其家属返还彩礼；否则，彩礼在离婚时就不予返还。当然，如果女方自愿返还，则不受此限。

本案中，“婚前给付并导致给付人生活困难的”的情形确实存在，所以法院判定2万元彩礼返还1.6万元的做法是比较妥当的，既兼顾了我国广大农村的现实及本案男方生活困难等实际情况，还符合我国的传统习俗，也遵照了我国现有法律的规定。

80. 一方有家庭暴力孩子能判给他吗？

案情回放

张天明和周凤彩于 2004 年恋爱后结婚，婚后的生活平淡且快乐，夫妻俩每天都一起上下班，过着令人羡慕的浪漫生活。后来，由于经不住家长的催促，在过了两年的二人世界后，2006 年，他们的儿子凯凯出生了。从此，周凤彩也就辞职回归了家庭，过起了相夫教子的日子，而家中的所有重担都压在了张天明一个人的身上。

原本是两个人的工资供两个人开销，而如今却变成了一个人的工资供三个人开销。一开始，张天明还有些不适应，可一想到儿子和老婆，他还是咬咬牙坚持了下来。为了能让儿子和老婆过上好日子，张天明把更多的心思都用在了工作上。功夫不负有心人，随着张天明业绩的提升，他的工资也得到了大幅度的增长，自然也受到了单位的重用。没用几年的时间他就成了单位的部门经理，收入自然更是可观，养活一家三口人根本不成问题了。

然而，随着职位的提升，张天明在外面的应酬也越来越多，与周凤彩之间也越来越缺乏沟通。这天晚上，张天明又是一身酒气的回来了，一进门就让周凤彩给他倒杯水喝，周凤彩赶紧就给他端了一杯水过来，张天明拿起杯子就喝，结果还没喝一口就吐了出来，冲着周凤彩嚷道："你想烫死我啊？"

周凤彩赶忙解释说："我刚才试过了，没觉得烫啊？"张天明一听就更气了，他二话不说，用手捏住了周凤彩的嘴，端起杯子来就把水灌进了周凤彩的嘴里。一边灌一边说："不烫你就喝！"周凤彩被迫把水喝了下去，张天明的行为让她感到很是委屈，一时间她泪流满面，泣不成声。张天明生气地说："哭什么哭？我让你哭！让你哭！"一边说一边动手打周凤彩。

被张天明打了之后的周凤彩有着满腹的委屈，她默默地收拾起自己的衣服来，而此时的张天明见状后一下子就跪在了周凤彩的面前，拽着周凤彩的手说："老婆，对不起！我刚才真的不是故意的，我是因为最近工作上的压力太大，再加上刚才又喝了点酒才会这样的，看在孩子的份儿上，你就原谅我吧！我保证：今后再也不打你了！"看着跪在自己面前诚心道歉的张天明，周凤彩的心软了，她最终选择了原谅张天明。然而，正是因为她的这次妥协才使得她今后的生活更加的不幸。

此后的张天明，开始了对周凤彩的家庭暴力，每隔三五天就会以各种各样的借口打周凤彩一次，而且一次比一次严重，一次比一次时间长，有几次如果不是周凤彩及时报警，可能会被打得更惨。虽然有了警察的参与，张天明开始略有收敛；虽然有时会有邻居帮忙劝张天明；虽然每次暴力之后张天明都会道歉……

但周凤彩已经意识到自己的婚姻将走到尽头，只有离婚才能够使自己获得最好的解脱。但一想到儿子，周凤彩就会有一种莫名的心痛，因为每当她提出离婚时，张天明就要求要儿子。虽然张天明对儿子很好，也很疼儿子，但周凤彩还是很舍不得。无奈之下的她于 2011 年 3 月向法院提出了离婚诉讼，请求法院判决二人离婚，以张天明有家庭暴力为由请求法院判决儿子凯凯由自己抚养。

法院判决

法院在审理后认为，张天明对周凤彩长期实施家庭暴力，给周凤彩造成了严重的身心伤害，故周凤彩的离婚请求应予以支持。但由于周凤彩既无固定工作也无固定住所，对孩子的身心成长来说较为不利。虽然张天明对周凤彩实施了家庭暴力，但他却对儿子凯凯非常好且又有住房，工资收入又稳定。故判决二人离婚，儿子凯凯归张天明抚养。

律师说法

以有利于孩子的健康成长为法院判决子女抚养权归属的根本原则。

在一些遭遇家庭暴力而导致离婚的案件中，法院一般会根据对子女成长有利的角度，把孩子判给非过错方。但不是所有的案件都如此处理。有些涉及家庭暴力的离婚案件，在具体判定时法官还会考虑案件的具体情况来分析作出决定。法院判决孩子归谁抚养的根本原则在于：孩子跟哪一方生活对孩子将来的健康成长更有利。

本案中，虽然张天明是实施家庭暴力的过错方，但他却对孩子相当的好，且有婚前住房一套，工作稳定、工资又高。相比之下，既没住房又没工作的周凤彩在抚养孩子方面就会显得力不从心。因此法院的判决是正确的。

可见，如果一方有家庭暴力，孩子也是可以判归实施家庭暴力但对孩子健康成长没有不利后果的一方。这里的关键就在于一定要对孩子的健康成长有利！

81. 孩子能判给吸毒的一方吗？

案情回放

罗森和杨倩恋爱三年后于 2002 年步入了婚姻的殿堂，婚后的生活充满着柔情蜜意，夫妻俩也是举案齐眉、相敬如宾，备受周围同龄人的羡慕。2004 年 3 月，他们俩的爱情结晶——玲玲出世了，为这个幸福之家增添了更多的快乐与欢笑。

随着女儿玲玲的出生，杨倩不得不留在家中专心地照顾女儿，单靠罗森一个人微薄的工资仅够一家人的吃喝，万一有个病或灾什么的，就得借钱花了。再说了，过年过节的总得添点衣服什么的吧？还有玲玲从 3 岁开始就得上幼儿园了，也是一笔不小的开销……该怎么办呢？罗森思考着。后来，罗森与杨倩商量后决定：罗森去城里打工，杨倩一个人在家带孩子，等钱攒的差不多了，玲玲上幼儿园后，杨倩也能上班了，罗森就回来，一家人继续幸福地生活在一起。

就这样，2004 年 6 月，在女儿玲玲刚满一百天后，罗森就进城去打工了。来到城里的罗森，在老乡的帮助下顺利找到了工作。从 2004 年 7 月开始，他每个月都会把自己工资的一大部分寄给家里的妻女。

时间过得很快，转眼到了 2007 年 7 月，罗森给家里寄的钱除了开销之外，杨倩还存了将近 4 万块钱。眼看着女儿 9 月份就要上幼儿园了，杨倩也帮自己找了一份相对轻松的工作，她打电话让罗森赶紧回家，不用再在外面累死累活了。

可罗森却并没有听从杨倩的话立即回家，而是说有个工程在忙，等忙完了再说。此后的几个月，罗森一直没有回家，也没再给家里寄钱。9月份，杨倩把孩子送进了幼儿园，自己也上了班，可却怎么也等不来罗森。打电话不是找不到人，就是说忙，反正就是不回家。

一直到2008年的春节前夕，罗森才回到家来。看着瘦得弱不禁风的罗森，杨倩很是心疼，她决定再也不让罗森出去赚钱了，还有什么比一家三口幸福地生活在一起更重要呢？然而，回家没几天的罗森就急不可待地要回去，并且他还向杨倩要钱。说有笔款一直没下来，自己在城里得开销，等工资一发下来就寄给杨倩，杨倩怎么也拦不住罗森，只好给了他一笔钱，由他去了。

可是，一个月后，罗森又一次回来找杨倩要钱了，这让杨倩很是不能理解，看着越来越瘦的罗森，她这次痛下决心不给钱，好让罗森安心地留在家里。然而，就在罗森在家里的这几天，他的一些奇怪的反应引起了杨倩的疑虑，杨倩以为罗森病了，非要送他上医院。在固执的杨倩面前，罗森不得不告诉杨倩——他去年准备回家时被人陷害染上了毒瘾，他所有的工资都用在吸毒上了，可还是不够，希望杨倩能够给他点钱让他过过瘾。杨倩一下子呆住了，她没想到自己最心爱的人居然染上了毒品，她真的不能够接受。可这毕竟是自己最心爱的人啊！为了挽救丈夫，杨倩一狠心把丈夫送进了戒毒所。

2008年7月，罗森在戒毒所待了半年后终于成功戒毒，回到了家里。为此，杨倩很是欣慰，她憧憬着自己这一家三口的美好未来。可让她没想到的是，回家后的罗森，只是乖乖地在家待了三个月。2008年10月他又一次染上了毒瘾，有时为了管杨倩要钱，他甚至会不惜使用任何手段，这让杨倩很是伤心，她感觉这个家已没有希望再好起来。于是，她向罗森提出了离婚。可罗森说什么也不同意。

于是，盛怒之下的杨倩于2008年年底把罗森告上了法庭，以罗森吸毒为由，请求法院判决二人离婚，女儿玲玲归自己抚养。为了让杨倩回心转意，深知杨倩离不开女儿的罗森在法庭上说：“离婚可以，但女儿得归我抚养。”两个人就此开始了对女儿抚养权的争夺。

法院判决

法院在审理后认为，罗森犯有毒瘾且又没有固定收入，根本不适宜抚养孩子。而杨倩不仅有固定收入，且长期与孩子生活在一起，一直在悉心地照料着玲玲。故判决二人离婚，女儿玲玲归杨倩抚养。

律师说法

在离婚案件中，法院不宜将子女抚养权判归有吸毒恶习的一方。

通常在离婚案件中关于孩子抚养权的判定，法院会考虑以下因素：

一、离婚双方的经济收入哪一方更为稳定，谁能给孩子提供更好的生活教育条件；

二、在过去的生活中，谁一直在照料孩子的生活起居，孩子和谁更有感情；

三、离婚双方中如果有一方绝育了或已没有再婚再育的可能，可适当考虑照顾；

四、离婚双方中谁有不良恶习，如赌博、酗酒、吸毒等，孩子就不适宜和谁生活；

五、针对 10 岁以上的孩子，法院会征求孩子的个人意见。

本案中，罗森有吸毒恶习，不适宜抚养孩子且没有固定收入。而杨倩则从孩子出生时起就在照料孩子的生活，且有稳定的收入来源，所以法院判定玲玲归杨倩抚养是正确的。

82. 协议离婚只能去民政局吗？

案情回放

樊凯扬和颜丽清经过两年恋爱后于2005年2月牵手走进了婚姻。婚后，颜丽清直接辞职在家中做起了全职太太，樊凯扬则独自赚钱养家。

俗话说得好："不当家不知柴米贵。"樊凯扬总是觉得颜丽清一个人待在家中很是清闲，而自己则在外面累死累活。所以自然地就对颜丽清少了很多的嘘寒问暖和关心，总觉得自己是这个家的功臣，在家里不是支使颜丽清做这个就是使唤颜丽清干那个，一开始颜丽清还能够忍受，觉得老公在外面辛苦赚钱养家不容易，所以并不太计较。可越是这样，樊凯扬越是变本加厉，动不动就会对颜丽清发火，他根本就看不到颜丽清对这个家的付出，根本就没意识到如果不是颜丽清自己怎么会过得如此的舒适与安逸。

面对樊凯扬对自己的轻视和忽略，颜丽清的自尊心受到了很大的打击。2007年2月的一天，樊凯扬打电话给颜丽清说让她多做几个拿手好菜，自己的一个哥们下班后要到家中吃饭。颜丽清口头答应了，可是，当樊凯扬与哥们一起回到家中时，家里却空荡荡的，根本没有颜丽清的影子，这时再打颜丽清的电话，根本就无法接通。

无奈之下，樊凯扬决定自己去厨房做饭，可到了厨房才发现，家里没菜了，冰箱里空空的，粮食也找不到在哪里，这一切的一切让樊凯扬根本无从下手。他说给哥们倒杯水吧，水桶和暖壶里居然一滴水也没有，哥们去上了个厕所，厕所里连纸巾都没有，这让樊凯扬丑相百出，在哥们面前丢尽了脸面，没想到他口中的"家有贤妻"是如此的贤惠……尽管最后樊凯扬请哥们去饭馆吃了晚饭，但他心中却窝着一股无名的怒火。

当樊凯扬再次回到家中时，颜丽清正在家中看电视。樊凯扬二话不说，走上前去就先给了颜丽清狠狠的一记耳光，这让颜丽清无比惊愕，瞬间泪流满面。颜丽清怒斥着樊凯扬对自己的漠不关心和对这个家的不管不顾。原来她在去超市购物的途中出了个小意外，正好赶上手机没电了，反正也没什么大事，为了不让樊凯扬担心，她也就没有联系樊凯扬。可正在气头上的樊凯扬根本就意识不到自己的错误，两个人越吵越凶，最终两个人决定协议离婚。在离婚协议书上签好字后，颜丽清就搬回了娘家居住，而樊凯扬则继续留在家中，两个人以为这样就算离婚了，根本就没到民政局去领取离婚证。

被颜丽清照顾惯了的樊凯扬，离婚后没多久就感受到了颜丽清对自己的重要性。没几天，他就把一个干净整洁的家弄得跟猪窝似的。生性懒惰的他整天以方便面充饥，衣服也是脏了就换，换了再换，不到迫不得已时，他是不会洗的……就这样过了半年后，2007 年 8 月，樊凯扬实在撑不住了，就主动去找颜丽清了，可他并没有见到颜丽清，而是听到了颜丽清将要再婚的消息，这让樊凯扬后悔不已，一时的冲动竟让他痛失爱侣！

让樊凯扬没想到的是，他回家后没多久，2008 年 3 月，颜丽清居然主动地找上门来了。樊凯扬以为复合有望，一时兴奋不已，可他没料到，颜丽清是让他一起去民政局办理离婚的，因为他们只是签了离婚协议，不到民政局办理离婚手续不算离婚。为了跟自己的新男友顺利领取结婚证，她希望樊凯扬能够配合，与自己好聚好散。当樊凯扬听了颜丽清的要求后，他严词拒绝了，他真的不想离婚了，可颜丽清去意已决。面对执意不肯去民政局的樊凯扬，万般无奈之下，颜丽清于 2008 年 10 月，把樊凯扬告上了法庭，以感情不和为由，请求法院判决二人离婚。

法院判决

法院在审理后认为，颜丽清与樊凯扬二人因感情不和签订了离婚协议，之后便分居长达 20 个月之久，双方的感情确已破裂，经调解无效后判决二人离婚。

律师说法

协议离婚必须通过婚姻登记机关办理离婚手续。

离婚分为协议离婚和诉讼离婚两种。通常诉讼离婚需要通过法院走诉讼程序。而协议离婚其实就是我国《婚姻法》中所说的“双方自愿离婚”，主要是指婚姻关系因双方当事人的共同意思而解除的离婚方式。《婚姻法》第三十一条规定：男女双方自愿离婚的，准予离婚。

双方必须到婚姻登记机关申请离婚。婚姻登记机关查明双方确实是自愿并对子女和财产问题已有适当处理时，发给离婚证。由此可见，协议离婚必须要到民政部门去办理离婚登记，否则就不是法律意义上的离婚。

本案中，并不能根据颜丽清与樊凯扬所签的离婚协议就认定其已经离婚，协议离婚的双方必须亲自执离婚协议到民政部门去办理离婚才能够真正的离婚。

83. 双方在外地工作离婚必须回原籍吗?

案情回放

徐安康与关婷婷都是安徽阜阳人，又是大学同学，相恋 4 年后，两个人大学一毕业就在亲朋好友的祝福声中回到老家举办了一场隆重的婚礼，并于 2003 年 2 月在家乡登记结婚。婚后，不安于现状的两个人，为了改善生活质量，就一同来到了北京闯荡。

在北京打工的日子充满着艰辛与不易，两个人相互扶持着走过了很多的风风雨雨。2009 年，经过 6 年的打拼，两个人在北京拥有了两套房，每人都有一辆车，小日子由艰难走向了富裕。

随着两个人财富的增加，两个人认识的人也多了起来，都各自忙着自己的应酬，却疏忽了夫妻之间的感情交流。渐渐地两个人开始为一些鸡毛蒜皮的小事争吵，只要话不投机就会大动干戈。家里的锅碗瓢盆都被他们摔坏好几套了，两个人是越吵越凶，谁也无所顾忌。在这种不断的争吵中，两个人的感情越来越淡。到最后，两个人干脆各过各的，谁也不管谁，这样一来，两个人之间反而没有了争吵，就像是朋友一样。

2009 年 6 月的一天，关婷婷下班后刚停好自己的车，她发现丈夫的车已经停在了小区里，并且里面还有两个人。于是她悄悄地下了车躲在了隐蔽处观察，她远远地看见丈夫跟别的女人在车上亲热，虽说两个人的感情已经淡了，但毕竟他们还没有离婚啊！为此，关婷婷很是生气，但她并没有立即发作，她还顾及着丈夫徐安康的面子。

回到家后，关婷婷想着这些年来与徐安康在一起的酸甜苦辣，眼泪就止不住地往下流。虽然她很舍不得这个家，但双方的感情已经走到了尽头，也该做个了断了。这时，徐安康也回到了家里，他看着泪流满面的关婷婷一下子惊呆了。急切地问道："婷婷，你怎么了？谁欺负你了，我找他算账去！"关婷婷赶紧擦了一下眼泪说："没有，我正想咱们这些年走的路，一时伤感，所以……"

徐安康听了关婷婷的话，轻轻地叹了一口气，没再说话。关婷婷则主动地说："安康，我觉得咱们没必要再这么耗下去了，干脆做个了断得了！这样，我们谁也没有负担了，还一样可以做朋友。再说，我也不能耽误你再婚吧？幸福得靠自己去争取，不能再拖了！"

听了关婷婷如此开明的话，徐安康很是感动。他激动地对关婷婷说："婷婷，谢谢你的理解！你放心，咱们离婚了也一样可以是朋友，如果你有什么需要尽管说，我会尽我所能地帮你的！"关婷婷应了一声说："嗯，现在的我们就像是亲人一样。"

就这样，两个人因为感觉对方和自己的性格不合而决定协议离婚，并且也达成了离婚协议，对于财产分割和儿子的抚养问题也都有了一致的意见。可时，当两个人拿着签好的离婚协议来到北京某民政局要求离婚时，却被告知由于双方的户口都在安徽，也是在安徽登记结婚的，所以两个人要协议离婚就得回到安徽去办理相关手续，北京是办理不了的。

这可让他们两个人犯了难，毕竟两个人的工作都很忙，如果要凑到一起回家不知道得等到哪年哪月呢？这该怎么办呢？难道必须要千里迢迢地赶回老家吗？

两个人在咨询律师后才明白，如果想不回老家就得通过诉讼的方式离婚。无奈之下，经过商议，关婷婷委托了律师作为原告在法院立了案，以感情不和为由，请求法院判决二人离婚。

法院判决

法院在审理后认为，关婷婷与徐安康的感情确已破裂，两个人已经就财产分割和孩子的抚养问题达成协议，故依法判决二人离婚。

律师说法

新《婚姻登记管理条例》第十条规定：“内地居民自愿离婚的，男女双方应当共同到一方当事人常住户口所在地的婚姻机关办理离婚登记。离婚登记按地域管辖原则进行管辖。”所以，如果当事人想要通过协议离婚的方式离婚，而当事人双方又都身在异地他乡，为了离婚，双方就必须一起到一方当事人常住户口所在地的婚姻登记机关办理离婚登记。

但是，随着我国人口流动的不断增强，很多大城市里吸引了大量的人才集聚。他们在大城市工作、居住生活。如果这些人婚姻出现问题，想通过婚姻登记机关协议离婚的话，就必须共同回到其中一方的常住户口所在地去办理协议离婚的登记手续，而这令工作繁忙的双方都感到无比的困难。

在此，律师提醒各位在异地工作和生活的当事人，准备离婚的双方可以通过诉讼的方式实现快速离婚，而不必回到原籍去办理离婚手续。有离婚意愿的双方如果对子女抚养和共同财产有一致的处理意见，可以委托律师通过现居住地法院实现快速离婚。这样不但节约了大量的时间，而且离婚速度也很快。

84. 如何写离婚协议?

案情回放

苏哲与李楠经人介绍后没多久就在家人的安排下于1994年9月登记结婚了。婚后第二年，他们的儿子就出生了。一家三口本应过着幸福的生活，可随着儿子的出生，苏哲却变得越来越懒散了，一天到晚的不干正事，总是与一帮不务正业的人聚在一起打麻将。这让李楠一时难以看到未来，她不禁为自己与儿子的将来感到担心，这样的日子该怎么过啊?

为了能够让这个家持续下去，也为了将来能够拥有幸福，李楠开始劝解苏哲让他安心地找个工作。可苏哲不但不听，反而让李楠少管他的事。李楠很是生气，刚多说了一句话就遭到了苏哲的一顿暴打。自此之后，苏哲稍有不顺心就会对李楠拳打脚踢，这让李楠对这个家越来越没有信心了。

2004年，长期遭受苏哲训骂的李楠实在受不了了，她就向苏哲提出了离婚。起初，苏哲并不同意。李楠为了能够尽快跟苏哲离婚，就向苏哲提出，家里的财产全归苏哲所有。但他们2001年在城里购买的那套房子得归儿子，等儿子年满18周岁后就办理过户手续。苏哲了解到李楠不要财产后，两个人就协议离婚了，并签订了以下协议:

1. 家里除城里房产外的所有财产全归苏哲一人所有;
2. 儿子归苏哲抚养;

3．对于2001年在城里买的那套挂在苏哲名下的房子，苏哲可以居住，但必须于2013年办理过户手续。

签订好协议后，两个人就到民政部门领取了离婚证。为儿子争得了房产的李楠也就放心地离开了儿子，独自搬出去生活了。

然而，2008年4月的一天，李楠接到了一个房产中介打来的电话，一下子让李楠慌了神。中介工作人员告诉李楠，苏哲已经把他们城里的那套房产卖了，需要她过去签字好办手续。李楠一听就气不打一处来，说好了留给儿子的房产，苏哲怎么能擅自把它卖了呢？李楠去找苏哲理论，却根本见不到苏哲的影子。后来，李楠去了房产管理部门查实，自己与苏哲在城里的那套房产确实已经被卖掉了，买主是蒋先生。

气急了的李楠决定去法院起诉苏哲，告他擅自处理儿子的财产，法院却以条件不符合为由不予受理。李楠咨询律师后才知道，问题出在自己当年与苏哲签订的离婚协议上，上面写得太笼统，也没有注明苏哲不可以卖房子。况且上面只是写了“2013年办理过户手续”，却并没有注明过户给谁，这样的协议太过含糊不清，存在很多的漏洞。

2008年10月，李楠再度委托律师把苏哲告上了法庭，以其擅自处理夫妻关系存续期间的房产为由，请求法院判决苏哲与蒋先生的房屋买卖协议无效。

法院判决

法院在审理后认为，苏哲擅自处理夫妻关系存续期间的财产确实存在过错，但由于蒋先生是善意取得该房产的第三人，交易价格符合市场定位，且已办理过户手续，其与苏哲的房产交易应属有效。故判决苏哲将卖房所得一百六十万元的一半八十万元给付李楠，由苏哲承担诉讼费。

律师说法

离婚协议要内容全面、权利义务关系明确、具有可操作性。

这个案子是一个典型的离婚协议纠纷案例，因为李楠急于离婚，在离婚时与苏哲签订的离婚协议太过笼统，责任不明，各个条款也有点含糊不清，所以最终导致了后面一系列的矛盾与纠纷。这个案例提醒我们，如果感情不和确实需要离婚时，一定要写好离婚协议书，以避免不必要的纠纷。那么，我们该如何来写离婚协议呢？

《婚姻法解释二》第八条规定：“离婚协议中关于财产分割的条款或者当事人因离婚就财产分割达成的协议，对男女双方具有法律约束力。”离婚协议的内容包括夫妻二人因离婚而引起的各项权利义务，是一个很严肃的法律问题，每一个人都应当慎重对待。一旦签订了离婚协议，经婚姻登记机关备案后，双方的婚姻关系解除，如果反悔请求撤销或更改协议内容，就会有很大的难度。

《婚姻登记条例》中有关离婚协议书的内容是这样规定的：“离婚协议书应当载明双方当事人自愿离婚的意思表示以及对子女抚养、财产及债务处理等事项协商一致的意见。”

一般情况下，我们在起草离婚协议书时应注意以下事项：

一、明确的离婚表示。如：双方因性格不合导致夫妻感情彻底破裂，无和好的可能性，根据《婚姻法》及相关司法解释，甲、乙双方在平等、自愿、协商一致的基础上就离婚及财产分割事宜达成如下协议：……

二、对子女抚养权、探望权的行使以及抚养费的支付应明确且具体，具有可操作性。

三、财产分割与债务承担一定要明确，分割一定要清晰。

85. 复婚还需要办理登记吗?

案情回放

2006年，王大维和苏文秀结婚已有8年，儿了也已经上小学了。苏文秀是单位里有名的工作狂，她几乎把整个身心都用在了工作上，自然提升的也快，可职位越高她就越忙，家几乎成了她的旅馆。每天早上一早出门，晚上12点左右才会回家，跟儿子几乎一周还见不上一面。

王大维为了支持苏文秀的工作，无奈地承担起了家里的大小事务，他悉心地照料着儿子，免去了苏文秀的后顾之忧。可王大维也得上班，也有不凑巧的时候，可每当他给苏文秀打电话让她去接儿子或回家做饭时，苏文秀都以工作忙为由拒绝了。这让王大维的心里充满了怨气，他真的受不了苏文秀对自己和儿子的漠不关心了，他感觉不到苏文秀对这个家的意义所在，所以他想到了离婚。

每逢王大维撞到苏文秀在家的时候，王大维就会向苏文秀提出离婚，可苏文秀就是不同意，她总觉得王大维跟她闹着玩的。王大维质问她："你为这个家做过几顿饭？为儿子辅导过作业吗？你给我们洗过一次衣服吗？儿子放学你什么时候去接过？给儿子开家长会时你在哪里？……"面对王大维的质问，苏文秀无言以对，她只是说了一句："我不也是为了这个家吗？"然后就匆匆地上班走了，面对苏文秀的态度，王大维很是无奈。

2007年的一天早上，苏文秀出门时，王大维叮嘱她说："今天是儿子8周岁的生日，你早点回来！"苏文秀答应一声说："好的！"然而，王大维与儿子一直等到晚上10点，苏文秀还是没有回来，于是王大维就让儿子吃过饭去睡了，不能耽误第二天上课啊！晚上12点时，苏文秀才回来，虽然她给儿子买了蛋糕，但在单位加班时却忘记了时间，直到看到桌上的蛋糕时才想起，可惜已经晚了。

面对苏文秀，王大维没再说什么，第二天就拉着她去了民政局，办了离婚手续。自此之后，苏文秀就搬出了家里。可是，他们俩的离婚却给儿子带来了无名的伤痛，儿子想妈妈，甚至会在晚上拖着爸爸一起去妈妈的单位门口等加班的妈妈出来，每当苏文秀看到等自己下班的儿子和王大维时，就会特别的感动，三个人总会相拥而泣。

面对这样的情景，王大维感觉到了一个完整的家庭对儿子成长的重要性。为了儿子，他向苏文秀提出了复婚，苏文秀倒也赞成。只是觉得这么快离婚又复婚怕别人说闲话，再加上自己工作又忙，根本没时间去办理复婚。于是就建议说把亲朋好友聚在一起举办个复婚仪式也一样。就这样，王大维与苏文秀就在亲朋好友的见证下又复婚生活在了一起。

可举办过复婚仪式后的苏文秀依然我行我素，丝毫不顾及自己家中的丈夫和儿子。一次王大维单位有事，让苏文秀在家陪儿子，可苏文秀却用几包饼干就把儿子给打发了；还有一次，王大维因加班让苏文秀去接儿子放学，可苏文秀却在家中忙工作而忘记了时间，如果不是儿子的班主任邹敏一直形影不离地陪儿子到很晚，还不定出什么事呢……苏文秀的表现让王大维失望至极，他真的很希望苏文秀能够有所改变。

2008年10月，苏文秀被单位派往外地出差，她在外地一待就是一年半。一直到2010年3月才回到北京。然而，当她打开自己的家门时却发现里面已经换了女主人，这是怎么回事啊？原来，苏文秀到外地后整天忙于工作，就一直没给家里打个电话。

而王大维在上班的同时还要照顾儿子，有时也会显得力不从心。儿子的班主任邹敏就总是送儿子回家，还给儿子做饭，辅导作业，特别是在儿子生病时，邹敏还给予了悉心的照顾，儿子感受到了从未有过的慈爱。王大维也感受到了邹敏给这个家带来的温暖，两个人自然而然地走到了一起，并到民政部门去办理了结婚证。

面对此情此景，苏文秀有一种被欺骗的感觉，她一怒之下以重婚罪为由把王大维告上了法庭，请求法院判决王大维与邹敏的婚姻无效。

法院判决

法院在审理后认为，王大维与苏文秀已到民政部门办理了离婚手续，而王大维与邹敏的结合也是在他们离婚之后才到民政部门登记结婚的，所以王大维与邹敏的婚姻是合法有效的。至于苏文秀所说的与王大维的复婚，因没有到民政局办理手续，所以不予认可。故依法驳回了苏文秀的诉讼请求。

律师说法

不管是结婚、离婚还是复婚，都要依法办理登记手续。

《婚姻法》第三十五条规定：“离婚后，男女双方自愿恢复夫妻关系的，必须到婚姻登记机关进行复婚登记。”

而我国《婚姻登记管理条例》中也有明确规定：“离婚后，男女双方自愿恢复夫妻关系的，应到婚姻登记机关进行复婚登记。婚姻登记机关应予以登记。”

可见，复婚和结婚一样，只有办理了结婚登记手续，夫妻关系才算合法确立，法律才予以保护和承认。本案中，王大维与苏文秀虽然举办了复婚仪式并已恢复共同生活，但因其并未到婚姻登记机关办理复婚登记，不受法律保护，所以王大维与邹敏的婚姻是合法有效的。

86. 离婚后孩子归一方，另一方还有抚养义务吗？

案情回放

赵斌和柳红是大学同学，柳红家境殷实，出手大方，从小备受家人的宠爱；赵斌虽来自偏远的农村，但其高大帅气的外貌以及孜孜不倦的求学精神却让柳红一见倾心。两个人就学期间就开始了朦胧的初恋。

大学毕业后，柳红在家里人的安排下顺利地进入了一家大公司工作，而赵斌却在找工作的过程中处处碰壁。柳红本想求助于家人，让自己的父母也帮赵斌安排个好工作。可当柳红的父母了解到赵斌贫困的家庭背景后，不仅没给赵斌安排工作，还明确地反对两人的交往，开始有事没事地阻止两人的约会。这让柳红很是生气，而倔犟的赵斌也很不服气，经过一年的复习之后，他顺利地考取了市公务员。

赵斌的争气让柳红的父母开始对他另眼相看，而柳红与赵斌对感情的坚持也最终得到了柳红父母的赞同。为了不让女儿受委屈，柳红的父母让他们结婚时直接住进了老两口的另一套住房内，小两口开始了美满幸福的生活。不久之后，柳红怀孕了，10 个月之后，他们的女儿莹莹顺利降生了。本来平淡的生活却因为一个人的出现而被彻底地打乱了。

赵斌的母亲在听说儿媳妇怀孕后就从老家赶到了北京，当她听说儿媳妇生了个女儿时，重男轻女的她就老大的不高兴，整天的指桑骂槐。这让从小被父母娇惯着的柳红很是受不了，本来生活习惯上的互相不适应就已经够让柳红烦心的了，面对如此不讲理的婆婆，她更是气不打一处来。从此，她与婆婆之间的矛盾不断升级，而夹在两个人中间的赵斌也是左右为难。

家中随时都弥漫着硝烟，随时都有爆发战争的可能。最终，在婆婆不断地找茬与调唆下，柳红与赵斌的婚姻走到了尽头。离婚后，赵斌与她母亲搬出了柳红父母的房子，面对赵斌还得租房照顾母亲的窘境，柳红决定自行抚养莹莹。

两年后，因莹莹要上幼儿园，花销增大，柳红不想总是依赖自己的父母帮衬，于是她就去找赵斌商量莹莹的抚养费问题。此时的赵斌已经再婚，他因工作上多次失误已经被原来的单位给开除了，就职于另外一家公司，收入一般。当赵斌听明白了柳红的意思后立即明确表示："既然孩子归你了，就跟我没有任何关系了，我不再有抚养义务。"听了赵斌的话，柳红很是生气，她没想到自己当初深爱的人居然会变成现在这个样子，居然连自己的女儿都不想认，都不愿意养。

一气之下，柳红把赵斌告上了法庭，以赵斌拒绝给付女儿抚养费为由，请求法院判决赵斌依法对女儿尽一个父亲该尽的抚养义务，支付抚养费。

法院判决

法院在审理后认为，赵斌作为莹莹的父亲，有抚养和教育莹莹的权利和义务，故依法判决赵斌每月给付莹莹抚养费八百元整，根据赵斌的要求，可以每月月初探视莹莹一次。

律师说法

父母对未成年子女的抚养教育义务不因离婚而消除。

《婚姻法》第三十六条规定：“父母与子女间的关系，不因父母离婚而消除。离婚后，子女无论由父或母直接抚养，仍是父母双方的子女。离婚后，父母对于子女仍有抚养和教育的权利和义务。离婚后，哺乳期内的子女，以随哺乳的母亲抚养为原则。哺乳期后的子女，如双方因抚养问题发生争执不能达成协议时，由人民法院根据子女的权益和双方的具体情况判决。”

第三十七条规定：“离婚后，一方抚养的子女，另一方应负担必要的生活费和教育费的一部或全部，负担费用的多少和期限的长短，由双方协议；协议不成时，由人民法院判决。关于子女生活费和教育费的协议或判决，不妨碍子女在必要时向父母任何一方提出超过协议或判决原定数额的合理要求。”

可见，抚养子女是每一个做父母的法定义务，离婚并不能成为逃避抚养义务的理由。父母与子女的抚养关系不会因父母离婚而消除，所以法院的判决是正确的。

87. 离婚时如何获得孩子的抚养权？

案情回放

杨啸刚和钱桂容属于“闪婚一族”，经人介绍后仅仅谈了3个月的恋爱，就于2008年8月8日一起步入了婚姻的殿堂。

2009年8月，钱桂容顺利地生下了儿子浩浩，白白胖胖的浩浩很是惹人喜爱，一家人甚是高兴。为了不影响钱桂容的正常上班，钱桂容的产假一结束，婆婆就主动把小孙子抱到了自己家里帮着照看。而钱桂容则每逢下班后都会与丈夫杨啸刚一起去婆婆那里帮忙，直到吃过晚饭后才会回自己的家。一到周六周日，他们就会把儿子接过来一起过。

可是，两个人的结婚毕竟太过仓促，没有太深的感情基础。随着时间的推移，两个人的毛病和缺点都暴露了出来。一回到自己的家里，他们就会因这样或那样的原因开始不断地争吵，有时甚至会动起手来，双方厮打在一起。时间久了，双方都感觉到了相互之间的隔阂，两个人都觉得自己根本就不适合对方。可是，一想到刚刚出生不久的儿子，两个人想离婚的念头就会被压制下去，只好勉强地继续生活在一起。

可是，这种勉强的生活对双方来说无疑都是一种精神上的折磨。随着日子一天天地过去，两个人都感觉到了生活的索然无味，难道真的要让儿子把两个人捆绑在一起吗？为什么不果断地给自己解脱呢？只要自己给予儿子足够的爱，相信长大后的儿子一定会理解自己的！

经过一番深思熟虑之后，杨啸刚与钱桂容进行了促膝长谈，两个人把什么都说开了，相互商量着准备协议离婚。对于杨啸刚提出的财产分割问题，钱桂容并没有什么意见，只是当她听到杨啸刚要求拥有儿子的抚养权时，她就不干了。她可以什么财产都不要，但她必须要抚养儿子。为此，两个人都争执不下，所以一直都没能够达成协议离婚。

面对杨啸刚对儿子抚养权的毫不松口，钱桂容很是无奈，她真的不想再这样耗下去了。于是，她于 2011 年 3 月将杨啸刚起诉到了法院，以儿子还不满两周岁为由，请求法院判决儿子归自己抚养。

法庭上，杨啸刚以钱桂容平时要上班，没时间带儿子，而儿子一直由杨啸刚的母亲代为照顾为由，请求法院判决儿子归自己抚养，但可以允许钱桂容像以前一样，每周末可以接儿子过两天。

杨啸刚的母亲也在法庭上表达了自己想抚养孙子的强烈愿望，并出示了自己有能力帮儿子照看孙子的证明，并陈述了自己这一年多来对孙子无微不至的照顾，还请证人作了证明。

法院判决

法院在审理后认为，虽然浩浩还不满两周岁，但因其从小与祖母生活在一起，而其母亲又确实没有客观时间给予其必要的照顾，故依法判决浩浩归杨啸刚抚养，钱桂容可以每逢周六日和法定假日探望并陪伴浩浩。

律师说法

离婚时子女抚养权归属以有利于子女身心健康成长为判决原则。

我国法律在孩子抚养权的归属问题上坚持的是要有利于孩子的身心健康的原则。另外，我国《婚姻法》及最高人民法院《关于人民法院审理离婚案件处理子女抚养问题的若干具体意见》中规定：

1、两周岁以下的子女，一般随母方生活。母方有下列情形之一的，可随父方生活：（1）患有久治不愈的传染性疾病或其他严重疾病，子女不宜与其共同生活的；（2）有抚养条件不尽抚养义务，而父方要求子女随其生活的；（3）因其他原因，子女确无法随母方生活的。

2、父母双方协议两周岁以下子女随父方生活，并对子女健康成长无不利影响的，可予准许。

3、对两周岁以上未成年的子女，父方和母方均要求随其生活，一方有下列情形之一的，可予优先考虑：

（1）已做绝育手术或因其他原因丧失生育能力的；

（2）子女随其生活时间较长，改变生活环境对子女健康成长明显不利的；

（3）无其他子女，而另一方有其他子女的；

（4）子女随其生活，对子女成长有利，而另一方患有久治不愈的传染性疾病或其他严重疾病，或者有其他不利于子女身心健康的情形，不宜与子女共同生活的。

4、父方与母方抚养子女的条件基本相同，双方均要求子女与其共同生活，但子女单独随祖父母或外祖父母共同生活多年，且祖父母或外祖父母要求并且有能力帮助子女照顾孙子女或外孙子女的，可作为子女随父或母生活的优先条件予以考虑。

5、父母双方对十周岁以上的未成年子女随父或随母生活发生争执的，应考虑该子女的意见。

本案中，虽然浩浩还不满2周岁，但因其母亲平时要上班，确实没时间照顾他，再加上他长期由祖母照顾，其祖母也有照顾他的能力，考虑到浩浩的成长问题，法院的判决是恰当的。

88. 孩子的抚养权可以变更吗?

案情回放

2004 年 10 月，陈茂林与腾小妍结婚 6 年后因感情不和最终协议离婚。当时他们的儿子阳阳刚满 5 岁，看着天真活泼的阳阳，腾小妍很是舍不得。于是就与陈茂林商量说：“儿子是我一手带大的，他就是我的命根子，你就让他跟我一起生活吧！”

面对腾小妍的请求，陈茂林考虑到自己是一个大男人，在照顾小孩子方面确实不如腾小妍，他真的怕自己带不好孩子会影响阳阳的健康成长。为了让阳阳得到来自母亲的细心周到的照顾，陈茂林最终同意让阳阳随同腾小妍一起生活，自己则每月给儿子 800 元的抚养费。

与陈茂林离婚两年后的腾小妍，不时的总会感觉到生活上的孤单和不易，她真的需要找一个依靠。于是，在别人的介绍下，腾小妍认识了杜少华，并与杜少华一起组织了一个新的家庭。婚后的生活还算不错，杜少华对阳阳的态度也很好。

然而，就在他们重组家庭后的第二年，腾小妍为杜少华生下了儿子雷雷。自此之后，杜少华对阳阳的态度开始变得越来越差，甚至还会时不时地打骂阳阳。这让年幼的阳阳感到满腹的委屈，他好想真心疼爱自己的爸爸陈茂林，每一次陈茂林来看他，都是他最快乐的时候。

虽然陈茂林把儿子阳阳的抚养权给予了前妻腾小妍，但阳阳毕竟是他养育了5年的儿子，他还是很舍不得的，所以他经常会到腾小妍的家里探望儿子。腾小妍生下雷雷后，陈茂林并未太在意，他觉得作为阳阳亲生母亲的腾小妍绝不会对孩子不好的。所以，一开始听到阳阳在他面前诉苦时，他并没有表示什么怀疑，还教育阳阳要懂事，多理解一下父母的不易。在陈茂林看来，孩子犯了错误就得好好地教育，如果放任不管孩子就会学坏。

可是，时间久了，面对阳阳一次比一次多的诉苦，陈茂林不得不有所警觉了。他教育阳阳不许说谎，阳阳说自己没有说谎，并掀起衣服让陈茂林看了自己身上的伤痕。当陈茂林看到遍布儿子身体上的累累伤痕时，他再也忍不住了。于是，他走访了腾小妍与杜少华家周围的邻居，这一打听陈茂林才了解到儿子这几年来吃了多少苦。陈茂林顿时火冒三丈，他立即向腾小妍提出：让阳阳回到自己身边生活。

面对陈茂林的要求，腾小妍和杜少华都不同意，他们承认自己教育孩子的方式方法可能有所欠缺，但他们今后会注意，一定不会再体罚阳阳了。面对他们的解释，陈茂林根本就听不进去，为了让儿子不再受委屈，能够健康快乐地成长，他随即于2010年10月向法院起诉，请求法院变更抚养关系。

法庭上，陈茂林的现任妻子也表示愿意和阳阳一起生活，而11岁的阳阳也在法庭上告诉法官：自己愿意跟爸爸和新妈妈一起生活。

法院判决

法院在审理后认为，阳阳在与腾小妍和杜少华生活的几年中，曾因各种原因受到过身心伤害，这很不利于阳阳的健康成长。阳阳既然愿意随同其父陈茂林一起生活，而陈茂林与妻子又都同意且也有抚养能力，故依法判决阳阳由陈茂林抚养，腾小妍每月支付六百元抚养费。

律师说法

离婚后的子女抚养权如果情况发生变化，非抚养一方可以要求变更。

最高人民法院《关于人民法院审理离婚案件处理子女抚养问题的若干具体意见》规定，离婚以后要求变更子女抚养权的，必须满足以下四个条件之一：

1. 与子女共同生活的一方因患严重疾病或因伤残无力继续抚养子女的；2. 与子女共同生活的一方不尽抚养义务或有虐待子女行为，或其与子女共同生活对子女身心健康确有不利影响的；3. 十周岁以上未成年子女，愿随另一方生活，该方又有抚养能力的；4. 有其他正当理由需要变更的。可见，孩子的抚养权是可以变更的，我国的法律也是允许的。

也就是说，夫妻双方离婚后，孩子归一方抚养。但经过一段时间后，如果一方或双方想变更孩子的抚养权，孩子的父母双方可以协商，达成协议变更孩子的抚养权。如果不能够就此达成协议的，可以起诉到人民法院，请求人民法院依法判决变更抚养权。

本案中，陈茂林请求变更阳阳抚养权的要求符合我国法律的规定，法院的判决是正确的。

89. 离婚后，抚养孩子的一方不让对方探视孩子怎么办？

案情回放

罗菲经人介绍后与邓刚相识，由于双方都到了结婚的年龄，所以两个人在恋爱5个月后就于2005年5月进行了结婚登记。

婚后生活的平淡让罗菲感到很是无聊，对生活感到索然无味的她总想让邓刚陪着自己去逛街。可每每邓刚陪她去商场时，总会以商场的衣服太贵而拒绝购买，如果罗菲很想买的话，邓刚就会把罗菲带到自由市场，花很少的钱买几件衣服。这让向来心高气傲的罗菲心里很不是滋味，她总感觉邓刚对自己管这管那的，还限制自己消费，对生活过于精打细算。这让花钱大手大脚的罗菲受不了，她开始怀疑自己选择嫁给邓刚到底是对是错。

2006年5月的一天，罗菲与邓刚一起下班回家，在路上正好赶上一家新式烧烤餐厅开张，罗菲很是兴奋，立即就拉着邓刚要去尝尝鲜，可却被邓刚给拦住了。邓刚对罗菲说："吃那个干吗？又不卫生，还贵得要死！咱们自己买点菜自己做多好啊？卫生又有营养还省钱，一举三得！走吧，前面就是菜市场，咱们买菜去！"

罗菲很馋，撒娇道："邓刚，求求你了，咱们也在外面浪漫一次吧！天天在家吃自己做的饭多没意思啊！”邓刚则拍了一下罗菲的肩膀说：“乖，听话，咱们回家！”面对如此节俭却又一点儿都不懂浪漫的邓刚，罗菲无奈地回家了。

此后的罗菲陷入了深深的后悔，早知道邓刚是这样的一个人，她才不会嫁给他呢！心灰意冷的罗菲不再寄希望于邓刚，消费观念的严重差别让两个人的距离越来越远。

2006年8月，罗菲正式向邓刚提出了离婚，却突然间发现自己怀孕了，就在她准备打掉孩子之际却被邓刚给拦下了。邓刚对罗菲说“孩子是无辜的”，他希望罗菲能够把孩子生下来。就这样，罗菲于2007年6月生下了儿子东东。

初为人父的邓刚很兴奋，他悉心地照料着罗菲母子，可让他没想到的是，儿子一满月，罗菲就给他留下了一张离婚协议书带着儿子回了娘家。看到事情已经无法挽回，邓刚就与罗菲一起去办理了离婚手续，因儿子还未满两周岁，所以归罗菲抚养，但邓刚每周有一次探视的权利。

可是，就在他们离婚后不久，当邓刚再去探望儿子东东时，却被罗菲以儿子太小不适宜见生人给拒绝了。之后的每一个星期，邓刚都会按协议规定去探望儿子，可却都被罗菲以各种各样的理由给拒绝了。罗菲的态度很明显，她就是要惩罚一下这个吝啬又精打细算的人。这让邓刚很生气，于是他委托律师起诉到了法院，请求法院判决自己对孩子探视的权利并要求每周对孩子探视一次。

法院判决

法院在审理后认为，邓刚作为东东的父亲，享有探视东东的权利。并判决罗菲配合邓刚每周六探望东东一次，可以单独与东东相处一天。

律师说法

离婚后，非直接抚养子女的一方有法定的探视权，另一方必须配合。

《婚姻法》第三十八条规定："离婚后，不直接抚养子女的父或母，有探望子女的权利，另一方有协助的义务。行使探望权利的方式、时间由当事人协议；协议不成时，由人民法院判决。父或母探望子女，不利于子女身心健康的，由人民法院依法中止探望的权利；中止的事由消失后，应当恢复探望的权利。"

由此可见，离婚后，要求探望孩子的一方如果并没有什么不利于子女身心健康成长的因素，是完全可以依法探望孩子的，且抚养孩子的一方有协助的义务。抚养孩子的一方无正当理由拒绝对方探视孩子的行为是违反法律规定的，要求探望的一方可以据此向法院提起民事诉讼，由人民法院依法判决强制执行。离婚后的子女不是直接抚养一方的私有财产；探望子女，不但是父母的权利，同时也是一种义务，非直接抚养子女的一方多探望子女，对子女的身心健康是有好处的。

本案中，邓刚身上并没有什么不利于子女身心健康的因素，所以他有探望儿子东东的权利，法院的判决是有法律依据的。

90. 抚养费不够可以再向另一方要吗？

案情回放

丁岚耐不住杨果对自己猛烈且无比热情的追求，稀里糊涂地就嫁给了杨果。婚后丁岚才发现杨果身上的很多小毛病，两个人经常因为生活中的一些琐事而发生争吵，生活中充满着矛盾与不和谐。

杨果属于那种比较不安分的人，不想每天朝九晚五地给别人打工，总想着自己能够创立一番事业。这让丁岚感到很不靠谱，她经常劝说杨果好好地在单位工作。可杨果根本就听不进去丁岚的话。结婚不到两年，杨果就不顾丁岚的强烈反对而跳了两次槽，这让丁岚对自己的未来很是担心。不仅如此，杨果还经常几天几夜的不回家，不知道在忙些什么。每当丁岚问起时，他都说是在和几个哥们一起喝酒，他们准备要一起干一番大事。

结婚两年后，丁岚怀孕了。为此丁岚很是开心，她天真地以为孩子出生后丈夫杨果就能够“收心”了，就会成为一个称职的好爸爸和一个体贴的好丈夫。然而，让丁岚感到无比失望的是，女儿平平的出生并没有改变丈夫杨果的脾气和想法，反而使两个人之间的关系越来越紧张。4 年后，2000 年两个人最终决定协议离婚。

在起草离婚协议的时候，面对可爱的女儿平平，丁岚很是舍不得，她也知道杨果根本就照顾不了女儿，于是她提出自己来抚养平平，但杨果必须每月给付抚养费。杨果一听正合他意，他本来还在发愁有了女儿的拖累自己该怎么去打拼事业呢！一听到丁岚说想抚养孩子，他当然是求之不得了，于是就满口答应了下来。

后来，丁岚又提出，离婚后自己和女儿要是搬出去的话，根本就没有可以住的地方，所以她希望此前两人买下的位于远郊的那套房子归自己所有。杨果很爽快地答应了丁岚的要求，不过他也提出了自己的条件，因为那套房产是夫妻共有财产，有自己的一半产权，折成现金也是将近 10 万元，既然丁岚想要房子，那 10 万元就当做是自己一次性给女儿平平的抚养费。丁岚想了想也同意了这个条件。

时间过得飞快，一转眼就到了 2007 年，丁岚因单位效益不好而被迫下岗了，离婚时的积蓄也慢慢花掉了。只能靠着亲戚朋友的介绍断断续续地打着零工度日，微薄的收入让她们母女俩的日子过得越来越拮据。然而，“屋漏偏逢连夜雨”，随着平平年龄的增长，上学的各种开销也越来越多，这让丁岚有点儿吃不消。特别是每当平平生病时，丁岚就会变得六神无主，因为她根本拿不出钱来为孩子治病，只能求着别人到处去借钱，最终落得负债累累。

而此时杨果的日子过得却很是滋润，虽说他并没有做成什么大事业，但他却有了自己的小买卖，每一个月至少有数千元的收入。为了让女儿健康快乐的成长，丁岚不得不找到杨果，让他增加给孩子的抚养费。可杨果却以当初已将房产折成平平的抚养费一次性给付为由，拒不答应，对她们母女俩不理不睬。无奈之下，丁岚以女儿平平的名义把杨果告上了法庭，以原定抚育费不足以维持当地实际生活水平为由，请求法院判决杨果增加给果果的抚养费。

法院判决

法院在审理后认为，平平因在上学而不能够独立生活，丁岚又没有正式的工作，杨果当初用房款折的那部分抚养费根本不足以维持平平的生活，而杨果有足够的能力给付平平抚养费，从而使平平能够健康快乐地生活与成长。故判决杨果即日起每月给付平平抚养费五百元，至其18周岁止。诉讼费由杨果承担。

律师说法

离婚后子女的抚养费随着情况变化不足以满足当地实际生活水平时可以要求非直接抚养子女一方予以增加。

最高人民法院《关于人民法院审理离婚案件处理子女抚养问题的若干具体意见》第十八条规定："子女要求增加抚育费有下列情形之一，父或母有给付能力的，应予支持。1. 原定抚育费数额不足以维持当地实际生活水平的；2. 因子女患病、上学，实际需要已超过原定数额的；3. 有其他正当理由应当增加的。"由此可见，夫妻双方在离婚时，对于子女的抚养费是可以一次性付清的，但如果日后的情况有所变化，当原定的数额已不足以维持子女的生活时，子女是有权要求增加抚养费的。

本案中，杨果虽然在离婚时一次性给付了平平的抚养费，但由于日后情况发生了变化，如今平平的生活已不能够正常维持，况且平平还在学习阶段，尚不能够独立生活，所以丁岚要求杨果增加抚养费的要求是合法的，法院应予以支持。

91. 一方重婚，另一方可以要求赔偿吗？

案情回放

张嘉年与赵云沛于1994年登记结婚。婚后第二年，他们的儿子小天出生了，一家三口其乐融融地生活在一起，虽然并不富裕，但却美满而充实。

1996年，待业在家的张嘉年在朋友的帮助下，得到了一个去城里工作的机会。虽然赵云沛不想过两地分居的生活，可一想到家中少得可怜的收入，过两年儿子上学也需要钱，万一公婆有什么身体上的不适都得花钱。她思虑再三后，坚定地对张嘉年说："你就放心地去吧，家里的一切都有我呢！"就这样，张嘉年辞别了父母和妻儿，到城里的单位报到去了。

刚开始的几年里，张嘉年每一个月都会将自己除开销之外的工资寄给家里，家里的生活也随着张嘉年收入的增长变得好转起来。每当过节假日单位放假时，张嘉年就会回家里看一下自己的父母和妻儿。生活条件的改变让赵云沛很是知足，她知道丈夫在外打拼的不易，所以家里的事情很少跟张嘉年说，总是自己想办法解决。这让张嘉年省心不少，有了这样一个贤内助，他在城里生活得很是安心。

然而，随着时间的推移，张嘉年在城里待的时间长了，思想观念也逐渐地发生了很大的变化，他与妻子赵云沛看待事情的观点开始出现了很大的分歧，他开始嫌弃妻子的老土与目光狭窄，两个人之间的沟通越来越少，张嘉年也越来越不爱回家了。

2004 年春节的时候，张嘉年回家过年，赵云沛明显地感觉到了丈夫对自己的冷淡，但她又能说什么呢？也许是丈夫在城里的工作不太顺心吧？大过年的，还是不扫大家的兴好！春节过后，张嘉年又回城里上班去了。可一直到 2004 年 12 月，张嘉年一次家也没回过，也没给家里寄过什么钱，打电话不是没人接就是打不通。还不仅急坏了赵云沛，也让张嘉年的父母很不放心，老两口与赵云沛商量说，他们与孙子之间可以暂时的相互照顾一下，让赵云沛尽快到城里去找一下张嘉年，看是怎么一回事。

于是，赵云沛就马不停蹄地赶到了城里，几经辗转地找到了张嘉年的住处。眼前的一幕让赵云沛几乎晕倒。因为张嘉年正在自家门口扶着一名孕妇散步聊天，嘴中还说："老婆，小心台阶……"当张嘉年看到绝望的赵云沛时也惊呆了，他先是把孕妇送回了房中，然后就出来找赵云沛了。

见事情已经败露，张嘉年向赵云沛承认了自己与本单位一女职工以夫妻名义同居生活在一起的事实。赵云沛很是生气，没想到让自己和公婆很担心的丈夫却在城里又结婚了，自己真是多余啊！赵云沛赌气而走，之后就再也没有进城找过张嘉年。

2006 年春节过后，与赵云沛已经分居两年的张嘉年向法院起诉离婚。法庭上赵云沛以自己独自在家赡养老人、抚育儿子 10 年之久为由，向张嘉年提起了反诉，要求法院追究张嘉年犯重婚罪，并赔偿自己精神抚慰金和物质赔偿金共计 5 万元整。

法院判决

法院在审理后认为，张嘉年在与赵云沛婚姻关系存续期间，公然与他人以夫妻名义生活在一起，已经构成了重婚罪。依法判处其有期徒刑一年零六个月。鉴于两人夫妻感情已经破裂，故准予双方离婚，张嘉年赔偿赵云沛精神抚慰金和物质赔偿金共计五万元整。

律师说法

婚姻关系存续期间，重婚的一方是导致婚姻破裂的过错方，应根据受害方请求赔偿精神损害抚慰金。

《婚姻法》第四十六条第一款规定："有重婚行为而导致离婚的，无过错方有权请求损害赔偿。"也就是说，如果夫妻双方中有一方有重婚行为而导致离婚的，另一方是有要求其赔偿的权利的。本案中，张嘉年的重婚行为最终导致了他与赵云沛婚姻关系的破裂，所以在离婚时，赵云沛提出精神和物质赔偿是有法律依据的，法院应当给予支持。

92. 一方有第三者，另一方可以要求赔偿吗？

案情回放

柴震和罗曼于1997年登记结婚，婚后两人与柴震的母亲生活在一起，彼此相处得非常和睦。1999年，柴震与罗曼的女儿雪儿出生了，更是为这个家增添了很多的快乐与温馨。柴震为了这个家的幸福，工作更加努力；而罗曼除了上班之外的时间都用在了对女儿和婆婆的悉心照料上。柴母在儿媳妇的照顾下尽情地享受着这难得的天伦之乐，她对自己的儿媳妇很是满意，逢人就夸“这样的媳妇很难得”。

老太太还经常地提醒儿子“要懂得珍惜”。可她没想到自己的儿子会那么的不争气，2007年的一天，在从医院体检回来的路上，她居然撞见了儿子与另外一个女人搂搂抱抱的情景。这让她很是生气，不过还好，在她的干预下，柴震保证不会再跟那个女人来往了。

事情似乎就这样过去了，之后她也没再撞见儿子有什么不轨行为。就在她刚要松口气时，儿媳妇却收到了一封匿名信，居然有人把柴震跟那个女人在一起的照片寄给了罗曼。罗曼看到照片后非常生气，她拿着照片质问柴震这是怎么一回事，柴震不但不解释，还轻描淡写地说：“既然你都知道了，我也没什么好解释的，咱们离婚吧！”

罗曼真的没想到柴震会是这样一种态度，她气急了，抱起女儿就要离家出走，却被婆婆给拦了下来。婆婆训斥了儿子一顿，坚决反对他们离婚，她真的很舍不得自己可爱的孙女，更不想失去如此贤惠的儿媳妇。然而，事情并不是老太太所能够控制的，眼看着协议离婚不成的柴震，迫于第三者的压力，不但长期不回家，而且居然向法院提起了离婚诉讼，以其与罗曼感情不和为由，请求法院判决二人离婚。

法庭上，柴震说自己与罗曼之间经常因为一些琐事而争吵，时间长了最终导致双方的感情破裂，所以请求离婚。而罗曼则说这一切的诱因都源于柴震婚外恋情，如果不是有第三者的介入，自己与柴震的夫妻感情还是很好的。在罗曼的恳求下，为了阻止儿子离婚，柴母最终决定“帮理不帮亲”，她也出庭证实了儿子存在婚外恋并与他人有私生子的事实。

面对无情的柴震，失望至极的罗曼最终同意离婚，她要求获得女儿的抚养权，并同时要求柴震支付自己赔偿金 6 万元。

法院判决

法院经审理后认为，柴震与婚外异性同居导致了双方感情的破裂。柴震属于过错方，应当对罗曼承担赔偿责任，所以酌情判决柴震赔偿罗曼二万元赔偿金，婚生女雪儿归罗曼抚养，柴震每月支付八百元抚养费至雪儿 18 周岁止。

律师说法

有配偶者与婚外异性同居，受害方可以要求精神损害抚慰金。

《婚姻法》第四十六条第二款规定：“有配偶者与他人同居

而导致离婚的，无过错方有权请求损害赔偿。”可见，夫妻双方中有一方因有第三者而导致离婚的，另一方可以要求其赔偿。

不过，在离婚诉讼的过程中，如果无过错方要求过错方承担损害赔偿责任，就必须根据“谁主张谁举证”的法律原则，提供能够证明另一方存在《婚姻法》第四十六条规定情形之一的证据。否则，法院将很难支持其赔偿请求。

本案中，法院判决柴震赔偿罗曼的关键在于柴震的母亲出庭作证，证人的证言被法庭采纳，也为罗曼提供了事实依据。所以法院的判决是正确的。

93. 一方实施家庭暴力，另一方有权获得精神赔偿吗？

案情回放

苗丽丽大学毕业后应聘到了一家外企工作，在工作的过程中与比自己大8岁的石玉升相识。石玉升本是一家公司的普通职员，后来在下海经商的过程中成功地创立了自己的企业，大大小小也算得上是一个老板。苗丽丽爱慕于石玉升的敢闯敢干，石玉升相中了苗丽丽的温柔贤惠，两人于2006年1月1日登记结婚。

结婚后，苗丽丽便辞职回归了家庭，从此专注于家庭生活。2006年4月的一天，在家做好晚饭等丈夫回家的苗丽丽，左等右等始终等不到，看着做好的饭菜就要凉了，苗丽丽赶紧地又热了一遍，之后就打电话催石玉升回家。石玉升很不耐烦地告诉苗丽丽说：自己不回家吃饭了，让她自己吃。苗丽丽还想劝两句，结果石玉升就把电话给挂断了。倍感失落的苗丽丽只好自己吃过饭在家等着丈夫回来。

一直到晚上12点左右，石玉升才满身酒气地回到家里。苗丽丽刚要上前搀扶，却遭到了石玉升的一顿暴打。石玉升说苗丽丽管他管得太多了，连回家这样的小事也要打电话催他，让他在朋友面前很没面子。

新婚没多久就遭到了丈夫的暴打，这让苗丽丽感到很是委屈，望着墙上挂着的夫妻二人带着甜蜜笑容的结婚合影，苗丽丽悲痛欲绝，她就像做了一场噩梦一样。然而，面对丈夫真诚的道歉和保证，苗丽丽选择了原谅。她以为今后这样的事情就不会再发生了，可是让她没想到的是，3个月后，她又一次因家庭琐事挨了丈夫的打。

至此之后，石玉升就经常性地打苗丽丽，家庭暴力几乎成了他们的家常便饭，而挨打的原因几乎都是因为一些鸡毛蒜皮的小事。每次打人之后，石玉升都会做很真诚的忏悔，苗丽丽在这种忏悔中总会不由自主地选择原谅。

时间久了，在不断的争吵与打骂中，苗丽丽发现两个人在很多问题的看法上都存在着重大的分歧。虽然矛盾与家庭暴力都是一些生活琐事引发的，可观念和想法上的不同已经使他们的夫妻感情出现了很大的裂痕。作为丈夫的石玉升对妻子待在家里不出去工作的做法很是不满，苗丽丽则为石玉升从不把收入交给自己而感到伤心。

2008年3月，因屡屡遭受石玉升的家庭暴力，终于不堪忍受的苗丽丽不得已而报了警。警察看她当时的伤势并不严重，就给她开了验伤单，让她到医院去做检查。检查的结果表明：苗丽丽皮下血肿、多处软组织挫伤，属于轻微伤。

在警察面前，石玉升的认错态度很好，还给苗丽丽写了份保证书。面对这样的状况，在接受了警察的批评教育之后，他们就回家了。

可是，苗丽丽的噩梦并未就此结束，石玉升对她的殴打仍在持续。之后，苗丽丽又报警9次，但每次都属轻微伤，够不上追究石玉升刑事责任的标准。而每次石玉升都会认错，都会保证下次不再打苗丽丽了。

苗丽丽知道自己不能再相信这个人的话了，此时她才明白石玉升不断打自己又不停讨饶使自己陷入无可奈何境地的罪魁祸首就是自己的软弱和顺从。为了使自己脱离苦海，2010 年 5 月再次被打之后，苗丽丽将石玉升起诉到了法院，请求法院判决二人离婚，同时向石玉升索要精神赔偿 5 万元整。

法院判决

法院在审理后认为，石玉升长期的家庭暴力导致二人的夫妻感情破裂，对苗丽丽造成了严重的身心伤害，故依法判决二人离婚，石玉升支付苗丽丽精神赔偿三万元整。

律师说法

在离婚诉讼中，受害方可以要求实施家庭暴力方给予损害赔偿。

《婚姻法》第四十六条第三款规定：“因实施家庭暴力而导致离婚的，无过错方有权请求损害赔偿。”也就是说，因为家庭暴力而导致离婚的，无过错方有权向过错方提出精神赔偿。本案中，石玉升对苗丽丽的家庭暴力造成了苗丽丽身心的严重伤害，所以苗丽丽有权利要求石玉升给予其精神赔偿，法院的判决是有法律依据的。

94. 一方受虐待可以要求精神赔偿吗?

案情回放

李士杰是一个性格内向不太爱说话的人。2010 年 1 月的一天，在单位里上班时，李士杰的工友们突然发现他身上有多处的刀伤，就立即把他送进了医院。虽然李士杰并没有说出身上的刀伤是怎么来的，但工友们还是帮忙报了警。在医院，医生发现除了这些新的刀伤外，李士杰的身上还有很多已经自然愈合的伤口，看来是他长期遭受暴打和虐待所致。

在警察的参与下，李士杰终于说出了实情。原来他身上的刀伤都是他的妻子张秀文砍的。

李士杰和张秀文于 2005 年经人介绍后结婚，结婚后张秀文就掌控了家中的经济大权，每个月李士杰都要把自己的工资一分不少地交给张秀文。可这么一个大男人身上没个钱也不是个事，所以李士杰就向张秀文提出每月留 100 元零花钱。面对李士杰的要求，张秀文不但没有同意，还动手打了李士杰。此后，李士杰就没再提要零花钱的事，而张秀文发现被打后的李士杰并没有声张，而是选择了默默的忍受，她就更加的肆无忌惮了。

2006 年，他们的女儿贝贝出生了，自此之后，女儿就成了他受虐待的见证人。张秀文总是以这样或那样的借口支使李士杰做这做那，稍不如意就对李士杰非打即骂。由于李士杰从小内向，性格孤僻，所以从未有过什么反抗行为。这就更助长了张秀文为所欲为的性格，她不再满足于对李士杰普通的打骂，而是发展到了用棍棒打，甚至用刀砍。

张秀文对李士杰长期的虐待，让李士杰饱尝了身心的疲惫与伤害，他没想到自己一味的忍让与包容不但没有换来妻子的理解与爱，反而让妻子对自己更加的不满，还对自己充满着各种各样的抱怨，这样的日子何时是个头啊？

2010 年 1 月，不堪忍受张秀文长期虐待的李士杰郑重地向张秀文提出了离婚。这让张秀文根本无法接受，她没想到一向温顺的李士杰居然会有胆量向自己提出离婚，气急败坏的她指着李士杰的鼻子训斥道："好啊！反了你了，竟然敢跟我离婚！看我怎么收拾你！"随即，张秀文完全不顾及 4 岁的女儿在场，拿起一把刀来就对李士杰胡乱砍了一通。直到李士杰答应她不再提离婚的事了，她才停手帮李士杰随便收拾了伤口。

第二天，李士杰就带着一身的伤去上班了，接下来就被工友们发现了，工友们就迅速地把他送到了医院并报了警。经鉴定，李士杰身上的伤属于轻伤，完全可以追究张秀文的刑事责任。但看在夫妻多年和女儿的份儿上，李士杰并不想张秀文有牢狱之灾，所以他放弃了对张秀文的刑事起诉，他只想离婚。于是，在工友们的支持和帮助下，李士杰在伤口痊愈后于 2010 年 8 月向法院起诉离婚，以虐待为由，请求法院判决二人离婚，并要求张秀文支付精神赔偿两万元整。

法院判决

法院在审理后认为，张秀文长期虐待李士杰，对李士杰的身心造成了严重的伤害，故依法判决二人离婚，张秀文自判决生效之日起十日内支付李士杰精神赔偿二万元，诉讼费由张秀文承担。

律师说法

在离婚诉讼中，遭受虐待的一方可以依法要求实施虐待方给予损害赔偿。

《婚姻法》第四十六条第四款规定：“虐待、遗弃家庭成员而导致离婚的，无过错方有权请求损害赔偿。”离婚时，受虐待的一方是可以要求过错方给予精神赔偿的。

本案中，李士杰在与张秀文共同生活的过程中，长期遭受来自张秀文的虐待，最终不得已李士杰只好选择离婚。所以李士杰要求张秀文给予其精神赔偿是有法律依据的，法院的判决是正确的。

95. 一方被遗弃，可以向另一方要求损害赔偿吗？

案情回放

2005 年，已经到了结婚年纪的孙林，在家人的安排下去相亲，见到了有着一双明亮的大眼睛的贺欣，让他一下子就想到了李春波的歌曲《小芳》，所以他没怎么犹豫就同意了。紧接着，两个人就在家长的操持下举办了婚礼，并到民政部门办理了结婚登记。

婚后的生活平淡而朴实，孙林并没有感觉到丝毫的浪漫气息。在与贺欣的相处中，他越来越感觉贺欣并不是自己想要的那种女人。他为自己当初的选择而后悔不已，自然而然地就会把很多没来由的气撒在贺欣的身上。虽然贺欣有点儿莫名其妙，但她还是默默地忍受着孙林对自己的不屑与打骂。孙林的行为遭到了周围亲戚朋友的反对与训斥，孙林因此更加的反感贺欣了。

2007 年 2 月，孙林感觉实在无法再与贺欣生活下去了，就收拾了一下自己的物品，然后携带着家中仅有的 3 万元钱离家出走，丢下了刚刚下岗在家的妻子与未满周岁的儿子外出打工去了。此后，他从未向贺欣透露过自己在外的具体住所，也从未给家里寄过一分钱。贺欣与儿子只能靠着政府的低保勉强地维持着自己的生活，饱尝着贫困之苦。

贺欣也曾多次打电话给孙林，要求孙林支付儿子的生活费，可孙林不是不予理会就是严词拒绝。最终，贺欣因无力抚养儿子，只能带儿子居住在了自己的娘家，靠娘家人的接济生活。2010 年，贺欣在一次意外中不幸骨折，生活就更加艰难了。然而，也就在此时，孙林却向法院起诉要求与贺欣离婚。在诉讼的过程中，贺欣表示不同意离婚。法院对孙林对妻儿不管不顾的行为进行了多次教育与劝导，希望孙林给付贺欣与儿子生活费，并希望孙林撤诉。但孙林拒不同意撤诉。最终，孙林的离婚要求被法院驳回。但孙林却并未就此改正，仍然对妻儿不管不问。

一直到 2011 年 2 月，孙林只是看过儿子有限的几次，除了在离婚诉讼过程中在法院的要求下给过贺欣母子 500 元外，从未向妻儿提供过任何经济上的帮扶，更未尽过做丈夫和父亲的生活照料义务。由于长期的营养不良，贺欣与孩子都瘦得弱不禁风，经常患病。

2011 年 2 月，贺欣带着刚满 4 岁的儿子将孙林告上了法庭，以遗弃为由，请求法院判决孙林遗弃罪，并判决二人离婚，同时要求孙林支付自己与儿子的损害赔偿两万元，支付孙林离家出走期间儿子的抚养费 14000 元。

法庭上，孙林辩称说，贺欣的脾气不好，他是在被逼无奈的情况下才离家出走的。在离家的这 4 年中，他也曾看望过儿子，虽然并未支付过多少生活费，但并没有造成妻儿流离失所、遗弃街头的后果，不属于情节恶劣的状况，不应该构成遗弃罪。

法院判决

法院在审理后认为，孙林对妻儿的遗弃事实清楚，证据确

凿，其行为已经构成遗弃罪。故判决孙林有期徒刑一年，鉴于双方感情已经破裂，所以准许贺欣与孙林离婚，儿子由贺欣抚养，孙林每月给付儿子抚养费五百元至其 18 周岁止。同时判决孙林支付贺欣损害赔偿二万元及离家出走期间子女的生活费 1.4 万元，诉讼费由孙林承担。

律师说法

遭受遗弃情节恶劣的一方不但可以要求追究遗弃罪的刑事责任，也可以要求判决离婚并给予损害赔偿。

《婚姻法》第四十六条第四款规定：“虐待、遗弃家庭成员而导致离婚的，无过错方有权请求损害赔偿。”离婚时，被遗弃的一方是可以向另一方要求损害赔偿的。

本案中，孙林对生活无收入的妻子和年幼的儿子不管不顾的行为已经构成了遗弃罪，所以在离婚时，贺欣是有权要求孙林给予损害赔偿的，法院会根据事实酌情判决其给付数额。

96. 一方在离婚时转移共同财产该怎么办?

案情回放

2000年，刚刚参加工作的杨瑶在别人的介绍下认识了年轻有为的张谦，彬彬有礼且具有绅士风度的张谦很快就赢得了杨瑶的芳心。由于两个人都到了结婚的年龄，又相互爱慕，相识没多久，两人就于2000年5月登记结婚了。

婚后不久，杨瑶就怀孕了，在张谦的劝说下，杨瑶辞职回归了家庭，从此开始了相夫教子的生活。有了杨瑶这个贤内助的支持，张谦更是如虎添翼，事业做的是顺风顺水。2004年，张谦因为业绩突出而被提升为公司的副总，杨瑶打心底为丈夫高兴。

随着丈夫职位的提升，丈夫在外面的应酬也越来越多了。刚开始张谦偶尔还会带上杨瑶外出应酬，但由于杨瑶已做全职太太多年，对外面的风土人情不太了解，也懒得出去应酬，张谦一方面不想勉强杨瑶，一方面怕杨瑶给自己丢面子，所以后来就很少带杨瑶出去了。不过还好，无论在外面应酬的有多晚，张谦都会回家，而杨瑶每次都会等到张谦回来才上床休息，这让张谦很是感动，夫妻两人的感情一直都不错。

2007年9月的一天，张谦居然一夜未归，杨瑶安排孩子睡下后在客厅里等了他一个晚上，打电话怎么也打不通。第二天早上，心急火燎的杨瑶刚要给张谦的公司打电话，却接到了张谦打来的电话，说自己昨晚喝多了，就在宾馆住了一晚上，至此杨瑶才放下心来。

可她哪里知道，那天晚上是有人对醉醺醺的丈夫投怀送抱啊！自那天以后，张谦像变了一个人似的，总是以各种各样的借口不回家，与杨瑶之间的感情交流也越来越少了，两个人一时间变得陌生起来。杨瑶总感觉张谦似乎有什么事情瞒着自己，她的心中有一种莫名的恐惧感。

转眼间到了 2010 年 5 月，张谦突然向已经为这个家操持了 10 年的杨瑶提出了离婚，这让杨瑶很是难以接受，她坚决不同意。张谦明确地告诉杨瑶自己在外面已经有人了，可杨瑶却说“只要你能回头，我就能原谅你！”张谦无奈地摇了摇头，看着对自己如此无情无意的张谦，杨瑶突然间心生恨意，她决定报复这个负心郎。

杨瑶拿出了署着自己名字的房产证，自己去房产局把房产过户到了儿子的名下。此后，杨瑶又趁张谦不注意时，把张谦和自己银行卡上的所有存款都转移到了自己弟弟的账户上。当张谦发现这一切时，已经晚了。杨瑶说：“我就是要让你变成穷光蛋，看你还跟我离婚。”

面对杨瑶所做的这一切，张谦很生气，盛怒之下的他一纸诉状将杨瑶告上了法庭，以夫妻感情破裂为由，请求法院判决二人离婚，并依法分割杨瑶转移出去的房产、存款等夫妻共同财产。法庭上杨瑶承认自己转移财产的行为，并声称是为了挽回这个家。

法院判决

法院在审理后认为，在造成夫妻二人感情破裂的过程中，张谦属过错方，但杨瑶私自转移财产的行为也违反了相关法律的规定，损害了张谦的合法财产权利。故依法判决张谦与杨瑶离婚，儿子由杨瑶抚养，张谦每月支付抚养费八百元至儿子18周岁止。杨瑶将房产转移至儿子名下的行为无效，房产属于夫妻共同财产，价值一百万元，归杨瑶所有；两人的共同存款一百五十万元，归张谦所有。

律师说法

夫妻一方转移、隐匿财产行为一旦查证属实，势必造成得不偿失之后果。

《婚姻法》第四十七条规定："离婚时，一方隐藏、转移、变卖、毁损夫妻共同财产，或伪造债务企图侵占另一方财产的，分割夫妻共同财产时，对隐藏、转移、变卖、毁损夫妻共同财产或伪造债务的一方，可以少分或不分。人民法院对前款规定的妨害民事诉讼的行为，依照民事诉讼法的规定予以制裁。"

如果在离婚时发现一方有转移财产的行为，一定要注意搜集证据，如果有确凿的证据证明其在离婚时私自转移夫妻共同财产，应该及时告知受理法院，以将其转移的财产作为夫妻共同财产分割。

97. 一方故意隐瞒夫妻共同财产该怎么处理?

案情回放

于雷与林雪是大学同学，自由恋爱三年后于 2003 年携手步入了婚姻的殿堂。婚后的生活平静而快乐，小两口十分的恩爱。然而，一个人的出现却打破了这个家的平静。

2005 年，他们俩的大学同学江博在南方创业成功后，又回北京来发展了。一听到江博这个名字，于雷不免得就紧张起来，他可是于雷的铁牌情敌啊！在上大学期间，江博追林雪可是全校都出了名的，只不过林雪对他没感觉，她偏偏选择了于雷。江博看到林雪铁了心要跟于雷在一起，伤心过后就南下闯荡去了。

如今，江博已经成为了一个事业有成的企业老板，到北京来开分公司来了。多年不见，老同学自然要聚聚，一想到自己如今还是一个小小的公务员时，于雷的自卑心不禁油然而生。在同学聚会上，看着江博风度翩翩、出手阔绰的样子，于雷心里很是不服气，特别是当他听江博有意让林雪去他公司之际，他的心里就更不是滋味了。

自从聚会后回到家里开始，于雷是怎么看林雪怎么怀疑，他真的害怕林雪离他而去，所以他冲林雪嚷道：“我跟你说啊！江博的公司你不准去！”林雪一听不干了，说：“我说你今天是不是吃了枪药了？怎么那么大脾气？他不就那么说了一句吗？我又没说去！”

于雷哼了一声说：“谁知道你心里怎么想的？如今他是大老板，你们死灰复燃也不是没有可能！”林雪一听气坏了：“你怎么这样啊？我要是跟他的话早跟了，何必等到这会儿？”于雷虽自觉理亏，可自卑就像是他心里的一把火，点燃了他的嫉妒与怀疑。

此后的于雷总会时不时地跟踪林雪，看她有没有与江博联系，甚至会到电信局把林雪的电话单都打出来查看……于雷的行为惹怒了林雪，她没想到自己深爱的丈夫会如此的不信任自己，两个人之间开始出现越来越多的隔阂，相互之间也不再有情感的交流与沟通，只要在一起就会发生争吵，在争吵中于雷甚至会动手打林雪。

于雷的表现让林雪很是伤心，她没想到一个如此幸福的家居然会变成如今这个样子。看着往日里精气神十足的老公如今整日里借酒消愁的情景，林雪痛心啊！终于，在一次激烈的争吵过后，林雪提出了离婚，于雷在冲动中与林雪签订了离婚协议，并去民政部门办理了离婚登记。两个人从此分道扬镳了。

冷静下来的于雷看到林雪并没有跟江博在一起，很后悔自己的所作所为，他找到林雪要求复婚，却遭到了林雪的拒绝。一个偶然的机会，于雷得知在他与林雪去民政局办离婚的前两天，林雪的单位发给林雪一笔5万元的年终奖，而林雪却并没有在离婚协议中提及此事。复婚无望的于雷心想：既然她不愿意跟我复婚，那我就要把应该属于我的钱争取回来。于是，于雷一纸诉状把林雪告上了法庭，以林雪隐瞒共同财产为由，要求重新分割两人的夫妻共同财产。

法院判决

法院在审理后认为，于雷与林雪的离婚协议中对于财产的

分割并没有提及林雪的年终奖，而年终奖是在他们离婚前收到的，应该属于夫妻共同财产。因林雪属于故意隐瞒财产的一方，故判决林雪即日起给付于雷现金三万元整，诉讼费由林雪承担。

律师说法

当发现一方隐瞒夫妻共同财产时，另一方应该在发现之日起两年内提出分割该共同财产的要求。

我国《婚姻法》规定：离婚时，一方隐藏、转移、变卖、毁损夫妻共同财产，或伪造债务企图侵占另一方财产的，分割夫妻共同财产时，对隐藏、转移、变卖、毁损夫妻共同财产或伪造债务的一方，可以少分或不分。离婚后，另一方发现有上述行为的，可以向人民法院提起诉讼，请求再次分割夫妻共同财产。人民法院对前款规定的妨害民事诉讼的行为，依照民事诉讼法的规定予以制裁。

本案中，林雪属于隐瞒的一方，故其五万元的年终奖只分得 2 万元。

我国《婚姻法解释一》第三十一条规定："当事人依据婚姻法第四十七条的规定向人民法院提起诉讼，请求再次分割夫妻共同财产的诉讼时效为两年，从当事人发现之次日起计算。"所以，当一方在离婚时或离婚后，发现对方有隐瞒夫妻共同财产的行为时，要在发现该行为之次日起两年内向法院提起要求重新分割发现财产的诉讼请求。一旦超出了法律规定的两年的诉讼时效，法律就不会再保护受害方的合法权益了。

98. 一方故意伪造夫妻共同债务侵占财产是否有效?

案情回放

温玉泉与李美贤两个人结婚已经10年了，由于两个人的工作都很忙，经常出差，所以就一直没要孩子。

2009年10月的一天，刚刚出差回到家的李美贤就收到了法院寄来的判决书，判决书上称，丈夫温玉泉欠徐如刚50万元已经有一年多了，一直未还，人家将温玉泉夫妇起诉到了法院，要求法院判决温玉泉偿还这笔借款，温玉泉予以认可，并得到了法院的判决确认。

看到判决书的李美贤甚是生气，她不知道丈夫为什么会欠人家那么多钱。在她的质问下，温玉泉告诉他，去年借了徐如刚50万元用于炒股，结果却弄了个血本无归。听了温玉泉的解释，李美贤的肺都要气炸了，虽然她有所怀疑，但毕竟没有证据啊。无奈之下，她只好把自己与丈夫这么多来的共同存款50万元用来还债。此后，她与丈夫之间的矛盾不断地升级，总是吵来吵去的，没多久，丈夫便向她提出了离婚。

2010年5月的一天，离婚后的李美贤在一次偶遇丈夫的同事时才了解到，他们刚离婚没多久，丈夫就又结婚了，而且孩子都快要生了。这才几个月啊？李美贤的内心里充满了疑惑，按日期来算，这个孩子应该是在她与温玉泉离婚前就有的，还有那50万元的债务，会不会是温玉泉和徐如刚合谋伪造的呢？想到这里，李美贤决定去找徐如刚要问个究竟。

这天，李美贤敲开了徐如刚家的门，来到了徐如刚的家中。她问徐如刚："你什么时候借给温玉泉50万元的？他借你钱干什么用？前几天通过法院还给你的50万元你收到了吗？"还没等徐如刚说话，徐如刚的老婆就先发火了，她没想到丈夫居然瞒着她存了那么多钱，亏她还每天为这个家省吃俭用的。本来徐如刚不想说的，但看到妻子对自己的怀疑，顾不得那么多了，就把实情告诉了李美贤。

原来，温玉泉早就有婚外情了，但因为存款都在李美贤的手里，他也就没想离婚。这次情人的怀孕让温玉泉下定了决心跟李美贤离婚。但作为过错方他怕自己分不到财产，所以就想在离婚前把财产先挪出来。于是温玉泉就找到了徐如刚帮忙，看在多年好友的份儿上，徐如刚拿着温玉泉给他的欠条就去法院起诉了温玉泉，最后他将从法院领到的那50万元借款都如数交给了温玉泉。

听了徐如刚的解释，李美贤泪流满面、悲痛欲绝，她没想到与自己一同生活了十年的丈夫居然是这样的一个人。此时，徐如刚的老婆也气坏了，她骂徐如刚不是人。同为女人的她真的很同情李美贤的遭遇。在她与李美贤的请求下，徐如刚最终答应去为李美贤作证说明真相。

2010年6月28日，李美贤在收集了足够的证据后，委托律师依法提起了申诉，要求依法撤销之前的借款判决，同时，徐如刚作证予以证实之前的借款是虚假的事实；法院经重审后判决撤销了之前的借款判决、驳回徐如刚的诉讼请求。在李美贤得到借款判决被撤销的结果后，又委托律师一纸诉状把温玉泉告上了法庭，以温玉泉伪造夫妻共同债务、有婚外情为由，请求法院重新分割她与温玉泉的夫妻共同财产。

法院判决

法院在审理后认为，温玉泉与徐如刚合伙捏造事实、制造虚假债务的行为，损害了李美贤的合法权益；温玉泉在与李美贤婚姻关系存续期间搞婚外恋，作为过错方，他应该少分或不分共同财产。故判决温玉泉将五十万元共同财产中的四十万元支付给李美贤。

律师说法

发现一方伪造夫妻债务行为的，可以请求法院依法撤销并要求重新分割被隐匿的财产。

本案告诉我们，离婚时，一方故意伪造夫妻共同债务侵占财产的行为是无效的。问题的关键在于，我们要有所警惕，要留心细节以发现证据，只有这样才能够真正地保护我们的合法权益不受侵害。

《婚姻法》中明文规定：“离婚时，一方隐藏、转移、变卖、毁损夫妻共同财产，或伪造债务企图侵占另一方财产的，分割夫妻共同财产时，对隐藏、转移、变卖、毁损夫妻共同财产或伪造债务的一方，可以少分或不分。离婚后，另一方发现有上述行为的，可以向人民法院提起诉讼，请求撤销虚假债务的行为并要求再次分割夫妻共同财产。”

还规定：“人民法院对前款规定的妨害民事诉讼的行为，依照民事诉讼法的规定予以制裁。”本案中，李美贤查明了温玉泉伪造债务的事实，是有权请求法院再次分割她与温玉泉夫妻关系存续期间的共同财产的，而李美贤提起诉讼时也没超过法院保护我们合法权益的诉讼时效二年，同时温玉泉与徐如刚合谋制造伪证妨害民事诉讼的行为也受到了法律的制裁，法院的判决是正确的。

99. 离婚时，债务怎么分割？

案情回放

江继成与王楚楚在工作交往中相识，频繁的交往逐渐地拉近了两人的距离，在不知不觉中两人都坠入了爱河，不久后就登记结婚了。

结婚后，江继成才真正地了解了王楚楚。自小娇生惯养的王楚楚不但拥有让人难以伺候的大小姐脾气，还什么家务都不会做，家里的所有家务活都压在了江继成的身上。这让本想找一个老婆照顾自己的江继成失望至极，真后悔当初没有多了解了解就结婚了。

可毕竟已经结婚了，日子还得过下去啊！为了方便自己上下班及照顾家里，江继成拿出了家中所有的积蓄买了辆车，这样一来他就不用总是挤公交上下班了。每日里，江继成除了上班之外，回到家后还得侍候王楚楚这个大小姐。虽然心中不太乐意，但也只能这样了，生性勤劳的江继成默默地承担起了家中的所有家务。他每天早上得早早地起来为王楚楚做早点，晚上一回到家就得做晚饭，吃过饭后还得洗碗洗衣服拖地……一直忙到深夜才能做完。

本以为这样可以感动王楚楚，让她从心里感受到自己的幸福。可让江继成没想到的是，王楚楚不但没有丝毫的感激之意，她还经常对江继成挑三拣四、指手画脚，不是说饭做得不香，就是嫌衣服没洗好，有时候深更半夜想吃什么了，不管时间多晚，她都会把江继成拉起来，让他去给自己买……面对如此刁钻的老婆，江继成的忍耐也是有限的。

这天晚上，王楚楚又一次打扰了他的美梦，让他去给她买冰激凌吃。江继成火了，他就是不去，两个人为此事争吵了起来。结果江继成一晚上都没睡好，第二天开车上班时因疲劳驾驶而出了车祸。在交通事故中江继成负主要责任并且他自己也受伤了，他需要钱来治伤和赔偿别人的损失，但因为他买车再加上平时王楚楚的铺张浪费，家中已经没有什么积蓄了。于是，江继成就向朋友虎子借了二万元，其中一万元用于自己治伤，另外一万元用于赔偿。

江继成伤愈出院后，王楚楚不但没有给予他悉心的照料，还想像以前那样支使江继成做这做那，这让江继成的心里很难受，两个人的争吵与日俱增。因为双方性格上的差异，日常生活中的矛盾越来越多，在不断的争吵中夫妻两人的感情日渐淡薄。

不久之后，江继成向王楚楚提出了离婚。王楚楚倒也没有纠缠，很痛快地答应了。在起草离婚协议书时，两个人对离婚和共同财产的分割都没有什么异议。但是，当江继成提及之前向虎子借的那二万元的债务时，王楚楚不干了。江继成认为这项借款是自己在与王楚楚婚姻关系存续期间出交通事故借的，应当属于夫妻的共同债务，两个人应当共同承担；而王楚楚则认为这项借款是江继成承担个人造成的交通事故责任所借的，并没有用于家庭生活，也没有和夫妻共同使用，不属于夫妻共同债务，应由江继成一个人承担。

两人对这笔借款争执不下、纠缠不清，最后闹到了法院。庭审中，双方依然就此借款是否属于夫妻共同债务而各抒己见、争论不休。

法院判决

法院在审理后认为，这二万元债务中用于给江继成治伤的部分应当属于夫妻共同债务，而江继成用于赔偿别人损失的部分则不属于夫妻共同债务。因为夫妻一方不论因什么原因受伤或生病，相互之间都有扶助、照顾和关爱的义务，当一方因伤或病需要治疗而又没钱时，另一方应当出钱为其救治，这是一种法定的义务，也符合我国的道德标准。对于那一万元的赔款，则是侵权责任的法律后果，属于江继成的个人责任，应为个人债务。故依法判决二万元债务中江继成承担 1.5 万元，王楚楚承担五千元。

律师说法

婚姻关系存续期间用于共同生活所欠外债一般认定为夫妻债务。

本案向我们提出了一个问题：对于婚后的债务，离婚时应该如何分割呢？

面对婚姻关系存续期间的债务，我们首先应当区分其是共同债务还是个人债务。如果是个人债务自然应该由个人承担，如果是共同债务则应该共同偿还。关于离婚时债务方面的法律规定，主要有以下几项：

《婚姻法》第四十一条规定：“离婚时，原为夫妻共同生活所负的债务，应当共同偿还。共同财产不足清偿的，或财产归各自所有的，由双方协议清偿；协议不成时，由人民法院判决。”

《婚姻法解释二》第二十三条规定：“债权人就一方婚前所负个人债务向债务人的配偶主张权利的，人民法院不予支持。但债权人能够证明所负债务用于婚后家庭共同生活的除外。”

第二十四条规定：“债权人就婚姻关系存续期间夫妻一方以个人名义所负债务主张权利的，应当按夫妻共同债务处理。但夫妻一方能够证明债权人与债务人明确约定为个人债务，或者能够证明属于婚姻法第十九条第三款规定情形的除外。”

100. 离婚就可以逃避共同债务吗？

案情回放

陈海峰和高婉兰于2009年登记结婚，夫妻恩爱，相处得很好。可就在他们结婚一年之后的2010年10月的一天，陈海峰风风火火地跑到家中，一看到正在做家务的妻子就心急火燎地拉住妻子高婉兰的手说："兰兰，赶紧的，咱们去离婚！"

陈海峰的话着实让高婉兰吃了一惊："什么？你要跟我离婚？为什么啊？你是不是在外面有人了？呜呜……"说着，高婉兰就抹起眼泪来。陈海峰赶紧安慰她说："兰兰，我怎么会舍得跟你离婚呢？你放心，咱们是假离婚……"高婉兰听了更是丈二和尚摸不着头脑："为什么要假离婚呢？"

原来，陈海峰与高婉兰结婚后买了一辆车专门跑出租，高婉兰则留在家里照顾陈海峰多病的母亲。可是这天，陈海峰在出车的时候却不心撞了一个人，把人家送到医院后，他交了一部分费用，然后等人家的家属到了，自己就赶紧跑回家来商量对策来了。在回家的路上，陈海峰总在想怎么能少赔人家钱，想着想着他就想到了与高婉兰假离婚，把全部财产都给高婉兰。

就这样，高婉兰在陈海峰的催促下迅速地与陈海峰协议离婚了，陈海峰把家里的房产一套和存款5万元全部都给了高婉兰，他以为这样就能够逃避债务了。

还好，被撞的人并没有生命危险，但却落了残疾，且还需要再住一个月左右的院。据医生推断，出院后还得休养三个月左右才能够完全恢复健康。交警事故认定书认定陈海峰负事故的全责，陈海峰说自己已经和爱人离婚了，家里一点儿积蓄也没有，最多只能赔偿一万元。面对陈海峰提出的一万元赔偿，被害人的家属根本就不同意。

因为只是住院费用就差不多要 3.6 万元，而出院后还得休养 3 个月，这期间的营养费、误工费、交通费等加起来怎么也得两万元左右。而被害人出院后被评为 9 级伤残，被害人提出了包括住院费、残疾赔偿金、住院伙食补助费、误工费、护理费、交通费、精神抚慰金在内的 15 万元赔偿。陈海峰以自己没那么多钱为由拒绝支付，在交警的调解下，双方最终同意陈海峰给付被害人住院医疗费、营养费、误工费、交通费、精神抚慰金等在内共计 10 万元整。

可是，面对这 10 万元的债务，陈海峰称因为已经离婚目前也没钱还，之后他就以各种各样的理由拒绝支付。被害人家属忍无可忍，就找到了他的家里。陈海峰还拿出了自己与高婉兰的离婚协议和离婚证给人家看，以证明自己的财产都被高婉兰给拿走了，所以根本就没有钱支付这笔债务。然而，在他们的离婚证上，受害人家属居然看出了事情的蹊跷：因为离婚证上的日期刚好是发生车祸的第二天。

最终，受害人家属把陈海峰与高婉兰一起告上了法庭，请求法院判决此笔债务是他夫妻二人的共同债务，由二人共同偿还。

法院判决

法院在审理后认为，陈海峰跑出租的收入是用于他与高婉兰夫妻二人的共同生活的，所以因交通事故而出现的债务应属共同债务。虽然陈海峰与高婉兰已经离婚，但此交通事故发生在二人离婚之前，也就是夫妻关系存续期间，故判决此十万元的债务属于其二人的夫妻共同债务，判定二人于判决生效之日起十日内给付被害人赔偿款十万元，诉讼费由二人共同承担。

律师说法

婚姻关系存续期间为共同生活所负的债务为共同债务，不因夫妻离婚而改变夫妻债务的性质。

最高人民法院《关于贯彻执行〈中华人民共和国民法通则〉若干问题的意见（试行）》第43条规定：“在夫妻关系存续期间，一方从事个体经营或者承包经营的，其收入为夫妻共有财产，债务亦应以夫妻共同财产清偿。”也就是说，一方以个人名义对外从事经营活动时所负的债务，因其经营收入已转化为夫妻共同财产或已用于夫妻共同生活，所以该债务也应认定为夫妻共同债务。

本案中，陈海峰发生交通事故源自他为解决家庭生活而开车外出谋生，其开出租所得收入都直接用于了家庭的共同生活，又是在他与高婉兰夫妻关系存续期间发生的，所以该债务为夫妻共同债务。即便两个人离婚，也不能逃避此债务，债权人仍然有权向他们夫妻中的任何一方求偿，夫妻双方负有连带赔偿的责任。

我国《婚姻法》对于夫妻关系存续期间发生的债务原则上认定为夫妻共同债务。不过，有两种情况例外：一是夫妻对婚姻关系存续期间所得的财产约定归各自所有且第三人知道该约定的，夫或妻一方对外所负的债务以夫或妻一方所有的财产清偿；二是债权人与债务人明确约定为个人债务的。